国际药品监管制度研究丛书

# 药用原辅料和包装材料
# 关联审评改革

杨悦　编著

沈阳药科大学国际食品药品政策与法律研究中心

中国医药科技出版社

**图书在版编目（CIP）数据**

药用原辅料和包装材料关联审评改革 / 杨悦编著 . — 北京：中国医药科技出版社，2018.3

（国际药品监管制度研究丛书）

ISBN 978-7-5067-9875-4

Ⅰ . ①药⋯　Ⅱ . ①杨⋯　Ⅲ . ①药剂 – 辅助材料 – 审批制度 – 中国 ②药品 – 包装材料 – 审批制度 – 中国　Ⅳ . ① D922.16

中国版本图书馆 CIP 数据核字（2018）第 010257 号

美术编辑　陈君杞

版式设计　锋尚设计

出版　中国医药科技出版社

地址　北京市海淀区文慧园北路甲 22 号

邮编　100082

电话　发行：010-62227427 邮购：010-62236938

网址　www.cmstp.com

规格　710×1000mm　$^1/_{16}$

印张　17$^1/_2$

字数　236 千字

版次　2018 年 3 月第 1 版

印次　2018 年 3 月第 1 次印刷

印刷　三河市万龙印装有限公司

经销　全国各地新华书店

书号　ISBN 978-7-5067-9875-4

定价　55.00 元

# 序　Foreword

　　《关于深化审评审批制度改革　鼓励药品医疗器械创新的意见》（以下简称《意见》）提出实行药品与药用原辅料和包装材料关联审批。原辅包材在药品注册时一并审评审批，不再发放原料药批准文号，经关联审评审批的原辅料包材及其质量标准在指定平台公示，供相关企业选择。药品上市许可持有人对生产制剂所选用的原辅料包材的质量负责。

　　《意见》使原料药按药品管理的制度成为历史，具有重大突破性，原料药不再实行单独的行政许可，把药用原辅料包材及其供应商纳入药品制剂供应链管理，使上市许可申请人和持有人的主体责任地位再次强化，可以说，关联审评制度是药品上市许可持有人制度的重要配套制度，是使申请人和上市许可持有人承担主体责任的重要制度安排。

　　在我国，按照《药品管理法》对药品的定义，原料药按药品管理，且必须与制剂一同提交申请，制剂批准后核发制剂和原料药批准文号，对药用辅料包材也曾实行注册审批制。2015年8月18日，国务院发布《国务院关于改革药品医疗器械审评审批制度的意见》（国发〔2015〕44号），其中第十四条为"实行药品与药用包装材料、药用辅料关联审批，将药用包装材料、药用辅料单独审批改为在审批药品注册申请时一并审评审批"。2016年8月10日，国家食品药品监督管理总局（CFDA）发布《总局关于药包材药用辅料与药品关联审评审批有关事项的公告》，决定将药包材和药用辅料由单独审批改为在审批药品注册申请时一并审评审批，并且不再单独核发相关注册批准证明文件。

　　而欧美日等国家和地区对原辅料包材实行自愿前置性备案（如药品主文件〔DMF〕制度）或欧洲药典适用性认证（CEP）制度，原辅料包材不进行单独许可，在制剂上市审评时，对其使用的原辅料包材进行关联审评和必要的生产设施检查。该制度建立了以上市许可持有人（MAH）为责任主体，原辅料和包材供应商分担质量责任的双重责任追溯体系，具有保护技术秘密、利于审评科学性等多项优点，有利于药品供应链质量保证。

　　现行关联审评制度与原单独审评制度相比，已有显著进步，但是与自愿前置性备案制度相比，不利于辅料包材按照制剂需要进行适应性调整，不便于制剂企业储备多个原辅料包材供应商，在关联审评时关联点不清晰，制度整体设计有待完善。本书系统研究国内外原辅料包材管理制度差异，从制度目标、功能、程序设计入手，特别关注原辅料包材自愿前置备案与制剂关联审评制度的关键关联点，供国内相关政策制定提供参考。

沈阳药科大学国际食品药品政策与法律研究中心研究生吕旭峰、刘欢、李晓宇、鞠梦琪、孙莉等同学参与国内外文献资料搜集和调研过程。本书在写作过程中得到国家食品药品监督管理总局、中国外商投资企业协会药品研制和开发行业委员会（RDPAC）及其会员单位相关专家的大力支持，在此表示深深的感谢！

国内外原辅料包材管理制度正处在不断完善当中，本书完成后，还将继续关注相关进展，不断完善和改进。

目 录 CONTENTS

# 摘 要 ABSTRACT

## 1 研究背景

我国多年来对药用原辅料包材实行注册审批制，该制度将原辅料包材与制剂的审评割裂，审评周期长，整体药品供应链控制的责任主体不明晰，药用原辅料和包材管理滞后于行业发展需要。

2015年8月18日，国务院发布《国务院关于改革药品医疗器械审评审批制度的意见》(国发〔2015〕44号)，其中第十四条为"实行药品与药用包装材料、药用辅料关联审批，将药用包装材料、药用辅料单独审批改为在审批药品注册申请时一并审评审批"。2016年8月10日，CFDA发布《总局关于药包材药用辅料与药品关联审评审批有关事项的公告》，决定将药包材和药用辅料由单独审批改为在审批药品注册申请时一并审评审批，并且不再单独核发相关注册批准证明文件。

而欧美日等国家和地区对原辅料包材实行自愿前置性备案或药典适用性认证制度，原辅料包材不进行单独许可，在制剂上市审评时，对其使用的原辅料包材进行关联审评和必要的生产设施检查。该制度建立了以上市许可持有人（MAH）为责任主体，原辅料和包材供应商分担质量责任的双重责任追溯体系，具有保护技术秘密、利于审评科学性等多项优点，有利于药品供应链质量保证。

关联审评制度与原单独审评制度相比，已有显著进步，但是与自愿前置性备案或药典适用性认证制度相比，不利于辅料包材按照制剂需要进行适应性调整，不便于制剂企业储备多个原辅料包材供应商，在关联审评时关联点不清晰，制度整体设计有待完善。

本课题于2016年7月开题。本研究采用文献研究方法，查阅国外相关等监管机构法律法规和指南，对原辅料包材管理和制剂上市许可制度进行研究，并提炼出关键要素以及上市审评中的重要关联节点。2016年11月1日在北京举行专家座谈会，来自政府机关、高校、各大外企、中国外商投资企业协会药品研制和开发行业委员会（RDPAC）等的十余位专家对前期研究中发现的问题展开讨论。本课题通过中欧美日的原辅料包材管理制度的比较研究，提出适合我国国情的原辅料包材备案制与MAH联合调整制度改革要点。

# 2 国内外药用原辅料包材管理制度关键要素比较 ‖‖‖‖‖‖‖‖‖‖‖‖‖‖

## 2.1 关联审评与前置性备案制度的本质区别

原辅料包材从其本质上看，属于药品制剂的组成部分，除药用外，还可能有其他多种其他用途，如在食品、兽药、化工领域的用途等等。对原辅料包材的审批更多的关注点在于其是否能够作为制剂组成部分、能否药用、生产质量体系是否符合质量要求。

（1）独立产品许可与供应商管理的区别

在关联审评制度下，原料药依然核发药品批准文号，是独立产品许可。原辅料和包材与制剂关联审评时，须待关联的药品上市申请获得批准之后，审评部门才给予辅料包材核准编号，提交申请材料的主体只能是原辅料包材的生产企业。从本质上讲，关联审评仍然把原辅料包材作为单独的产品进行管理，而前置性备案制度相当于是对潜在供应商的产品信息进行备案，建立药品制剂和供应商质量追溯体系。

在前置性备案或认证制度下，药品制剂的责任主体是上市许可申请人（或持有人），原辅料和包材都是制剂产品的组成部分，DMF持有人或欧洲药典适用性证书（Certificate of Suitability of Monographs of the European Pharmacopoeia，CEP）持有人均是供应商，申请人或持有人对选择哪家原辅料包材供应商的产品负责，也对整个供应链完整性负责。

（2）是否实行持有人制度的区别

我国目前对药品制剂实行上市许可持有人制度，对原辅料包材尚未实行持有人制度。持有人制度允许DMF持有人与生产企业相分离。在美国，DMF持有人可以为个人、合伙企业、公司和协会，该范围同美国药品上市许可申请人/持有人的范围相同。我国关联审评、日本主文件制度（Master File System，MF）、欧盟CEP认证的申请主体均为原辅料包材生产企业，而欧盟欧洲药品主文件（Active Substance Master File，ASMF）则由使用原料药的药品上市许可申请人申请，实际上欧美对原辅料包材也是实行持有人制度。

对原辅料和包材实行DMF持有人制度，有利于供应商自身资源的优化配置，建立质量体系，监管机构对DMF持有人的监管重点主要在申报技术资料审评和实际生产场地检查和违规处罚方面。

（3）变更灵活性的区别

药品制剂或原辅料包材，特别是新药、新原料药、辅料的关键技术应处于持续改进、不断完善之中。关联审评制度下，有关资料补充和变更的要求不够清晰，辅料包材与制剂的适应性调整路径不顺畅。

前置性DMF备案或认证独立于制剂申请，其备案技术资料可以及时进行更新和完善。DMF备案时，原辅料包材生产企业可随时向药监部门备案其产品CMC信息，但备案时并不进行实质性审评，仅在有制剂申报时进行关联审评，这样便于原辅料包材根据制剂的需求进行调整。

而关联审评制度下，通过审评的辅料包材是依附于某种特定制剂的，在后续其他制剂申请使用该辅料包材时，不易根据其需求进行适应性调整。

关联审评制度下，有时还涉及原辅料包材技术资料所有权的问题。如果原辅料包材属于研发单位所有，而在其不具备生产条件的情况下，原辅料包材技术相当于同时归制剂持有人所有，原辅料包材研发单位无法获得持续回报，原辅料和包材的研发动力不足，我国的原辅料和包材创新动力不足与原有制度有一定的关联。

（4）责任追溯体系的区别

前置性DMF或认证制度有利于原辅料包材生产企业（或持有人）和药品上市许可持有人各自承担相应责任，建立双重责任追溯体系。

DMF制度下，DMF持有者属于独立个体，MAH有替代选择余地。一个供应商DMF出现问题，不合适制剂或生产场地因违规被监管机构处以禁令时，MAH可选择其他供应商或更换生产场地。这样，DMF持有人为了使自己的产品能够被更多的制剂所使用，必须主动提高其产品的质量；同时，因为原辅料包材可影响制剂的质量，因此MAH作为责任主体，在选择供应商时，一定会严格进行供应商审计，筛选优质的原辅料包材供应商。因此，DMF制度有利于DMF持有人保证和持续改进其产品质量，也有利于强化MAH的主体责任。

因原辅料原因导致制剂被认定为假药和劣药时，一方面原辅料DMF持有者要受到处罚，另一方面，药品上市许可持有人也要受到处罚，承担相应的行政、刑事和民事法律责任。

## 2.2 原辅料包材定义的比较

中药材和化学原料药不应按药品管理，应与辅料和包材实行相同的管理制度。我国与国外相比，在原料药的定义上存在较大差异。在美欧等国家，原料药均指药品的活性成分，而在我国，中药材和化学原料药均属于药品范畴还在按照药品管理。

原料药施行注册审批制有诸多弊端，其中之一就是造成原料药的垄断，从而价格上涨。此外，原料药并未规定适应证，功能主治和用法用量，其本质并不属于药品。药品是有有效期的。国际上，原料药通常规定复检期，而非有效期，其稳定性考察方法与药品也有本质差异。

## 2.3 DMF制度适用范围

DMF制度的适用范围取决于监管机构对药品组成成分（含活性和非活性成分）纳入监管范围的风险判断。不同国家DMF制度名称略有不同，适用范围相似，美国DMF制度和日本MF制度均适用于原料药、药用辅料、药包材；欧盟ASMF适用于生物原料药之外的原料药，而血液制品、疫苗抗原等则有血浆主文件（Plasma Master File，PMF）、疫苗抗原主文件（Vaccine Antigen Master File，VAMF）等途径；欧盟CEP认证则主要适用于欧洲药典收载的原料药和辅料。此外,国外DMF和CEP认证还适用于有可传播性海绵状脑病（TSE）传播风险的产品。

表1　各国DMF适用范围

| 制度名称 | 类型（适用范围） |
| --- | --- |
| 中国关联审评 | 药用辅料、药包材 |

| 制度名称 | 类型（适用范围） |
|---|---|
| 美国DMF | Ⅱ型：原料药、原料药中间体、原料药及其中间体制备中所用的材料（如新型色谱介质、无菌处理用过滤器）或药品<br>Ⅲ型：包装材料<br>Ⅳ型：赋形剂、着色剂、矫味剂、香精或制备它们所用的材料<br>Ⅴ型：美国食品药品管理局（FDA）可接受的参考信息，其包含Ⅱ到Ⅳ型DMF中未涵盖的信息和支持数据，如生产场地、操作程序、人员等 |
| 日本MF | （1）以下用于生产制剂和医疗器械的原材料（raw material）<br>a. 原料药、中间体和医药产品的材料（包括特殊剂型药品的材料等，不包括动物制品）<br>b. 新辅料及改变现有辅料组成比例的预混辅料<br>c. 医疗器械的原材料<br>d. 容器、包装材料<br>（2）药物、中间体和医药产品材料（包括特殊剂型的物料等）。OTC（不包括有新活性成分的OTC药物）原料药、中间体和物料不需要进行MF登记<br>（3）"TSE数据编号"中新的TSE数据<br>（4）在审评过程中建议进行MF登记的项目 |
| 欧盟ASMF | 以下原料药：<br>（1）新原料药<br>（2）已经存在但尚未被欧洲药典或欧盟成员国药典收录的原料药<br>（3）已被欧洲药典或欧盟成员国药典收录的原料药<br>（4）不适用于生物原料药<br>血液制品（PMF）<br>疫苗抗原（VAMF） |
| 欧盟CEP | 适用于欧洲药典（总论或专论）收载的以下物质：<br>（1）生产或萃取的有机物或无机物（原料药或辅料）<br>（2）发酵的微生物代谢产生的间接基因产物，无论该微生物菌种是否已被传统方法还是γ-DNA技术进行修饰<br>（3）有TSE传播风险的产品 |

## 2.4 原辅料包材上市路径

国外DMF备案为企业自愿行为，原辅料包材生产企业既可以通过备案DMF让制剂企业参考，也可以将其原辅料包材资料直接包含在新药临床试验申请（IND）或新药上市申请（NDA）的申请中。总体来看，新活性成分、新辅料及改变现有辅料组成比例的预混辅料、新包材适于实行自愿前置性备案或关联提交，而已有国家标准的原料药和辅料则应实行以标准为准的认证管理。

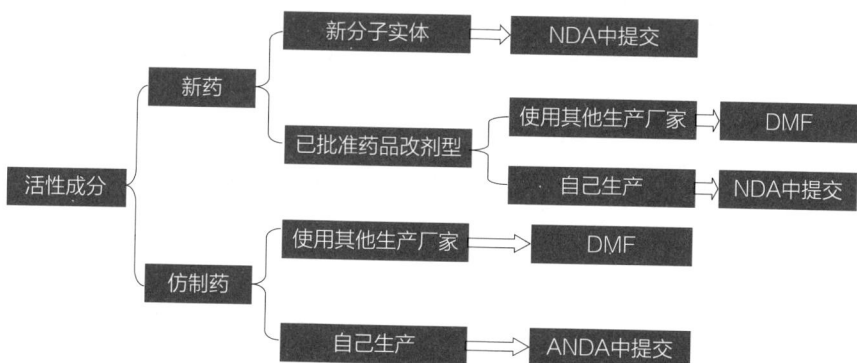

图 1 美国活性成分申报路径

在美国，对于新分子实体，不管其活性成分为制剂企业自己生产还是由其他生产厂家供应，FDA建议将其活性成分资料均在NDA中直接提交。而对于已批准药品改剂型的新药申请，以及仿制药申请，若活性成分由制剂企业自己生产，则活性成分资料直接在NDA或简略新药申请（ANDA）申请中提交，若由其他生产厂家供应，则通过在制剂上市申请中引用DMF的方式；在美国，对于辅料只要求新辅料进行DMF备案，而已被《美国药典/国家处方集》收载的辅料则不需备案，也不需关联审评。

在欧盟，ASMF制度仅适用于生物原料药以外的所有原料药。欧盟CEP认证则涵盖《欧洲药典》收载的原料药、药用辅料，属于标准管理范畴，相当于前置性审批，确认原料药和药用辅料符合标准和质量管理要求。而对于新辅料，则只能在药品上市申请时一并提交其材料。

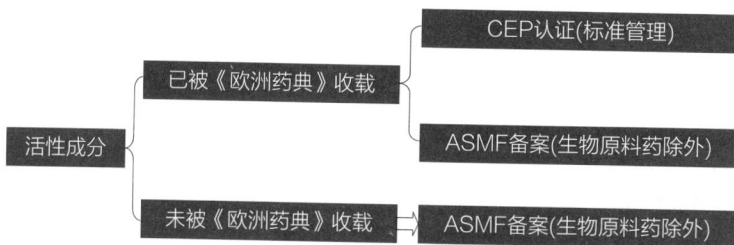

图 2 欧盟活性成分申报路径

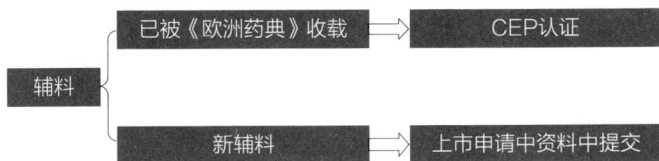

图3 欧盟药用辅料申报路径

在日本，若原辅料包材生产企业需要保护其产品的知识产权时，可向药品及医疗器械管理机构（PMDA）进行MF登记，不需要保护其产品的知识产权时，可直接向制剂申请人提供其原辅料包材全部资料，制剂申请人在上市申请中提交。日本辅料MF登记限于新辅料及改变现有辅料组成比例的预混辅料；此外在日本，用于OTC的原料药、中间体和物料不需MF登记，因为按照已有质量标准和检测方法，其质量和安全性确定。

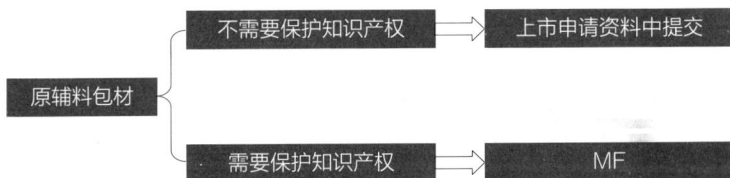

图4 日本药用原辅料包材申报路径

表2 各国不同原辅料包材适用程序

| 中国 | | 美国 | | 日本 | | | 欧盟 |
|------|------|------|------|------|------|------|------|
| 原料药 | 关联审评，批准文号 | 新药 | 新分子实体：NDA中提交 | 不需要知识产权保护：上市申请资料提交；需要知识产权保护：MF | | 已被《欧洲药典》收载 | CEP认证 ASMF备案 |
| | | | 已批准药品改剂型：DMF或NDA中提交 | | | 未被《欧洲药典》收载 | ASMF备案 |
| | | 仿制药 | DMF或NDA中提交 | | | 血液制品疫苗抗原 | PMF VAMF |

续表

| 中国 | | 美国 | 日本 | | 欧盟 |
|---|---|---|---|---|---|
| 药用辅料 | 关联审评或上市申请资料中提交 | DMF或上市申请资料中提交 | 不需要知识产权保护：上市申请资料提交；需要知识产权保护：MF | 已被《欧洲药典》收载 | CEP认证 |
| | | | | 新辅料 | 上市申请资料中提交 |
| 药包材 | 关联审评或上市申请资料中提交 | DMF或上市申请资料中提交 | | 无 | |

美日欧的DMF制度适用范围还包括原料药中间体、具有TSE传播风险的物质等。

在我国，原料药属于药品的范畴，需与药物制剂上市申请或者补充申请关联申报，关联审评审批，通过审批之后向原料药核发批准证明文件。药用辅料包材实行与制剂的关联申报、关联审评制度，制剂生产申请获批后，给予关联的辅料包材核准编号。

在我国，药用辅料关联审评范围与国外大致相同。

## 2.5 DMF申请提交

在向监管机构提交DMF时，涉及的要素主要有申请主体、接收机构、资料要求、资料的保密性以及是否与制剂申请捆绑。

DMF的提交人是谁可以判断是否实施持有人制度。我国关联审评、日本MF、欧盟CEP认证的申请主体均为原辅料包材生产企业，没有实行持有人制度，而欧盟ASMF则由使用原料药的药品上市许可申请人申请，在美国，DMF持有人可以为个人、合伙企业、公司和协会，该范围同美国药品上市许可申请人/持有人的范围相同。

接收机构均为各国的药品监管机构，一般为审评机构；在资料要求方面，各国DMF及欧盟CEP认证均按照ICH M4Q：CTD-Quality中3.2.S部分的要求提交，2016年11月28日，CFDA发布了《药包材申报资料要求（试行）》

和《药用辅料申报资料要求（试行）》，其要求与ICH基本一致。需要注意的是，提交资料应为规模生产的资料，而不是实验室中试资料。

原辅料包材技术资料向药品上市许可申请人保密是国外DMF的核心理念，日本MF和欧盟ASMF均将备案资料分为公开部分和保密部分，其中保密部分主要集中在3.2.S.2 生产信息部分（包括生产工艺和过程控制、物料控制、关键步骤和中间体的控制、工艺验证和/或评价、生产工艺的开发），引用MF或ASMF的MAH只能接触到其公开部分。美国DMF和欧盟CEP则不区分保密与公开部分，整套资料均不向引用它的MAH公开。欧盟ASMF虽然由药品上市许可申请人申请，但是其资料中保密部分由原料药生产企业提交。可见国外DMF均起到保密技术资料的作用；我国关联审评虽然未明确资料的保密性，但是通过辅料包材生产企业自己提交资料可起到保密作用。

在是否与制剂申请捆绑方面，美国DMF、日本MF和欧盟CEP认证可独立于制剂申请，可随时提交。在这种关联审评之前的前置备案方式下，原辅料包材生产企业可随时向药监部门备案其产品CMC信息，但备案时并不对其是否适合用于药品生产做出审评结论，这样便于在关联审评时根据制剂的需求对其原辅料包材做出适应性调整。而我国的关联审评和欧盟的ASMF则均规定原辅料备案须与关联的制剂申请同时提出。

## 2.6 DMF的形式审查与公开

美日欧的DMF制度下，提交DMF后并不立刻审评其资料，而只是进行形式审查，以确保资料的完整性，形式审查合格后即通过数据库公布该DMF的序号及持有人信息，表示该DMF已备案成功，可被制剂申请所引用。而我国的关联审评也对辅料包材进行形式审查，但形式审查合格后只是给予受理并核发《受理通知书》，此时尚不纳入数据库，而是关联的药品生产申请获得批准之后，才给予辅料包材核准编号，并公开必要信息。

欧盟CEP认证独立于制剂申请，须经审评、检查、检验（必要时）合格后，授予申请人CEP证书，并通过认证数据库公开相关信息。

## 2.7 DMF变更

当DMF持有人对其DMF内容有变更时，均须变更其DMF备案，同时告知药监部门及受影响的临床试验发起人或上市许可申请人/持有人。发起人或上市许可持有人在评估DMF变更对其制剂影响的基础上，须向药监部门提交相应的补充申请；若DMF变更时，临床试验或上市许可未获批准，则发起人或上市许可申请人提交修订（amendment）。

在欧盟，当药品监管机构要求某个药品上市许可申请参考的ASMF进行修订时，通常该修订要求适用于已提交的所有参考该ASMF的制剂申请。ASMF持有人和所有受影响的MAH均可按上述相同程序进行变更。

DMF发生变更时，发起人或上市许可持有人对其制剂的变更参照生产变更部分。

## 2.8 DMF所有权的转让

在美国，DMF持有人可转让其DMF所有权，转让时，应书面告知FDA和被授权人，该书面信息包括：受让方名称、地址、受让方责任人姓名、转让生效日期、转让方责任人的签名、转让方责任人的姓名和职位；新持有人应提交转让接受信和DMF中更新的信息，任何涉及所有权转让的信息变更（例如厂址和生产方法等）都应包含其中。

在日本，MF登记文件也可转让。原MF持有人需要向PMDA提交MF登记申请表、MF变更申请、MF轻微变更通知书；新持有人应按规定向PMDA提交通知；此外，在转让过程中，需要递交转让者与受让者合同的复印件，在其中详细列明登记项目的试验数据和所有登记相关文件，同时要求声明生产场地和生产技术等没有发生改变。

欧盟CEP证书也可转让，该转让属于CEP变更与更新管理程序的一种。新持有人重新提交CEP申请。而原持有人则须提交转让申请. 欧洲药品质量管理局（EDQM）在收到完整的持有人转让申请后，会在30天内进行有效性评估，评估合格后签发修订后的CEP证书。若转让申请文件不完整，则不会要求补充资料，仅向持有人发送一封拒收信函，此时需要重新提交申请资料，支付相应费用。

DMF所有权转让中若涉及原辅料包材生产场地的变更，发起人或上市许可持有人须参照生产变更部分对其制剂进行变更。

我国的关联审评规定中并未明确所有权转让的相关程序。

表3　各国DMF转让程序

| 制度名称 | 程序类型 | 原持有人 | 新持有人 |
|---|---|---|---|
| 美国DMF | 通知程序 | 书面通知FDA和被授权人 | 提交转让接受信和DMF中更新的信息 |
| 日本MF | 通知程序 | 向PMDA提交MF登记申请、MF变更申请、MF轻微变更通知书 | 按规定向PMDA递交通知 |
| 欧盟CEP | 审评程序 | 提交转让申请 | 重新提交CEP申请 |

## 2.9 DMF的收费

各国DMF在备案时均不收费，欧盟CEP认证涉及审评、检查、检验等完整的认证流程，因此收费。

在美国，II型原料药DMF第一次授权ANDA［包括ANDA、ANDA修正、事先需审批的补充申请（PAS）和PAS修正］参考时，DMF持有人须缴纳DMF费（2016财年为42 170美元），并且须进行初始完整性评价（initial completeness assessment），缴纳时间通常须在提交ANDA申请之前，最晚须在提交ANDA20日内，FDA建议至少提前ANDA 3个月缴纳DMF费，以便FDA有充足的时间进行初始完整性评价。

## 2.10 关联审评过程中的关联点

关联审评过程中的关联点包括引用DMF方式、缺陷沟通方式、检查、检验、审评结论等内容。

（1）引用DMF方式

在DMF制度下，药品提交上市许可时，申请人不再需要提交整套原辅料包材的CMC信息，而是通过授权信、DMF登记号等方式将之与已备案的DMF

相关联。

（2）豁免审评的情形

在美日，DMF制度下若药品所关联的辅料已有国家药典标准，则该辅料不须提交DMF；若已审评过的DMF用于相同剂型、相同用途的其他药品上市许可申请时，只需对该DMF进行简略的审评；美国还建立了非活性成分数据库（IID），该数据库包含FDA已批准药品中使用的辅料，包含其名称、给药途径、CAS号、唯一成分识别号（UNII）、最大用量等信息。若某种辅料已被该数据库收载，当其用于相似的产品时，只需较少的审评。以上措施可大力节约DMF持有人、药品上市申请人、监管机构的资源和精力；在我国，已获得批准证明文件或核准编号的药用辅料不改变给药途径且不提高使用限量时，不再对其进行关联审评；此外，还规定已在批准上市的药品中长期使用，且用于局部经皮或口服途径风险较低的辅料，如矫味剂、甜味剂、香精、色素等执行相应行业标准，不须进行关联审评。

（3）缺陷沟通方式

若关联审评过程中发现药品关联的DMF存在缺陷，均须告知DMF持有人并令其修订其DMF，同时还须告知受影响的发起人或药品上市许可申请人。

（4）检查与检验

在药品批准前，各国药品监管机构会对药品上市申请中包含的场地进行现场检查。美日欧监管机构均将原料药纳入现场检查范围，且以共同制定的ICHQ7A《原料药现行生产质量管理规范》作为检查规范；在美国，药品上市前FDA通常不对辅料进行现场检查，除非该辅料是新辅料和/或辅料生产过程是整个药品生产过程的关键步骤。在欧盟，当主管当局有理由怀疑质量生产规范（GMP）不合规时，也可对辅料生产场地进行检查；对于药包材，美国FDA通常不检查其生产场地，除非有特定原因，审核供应商是制剂企业的职责；在美国，若批准前检查中发现违规，则可对企业产品进行抽验，若批准前检查中未发现违规，通常不需要抽验。在日本，厚生劳动省（MHLW）可对其怀疑的产品进行抽样检验。

在我国，对于国产高风险包材辅料，省局受理申请后30日内对其完成现场核查，并抽样送检；对于进口高风险包材辅料，总局受理中心受理后，通知中检院对样品进行注册检验，在技术审评期间可基于风险评估开展现场核查。

（5）审评结论

在国外，关联审评是对原辅料包材审评结论，是该DMF适合（ADE-QUATE）或不适合（INADEQUATE）支持某个特定的制剂申请，而不是批准或不批准其DMF，结合现场检查结果，最终只对制剂申请做出批准或不予批准决定；在我国，原料药与药物制剂上市申请或者补充申请关联审评，通过审批之后向原料药和制剂核发批准证明文件。药用辅料包材实行与制剂的关联审评，制剂生产申请获批后，给予制剂批准证明文件，给予关联的辅料包材核准编号，若制剂生产申请不予批准，则向关联的辅料包材生产企业出具《审批意见通知件》，并说明理由，因此制剂生产申请能否获批决定辅料包材能否备案。

## 2.11 上市后检查

药品上市后，药品监管机构也会对药品上市申请中包含的场地进行现场检查。美日欧监管机构均将原料药纳入现场检查范围，且以共同制定的ICHQ7A《原料药现行良好质量生产管理规范》作为检查规范；在国外，对于药用辅料的生产和供应通常不在药品监管机构的监管范围，也未制定官方辅料GMP规范，而是通过MAH和第三方的力量保证药用辅料在生产和流通中的质量安全。监管机构认为有必要时才对辅料生产进行现场检查；在我国，药用原辅料包材均在监管机构的检查范围内，而且官方专门制定了《药用辅料生产质量管理规范》；而上市后检查中发现问题将依据严重程度采取不同的惩处措施；欧美还建立了专门的数据库公布检查结果，我国尚缺乏该类数据库。

## 2.12 药品生产变更

若已批上市申请内容发生变更，美欧均依据以风险为基础的方法评估变更风险，并依据风险程度的不同，采取前置审批、后置审批或者告知三种形式的监管措施，MAH应主动验证变更的影响并将验证结果包含在变更申请中。日本也将药品上市后进行的生产变更分为部分变更和微小变更，其中部分变更须得到MHLW部长的批准，微小变更只需在实施前30日内告知MHLW。以风险为基础的变更能够使药监部门全面及时地掌握产品的情况，同时减轻MAH和监管机构的负担，促进监管机构集中资源重点监管高风险的变更类型。

药品生产变更可能涉及药品组分、生产场地、生产工艺、质量标准、容器密封系统、标签等内容中的一项或多项。

生产场地变更是药品上市后变更的常见变更类型，在美日欧，原料药生产场地变更通常也依据风险程度高低分为不同的变更类型。

在美国，包装组件或包装材料的生产场地变更若不涉及其他变更［如尺寸（dimensions），组成，标准，加工助剂］，则通常不须报告。若涉及其他变更，则报告类型须依据其他变更类型提交；变更辅料生产场地通常也不须报告。

在我国，改变国产药品制剂的原料药产地，须向省药监部门备案；改变进口药品制剂所用原料药的产地，须向CFDA备案。而场地风险程度与该场地在国内或国外并无关系，因此我国药品上市后变更并没有引入风险分级的理念。

涉及原辅料包材的变更除生产场地外，还涉及药品成分和组分的变更、生产工艺的变更、药品标准及容器密封系统等的变更，国外法规指南中也对之进行了详细规定和举例，详细见正文。我国关于原辅料包材的变更规定较少。

## 2.13 生产企业准入比较

各国在药品生产企业准入形式上有所不同，中国、日本、欧盟采取许可证形式，美国采取场地登记制度。

表4　各国药品生产企业准入形式比较

| 国别 | 许可证 | 场地登记 |
| --- | --- | --- |
| 中国 | 《药品生产许可证》 | |
| 美国 | | 生产者须向FDA登记其场地信息 |
| 日本 | 生产许可证、生产销售许可证、国外生产企业认定 | |
| 欧盟 | 生产许可证 | |

## 2.14 相关数据库比较

（1）生产场地登记数据库

在美国，药品（包括原料药）生产者须在开始经营后5日内及之后每年10月1日至12月31日期间向FDA登记其场地信息，同时提交其已上市药品清单，为此FDA专门建立了生产场地登记数据库。

登记者应在数据库中登记其姓名、场地经营地点、全部场地及它们的唯一场地识别码（unique facility identifier）、经营活动范围、联系人电子邮箱。此外，国外场地还须登记：该场地在美国的代理商名称、进口该药品的进口商名称、所有进口或者提供进口该药品到美国的机构的名称。

药品生产者登记的场地信息和提交的药品清单可用于FDA进行上市后不良反应监测、现场检查、监测进口产品等针对性监管活动。

（2）已备案DMF数据库

在国外，DMF提交备案并经形式审查合格后通常会在监管机构官网公布其相关信息。在美国，DMF行政审查合格后，FDA将在DMF网页中的DMF列表（DMF list）中公布DMF的序号、类型、状态、持有者名称、主题；在日本，MF登记后PMDA将在其官网公布MF登记号、登记日期、登记项目变更日期、登记者的名称和地址、登记证明；在欧盟，通过CEP认证的原辅料也将通过认证数据库（certification database）公布物质名称、物质编号、证书持有人、证书编号、签发日期、到期日、状态、类型。

我国关联审评制度下，须关联的药品生产申请获得批准之后，才给予辅料包材核准编号，并公开必要信息。但尚未明确公开内容，也未建立公开数据库。

表5　各国已备案DMF公布形式

| 国家 | 公布形式 | 内容 |
|---|---|---|
| 中国关联审评 | 未明确 | 未明确 |
| 美国DMF | DMF网页中的DMF列表 | DMF的序号、类型、状态、持有者名称、主题 |
| 日本MF | PMDA官网 | MF登记号、登记日期、登记项目变更日期、登记者的名称和地址、登记证明 |
| 欧盟CEP认证 | 认证数据库 | 物质名称、物质编号、证书持有人、证书编号、签发日期、到期日、状态、类型 |

（3）已使用辅料数据库

美国FDA建立了非活性成分数据库（IID），该数据库包含FDA已批准药品中使用的辅料，包含其名称、给药途径、CAS号、唯一成分识别号（UNII）、最大用量等信息。若某种辅料已被该数据库收载，当其用于相似的产品时，只需较少的审评。

我国也于2012年建立了常用药用辅料数据库，该数据库收载了299种常用辅料，包含辅料的中英文名称、唯一成分识别号（UNII）、给药途径、稳定性和贮藏条件、配伍禁忌、常用量及最大用量等信息。但是该数据库一直未更新。

（4）场地合规检查数据库

在美国，FDA通过检查数据库（Inspections Database）公开企业的合规性状态，该数据库包含实施检查的地区办公室、公司名称、公司所在城市和州、国家/区域、邮政编码、检查结束日期、检查项目类型以及合规性结论。合规性结论分为三类：官方行动指示（Official Action Indicated，OAI）、自愿行动指示（Voluntary Action Indicated，VAI）、无行动指示（No Action Indicated，NAI）。官方行动指示表示检查中发现企业存在重大不合规情况，必须采取监管行动以解决缺陷；自愿行动指示表示检查中发现的不合规情况尚未达到须采取监管行动的程度；无行动指示表示检查中未发现不合规情况或者发现的不合规情况不须采取进一步行动。

在欧盟，若监管机构在检查中发现企业存在不合规情况，则起草不合规报告（Non-Compliance Report），并将之录入EudraGMP数据库。

# 3 我国药用辅料包材管理制度完善建议

本研究发现，关联审评制度制约药品审评审批改革进程，不利于药用原辅料和包材创新和质量提升，容易引发原料药市场垄断，最关键的是药品上市许可持有人作为药品供应链控制主体的责任不明晰，企业更多依赖原辅料包材审批，不利于药用原辅料包材和制剂产业的健康发展。

本研究对国内外药用原辅料包材管理制度进行研究的基础上，对我国的原辅料包材管理提出以下总体构架（图5），主要包括DMF备案、DMF形式审查与公开、关联审评、上市后生产变更、上市后检查、场地登记等关键阶段。

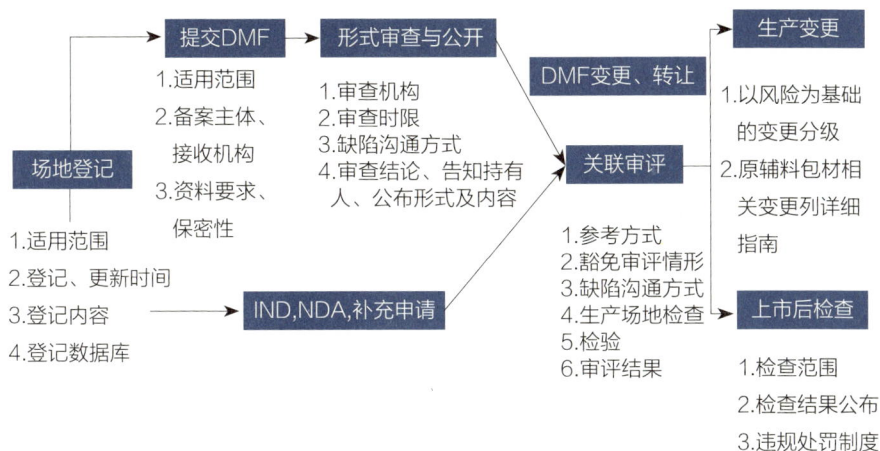

图 5 完善我国原辅料包材管理制度总体构架

## 3.1 关联审评制度调整的几个关键调整点

我国应在当前关联审评制度的基础上建立适合中国国情的DMF制度，并对原辅料和包材实行DMF持有人制度，类似药品上市许可持有人制度，符合药品审评审批改革方向，可以大幅提高药品审评审批效率，以下为制度调整关键点。

（1）适用范围

将我国境内研制、生产、进口和使用的原料药、药包材、药用辅料纳入前置性DMF备案范围。进口药品中所用的原辅料包材按照《药品注册管理办法》的相关规定执行。对于辅料只要求新辅料进行DMF备案，已有《中国药典》标准的辅料不须DMF备案。同时明确DMF备案为企业自愿行为，制剂企业也可将原辅料包材资料在制剂申请中直接提交。

（2）DMF备案阶段

建议将原辅料包材与制剂申请关联申报改为原辅料包材申请人单独自主备案，国产原辅料包材和进口原辅料包材均向CFDA药品审评中心备案，企业备案后只进行形式审查，审查其资料的完整性，合格即给予编号，纳入DMF数据库，并公开备案编号、类型（原料药、辅料或包材）、原辅料包材名称、生产企业名称、地址等基本信息。资料不完整时可要求生产企业补充资料。

在申报资料方面，建议分为保密部分和公开部分，保密部分主要包括生产信息（包括生产工艺和过程控制、物料控制、关键步骤和中间体的控制、工艺验证和/或评价、生产工艺的开发），在备案时，原辅料包材生产企业应提交全部公开和保密部分，若有制剂申请参考其备案信息时，可将其中公开部分给予制剂申请人，让制剂申请人在制剂申请中提交。

（3）DMF变更程序

原辅料包材生产企业变更其产品时，应及时向药监部门提交其DMF变更信息，同时告知药监部门及受影响的临床试验发起人或上市许可申请人/持有人。发起人或上市许可持有人在评估DMF变更对其制剂影响的基础上，须向药监部门提交相应的补充申请或备案；若DMF变更时，临床试验或上市许可未获批准，则发起人或上市许可申请人也应向药监部门提交变更信息。

（4）DMF转让程序

已备案的原辅料包材DMF可以转让，转让方应书面通知药监部门和参考该DMF的制剂企业，该书面信息包括：受让方名称、地址、受让方责任人姓名、转让生效日期、转让方责任人的签名、转让方责任人的姓名和职位；受让方应提交转让接受信和对备案信息的变更情况，详细说明所有权转让带来的信息变更（例如厂址和生产方法等）。参考该DMF的制剂企业在收到书面通知后，应根据变更程序变更其制剂申请。

（5）关联审评阶段

建议原辅料包材生产企业通过向制剂申请人发送授权信的方式授权制剂申请人关联其备案的DMF，制剂申请人将授权信作为制剂申请资料的一部分提交，原辅料包材生产企业还应向CDE提交授权信，授权其对DMF进行关联审评。

同时，明确豁免审评的情形，曾被审评合格的DMF用于相同剂型、相同给药途径的药品时，可豁免审评。

（6）缺陷沟通方式

关联审评中若发现原辅料包材存在缺陷，将其缺陷细节告知辅料包材生产企业，同时告知制剂申请人存在缺陷，但不告知缺陷细节。缺陷严重时，可暂停审评时钟。原辅料包材生产者应对审评部门反馈的缺陷做出回复并更正，同时告知相关制剂申请人更正。为了上述沟通规范化，应建立标准的审评沟通函制度。

（7）检查与检验

在关联审评过程中，药品审评中心（CDE）可要求对关联的原料药、新辅料、高风险辅料包材生产企业进行现场检查，其他情况下，监管机构认为有必要时也可进行现场检查，现场检查由CFDA食品药品审核查验中心组织。现场检查时，如有必要，检查人员应抽取连续生产的3批样品送检验机构检验。检验由中国食品药品检定研究院组织实施，可将检验任务向具有检验能力的省级检验机构分配；而已有标准辅料和低风险辅料包材则不须监管机构进行现场检查，主要通过第三方认证和制剂企业供应商审计确保生产过程的合规性，监管机构只对其进行有因检查。

（8）药品上市许可关联审评结论

若经关联审评，认为原辅料包材适用于关联的制剂申请，且批准前现场检查合规，则批准该制剂申请，若原辅料包材不适用于关联的制剂申请或现场检查不合规，则不予批准该制剂申请。

## 3.2 建立药品生产场地登记制度

建立药品生产场地登记制度，并建立药品供应链追溯体系。药品（含原辅料）场地登记制度是简化行政审批，加强过程控制的关键环节，使药品整个供应链实际参与者进入药品监管机构的视野，便于在审评阶段和上市后阶段开展现场检查。

建议国家食药监总局要求所有在我国销售其产品的国内外制剂、原料药、辅料生产企业在提交DMF和上市申请前登记其生产场地信息。国家食品药品监督管理总局应建立生产场地登记数据库，并制定生产场地唯一编号制定规则；药品生产企业应向数据库登记其企业名称、下属所有生产场地的地址、生产范围、每个生产场地的联系人姓名和电话、每个生产场地已上市药品的清单，并每年更新其信息。

其中，数据库中的企业名称、生产场地地址，唯一编号和生产范围，及其上市产品基本信息可以向公众公开。

生产场地登记制度有助于药监部门在审评中和上市后开展现场检查。在关联审评时，对原辅料包材生产场地的检查出现违规，将影响制剂上市许可，甚至影响所有在关联审评时使用该原辅料包材的企业。若受影响的制剂有多个原辅料包材备选供应商的情况下，MAH可通过补充申请的方式变更生产场地。

## 3.3 建立相关数据库

为配合关联审评制度的实施，我国应建立以下数据库：

（1）DMF数据库

为了及时公开已备案的原辅料包材信息，以便制剂企业可以从众多的原辅料包材生产企业中选择合适的供应商，我国应建立DMF数据库。将已备案的原辅料包材信息纳入该数据库，该数据库应包括备案编号、类型（原料药、辅料或包材）、原辅料包材名称、生产企业名称、地址等基本信息。

（2）场地登记数据库

建立我国药品生产场地登记数据库，要求所有在我国销售其产品的制剂和原料药生产企业登记其生产场地信息。制定生产场地唯一编号规则；药品生产企业应向数据库登记其企业名称、下属所有生产场地的地址，生产范围、每个生产场地的联系人姓名和电话、每个生产场地已上市药品的清单，并每年更新其信息。

其中，数据库中的企业名称、生产场地地址，唯一编号和生产范围，及其上市产品基本信息可以向公众公开。

（3）完善常用药用辅料数据库

我国已有的常用药用辅料数据库包含常用辅料的中英文名称、唯一成分识别号（UNII）、给药途径、稳定性和贮藏条件、配伍禁忌、常用量及最大用量等信息。但收载辅料数量较少，建议及时添加已批准制剂中使用的辅料。该辅料数据库有助于制剂企业在产品开发中对辅料的选择，同时审评部门对于进入数据库的辅料在不超出数据库中的给药途径和最大用量前提下可以豁免审评，这样可节约多方资源。

（4）场地合规检查数据库

检查数据库应包括企业名称、被检查场地地址及唯一编号、检查日期、结果、警告信及后续整改情况等，并向行业和公众公开。这样可让相关各方及时了解各个场地的合规性状态，便于做出正确选择，同时激励企业提升其合规性水平。

## 3.4 变更管理程序

我国应建立以风险为基础的上市后变更管理制度。将上市后变更分为重大变更，中等变更和微小变更。重大变更是指对药品安全性、有效性有重大潜在不利影响的变更，制剂申请人应提交补充申请，获得药监部门批准后方可实施变更；中等变更是指对药品安全性、有效性有中等程度潜在不利影响的变更，制剂申请人只需向药监部门备案即可；微小变更是指对药品安全性有效性有极小潜在不利影响的变更，制剂申请人无须提前告知药监部门即可自行变更，只需在年度报告中提交变更信息。而对于某些对药品安全性有效性没有潜在不利影响的变更，制剂申请人不须告知药监部门。MAH应主动验证变更的影响并将验证结果包含在补充申请、备案信息或年度报告中。

## 3.5 原有单独审批制与关联审评制度的衔接

已有药包材、药用辅料注册证的包材和辅料在有效期内继续有效。有效期届满后，可继续在原药品中使用，辅料包材生产企业可按《药包材申报资料要求（试行）》和《药用辅料申报资料要求（试行）》备案其产品信息，形式审查合格即可进入已备案辅料包材数据库，从而又可被制剂企业选用。

注册证在2017年12月31日（含当日）前到期的包材辅料，有效期延续至2017年12月31日。自2018年1月1日起，用于其他制剂的药物临床试验或生产申请时，应按本公告要求报送相关资料。

## 3.6 建立原辅料包材违法处罚制度

辅料包材与药品关联审评制度下，必须明确相关主体法律责任，建立MAH和原辅料包材生产企业的双重责任追溯制度。

在关联审评或者批准前检查中发现关联的原辅料包材存在缺陷，若该缺陷程度不严重，则应提供缺陷信的方式告知辅料包材生产企业和制剂申请人，并责令限期整改；若存在重大缺陷，则应不予批准该药品申请，同时对该原辅料包材生产场地的产品禁止销售或发布进口禁令。

在上市后检查中若发现原辅料生产企业存在缺陷，若缺陷程度不严重，暂时不对公众健康构成威胁，则监管机构可通过警告信告知原辅料包材生产企业缺陷内容，并责令限时整改。若经警告仍未纠正缺陷或缺陷程度较严重时，可视具体情况对原辅料包材生产企业和MAH采取召回、没收、禁止销售、行政扣押，民事罚款或起诉等措施。

结语：建立药用原辅料和包材自主前置性备案程序符合当前审评审批改革的方向，是配合药品上市许可持有人制度实施的关键配套制度，是贯彻上市许可持有人主体责任的关键举措，建议药品监管部门尽快建立符合我国国情的DMF备案制度，并完善与上市许可关联审评的关联节点，建立药品供应链控制体系，提高药用原辅料和包材、制剂创新水平，不断提升产业实力。

# 第一部分
# 我国药用原辅料包材管理制度

## 1 制度概述

一直以来，我国对原料药（API）、药用辅料（excipient）、药包材（packaging material）实行注册审批制度。原料药是指制剂中的有效成分。我国《药品管理法》第一百条规定的"药品"外延中包括化学原料药。《药品管理法》第十一条规定："生产药品所需的原料、辅料，必须符合药用要求"。《药品管理法实施条例》第九条规定："药品生产企业生产药品所使用的原料药，必须具有国务院药品监督管理部门核发的药品批准文号或者进口药品注册证书、医药产品注册证书"。

辅料是指生产药品和调配处方时所用的赋形剂和附加剂。2004年6月，国务院发布了《国务院对确需保留的行政审批项目设定行政许可的决定》（国务院令第412号），其中第356项即为"药用辅料注册"，其实施机关为前国家食品药品监督管理局（SFDA）和省级人民政府食品药品监管部门。2005年7月，原SFDA发布《药用辅料管理办法》（征求意见稿），其中规定："新的药用辅料、进口药用辅料由国家食品药品监督管理局批准注册；已有国家标准的药用辅料（除按标准管理的药用辅料外）由省、自治区、直辖市（食品）药品监督管理部门批准注册；色素、添加剂、香精和试剂类药用辅料实行标准管理"。2012年8月，原SFDA发布《加强药用辅料监督管理有关规定》，其中规定：药品监督管理部门对药用辅料实施分类管理，对新的药用辅料和安全风险较高的药用辅料实行许可管理；对其他辅料实行备案管理。实行许可管理的品种目录由国家食品药品监督管理局组织制定，分批公布。但是该规定并未落实到位，在我国实践中一直按《药用辅料管理办法》（征求意见稿）中的相关规定管理辅料。

"药包材"是直接接触药品的包装材料和容器的简称。《药品管理法》第五十二条规定："直接接触药品的包装材料和容器，必须符合药用要求，符合保障人体健康、安全的标准，并由药品监督管理部门在审批药品时一并审批"。2004年7月，原SFDA发布《直接接触药品的包装材料和容器管理办法》（局令第13号），该办法规定："国家食品药品监督管理局制定注册药包材产品目录，并对目录中的产品实行注册管理"。

当前，我国正处于药品监管的变革时期。2015年8月18日，国务院发布《国务院关于改革药品医疗器械审评审批制度的意见》（国发〔2015〕44号），其中第十四条将"实行药品与药用包装材料、药用辅料关联审批，将药用包装材料、药用辅料单独审批改为在审批药品注册申请时一并审评审批"作为简化药品审批程序，完善药品再注册制度的措施。2016年7月22日，CFDA发布《药品注册管理办法（修订稿）》。其中，第七十四条规定："原料药申请上市的，需与药物制剂上市申请或者补充申请关联申报。不受理单独原料药上市申请"；第八十五条规定："国家对药品与药用包材、药用辅料的上市申请实施关联审评审批；国家对原料药上市申请与制剂上市申请或者已上市制剂的补充申请实施关联审评审批"。2016年8月10日，CFDA发布《总局关于药包材药用辅料与药品关联审评审批有关事项的公告》，公告决定将药包材和药用辅料由单独审批改为在审批药品注册申请时一并审评审批，并且不再单独核发相关注册批准证明文件。

由此可见，我国当前的改革方向是：对原料药、药包材和药用辅料均施行与制剂的关联申报、关联审评，其中，对辅料和包材不再核发批准文号，而是关联的制剂批准后，给予辅料和包材核准编号，而原料药仍实行批准文号管理。

## 2 法律框架

我国《药品管理法》和《药品管理法实施条例》中对关于原辅料包材的条款主要体现在要求原辅料包材取得批准文号、对生产销售假劣药品行为的处罚等。《总局关于药包材药用辅料与药品关联审评审批有关事项的公告》、《药用辅料申报资料要求（试行）》、《药包材申报资料要求（试行）》、《药品注册管理办法》等部门规章为我国当前原辅料包材关联的主要依据（表1-1）。

表1-1　我国现行原辅料包材管理法律框架

| 名称 | 颁布时间 | 性质 |
|---|---|---|
| 《药品管理法》 | 2001 | 法律 |
| 《药品管理法实施条例》 | 2002 | 行政法规 |

| 名称 | 颁布时间 | 性质 |
|------|----------|------|
| 《药品注册管理办法》 | 2007 | 部门规章 |
| 《加强药用辅料监督管理有关规定》 | 2012 | 部门规章 |
| 《化学药品新注册分类申报资料要求（试行）》 | 2016 | 部门规章 |
| 《总局关于药包材药用辅料与药品关联审评审批有关事项的公告》 | 2016 | 部门规章 |
| 《药用辅料申报资料要求（试行）》 | 2016 | 部门规章 |
| 《药包材申报资料要求（试行）》 | 2016 | 部门规章 |

# 3 相关机构及职责

我国负责原料药注册及辅料包材关联审评的机构为国家食品药品监督管理总局、药品审评中心（CDE）和中国食品药品检定研究院等技术部门、省级食品药品监督管理局等，组织框架及职能图如下图1-1。

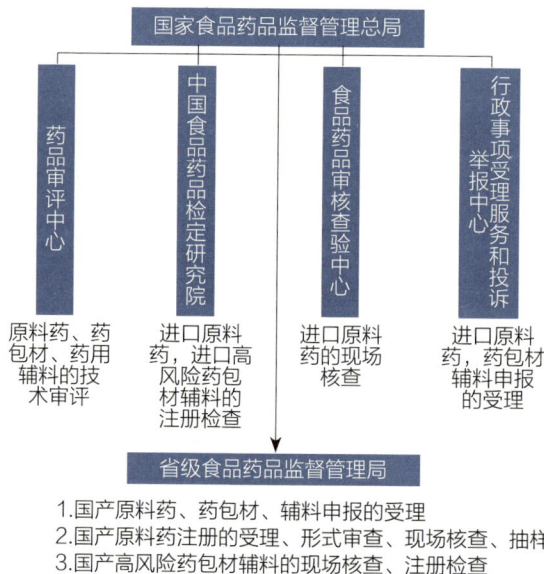

图 1-1  我国原辅料包材管理组织框架及职能

# 4 管理现状

## 4.1 关联审评审批程序

关联审评制度下，药包材、药用辅料应与药物临床试验或生产申请关联申报，关联审评。省级药监部门和CFDA受理和举报中心分别受理国产和进口药用辅料包材的申报，并进行形式审查，符合要求的予以受理并核发《受理通知书》，并将规定的资料报送CFDA药品审评中心；CFDA药品审评中心对药品注册申请及其关联申报的药包材、药用辅料的申报资料进行汇总，并对它们进行技术审评，制剂生产申请获得批准后，CFDA药品审评中心将该药品所关联申报的药包材、药用辅料信息纳入数据库，给予核准编号，告知制剂申请人并主动公开必要的信息（图1-2）。

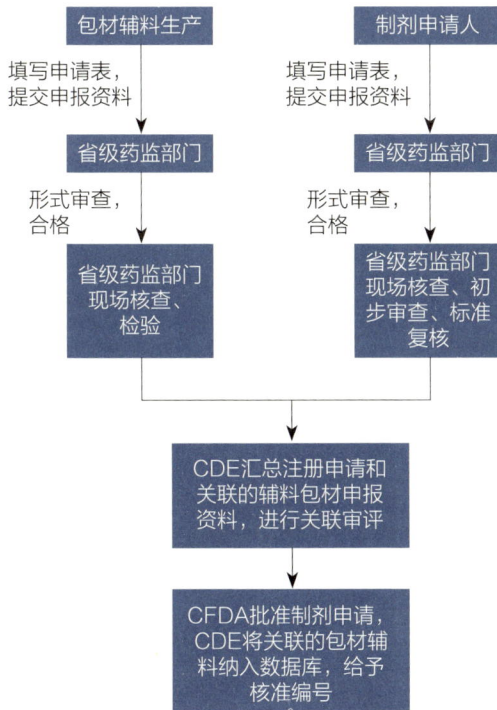

图1-2　国产辅料包材（高风险）与国产制剂的关联审评流程

注：在我国，高风险药用辅料一般包括：动物源或人源的药用辅料；用于吸入制剂、注射剂、眼用制剂的药用辅料；国家食品药品监督管理总局根据监测数据特别要求监管的药用辅料。境内外上市制剂中未使用过的药用辅料按照高风险药用辅料进行管理；

高风险药包材一般包括：用于吸入制剂、注射剂、眼用制剂的药包材；新材料、新结构、新用途的药包材；国家食品药品监督管理总局根据监测数据特别要求监管的药包材。

## 4.2 申报资料

2016年11月28日，CFDA发布了《药包材申报资料要求（试行）》和《药用辅料申报资料要求（试行）》，内容分别如下表1-2和表1-3。

表1-2  药包材申报资料要求

| 1. 企业基本信息 | 1.1 企业名称、注册地址、生产地址 |
| --- | --- |
| | 1.2 企业证明性文件 |
| | 1.3 研究资料保存地址 |
| 2. 药包材基本信息 | 2.1 药包材名称、类型 |
| | 2.2 包装组件 |
| | 2.3 配方 |
| | 2.4 基本特性 |
| | 2.5 境内外批准及使用信息 |
| | 2.6 国家标准以及境内外药典收载情况 |
| 3. 生产信息 | 3.1 生产工艺和过程控制 |
| | 3.2 物料控制 |
| | 3.3 关键步骤和半成品的控制 |
| | 3.4 工艺验证和评价 |
| 4. 质量控制 | 4.1 质量标准 |
| | 4.2 分析方法的验证 |
| | 4.3 质量标准制定依据 |
| 5. 批检验报告 | |
| 6. 稳定性研究 | |
| 7. 安全性和相容性研究 | 7.1 安全性研究 |
| | 7.2 相容性研究 |

表1-3　药用辅料申报资料要求

| 1. 企业基本信息 | 1.1 企业名称、注册地址、生产地址 |
| --- | --- |
| | 1.2 企业证明性文件 |
| | 1.3 研究资料保存地址 |
| 2. 辅料基本信息 | 2.1 名称 |
| | 2.2 结构与组成 |
| | 2.3 理化性质及基本特性 |
| | 2.4 境内外批准信息及用途 |
| | 2.5 国内外药典收载情况 |
| 3. 生产信息 | 3.1 生产工艺和过程控制 |
| | 3.2 物料控制 |
| | 3.3 关键步骤和中间体的控制 |
| | 3.4 工艺验证和评价 |
| | 3.5 生产工艺的开发 |
| 4. 特性鉴定 | 4.1 结构和理化性质研究 |
| | 4.2 杂质研究 |
| | 4.3 功能特性 |
| 5. 质量控制 | 5.1 质量标准 |
| | 5.2 分析方法的验证 |
| | 5.3 质量标准制定依据 |
| 6. 批检验报告 | |
| 7. 稳定性研究 | 7.1 稳定性总结 |
| | 7.2 稳定性数据 |
| | 7.3 辅料的包装 |
| 8. 药理毒理研究 | |

## 4.3 现场检查和检验

关联审评制度下，对国产高风险药包材、药用辅料，省级药监部门应在受理其申请后30日内对其完成现场检查，并连续抽取3批样品送省级检验机构检验。

对于进口高风险包材辅料，总局受理和举报中心受理其申请后，应通知中检院组织对3批样品进行注册检验。

## 4.4 供应商质量评估

关联审评制度下制剂申请人应确保所使用的包材辅料符合药用要求；应加强对药包材、药用辅料的供应商审计。

我国《药品生产质量管理规范》第七节为《供应商的评估和批准》，该节对制剂企业进行生产用物料供应商的质量评估做了相关规定，下表（表1-4）为相关条款：

表1-4    供应商的评估和批准相关条款

| 条款 | 内容 |
| --- | --- |
| 255 | 质量管理部门应当对所有生产用物料的供应商进行质量评估，会同有关部门对主要物料供应商（尤其是生产商）的质量体系进行现场质量审计，并对质量评估不符合要求的供应商行使否决权<br>主要物料的确定应当综合考虑企业所生产的药品质量风险、物料用量以及物料对药品质量的影响程度等因素<br>企业法定代表人、企业负责人及其他部门的人员不得干扰或妨碍质量管理部门对物料供应商独立做出质量评估 |
| 256 | 应当建立物料供应商评估和批准的操作规程，明确供应商的资质、选择的原则、质量评估方式、评估标准、物料供应商批准的程序<br>如质量评估需采用现场质量审计方式的，还应当明确审计内容、周期、审计人员的组成及资质。需采用样品小批量试生产的，还应当明确生产批量、生产工艺、产品质量标准、稳定性考察方案 |
| 257 | 质量管理部门应当指定专人负责物料供应商质量评估和现场质量审计，传播经批准的合格供应商名单。被指定的人员应当具有相关的法规和专业知识，具有足够的质量评估和现场质量审计的实践经验 |
| 258 | 现场质量审计应当核实供应商资质证明文件和检验报告的真实性，核实是否具备检验条件。应当对其人员机构、厂房设施和设备、物料管理、生产工艺流程和生产管理、质量控制实验室的设备、仪器、文件管理等进行检查，以全面评估其质量保证系统。现场质量审计应当有报告 |
| 259 | 必要时，应当对主要物料供应商提供的样品进行小批量试生产，并对试生产的药品进行稳定性考察 |
| 260 | 质量管理部门对物料供应商的评估至少应当包括：供应商的资质证明文件、质量标准、检验报告、企业对物料样品的检验数据和报告。如进行现场质量审计和样品小批量试生产的，还应当包括现场质量审计报告，以及小试产品的质量检验报告和稳定性考察报告 |

| 条款 | 内容 |
|------|------|
| 261 | 改变物料供应商，应当对新的供应商进行质量评估；改变主要物料供应商的，还需要对产品进行相关的验证及稳定性考察 |
| 262 | 质量管理部门应当向物料管理部门分发经批准的合格供应商名单，该名单内容至少包括物料名称、规格、质量标准、生产商名称和地址、经销商（如有）名称等，并及时更新 |
| 263 | 质量管理部门应当与主要物料供应商签订质量协议，在协议中应当明确双方所承担的质量责任 |
| 264 | 质量管理部门应当定期对物料供应商进行评估或现场质量审计，回顾分析物料质量检验结果、质量投诉和不合格处理记录。如物料出现质量问题或生产条件、工艺、质量标准和检验方法等可能影响质量的关键因素发生重大改变时，还应当尽快进行相关的现场质量审计 |
| 265 | 企业应当对每家物料供应商建立质量档案，档案内容应当包括供应商的资质证明文件、质量协议、质量标准、样品检验数据和报告、供应商的检验报告、现场质量审计报告、产品稳定性考察报告、定期的质量回顾分析报告等 |

## 4.5 变更

关联审评制度下，包材辅料发生改变处方、工艺、质量标准等影响产品质量的变更时，其生产企业应主动开展相应的评估，及时通知药品生产企业，并按要求向药监部门报送相关资料。制剂申请人应及时掌握包材辅料变更情况，并对变更带来的影响进行评估，按照《药品注册管理办法》等有关规定向药监部门提交相应的补充申请。

《药品注册管理办法》附件4（药品补充申请注册事项及申报资料要求）中关于药品原辅料包材事项变更的规定如表1-5所示。

表1-5　我国药品原辅料包材事项变更规定

| | 变更情形 | 审评或备案 |
|------|----------|-----------|
| 原料药 | 改变国产药品制剂的原料药产地 | 向省药监部门备案 |
| | 改变进口药品制剂所用原料药的产地 | 向CFDA备案 |
| 辅料 | 变更药品处方中已有药用要求的辅料 | 省药监部门受理，提出审核意见，报送CFDA审批 |

|  | 变更情形 | 审评或备案 |
|---|---|---|
| 药包材 | 国内生产的注射剂、眼用制剂、气雾剂、粉雾剂、喷雾剂变更直接接触药品的包装材料或者容器<br>使用新型直接接触药品的包装材料或者容器 | 省药监部门受理，提出审核意见，报送CFDA审批 |
|  | 进口药品变更直接接触药品的包装材料或者容器 | CFDA受理并审批 |
|  | 变更直接接触药品的包装材料或者容器的其他情由 | 省级药监部门批准CFDA备案 |

# 第二部分
# 美国药用原辅料包材管理制度

## 1 原辅料包材界定及管理理念

21CFR 210.3（b）规定，原料药（active ingredient，活性物质）是指在疾病的预防、诊断、缓解、治疗方面，或为了影响人或动物机体的结构和功能，药品的成分中提供药理活性或者其他直接影响的部分；辅料（非活性成分）是指药品中活性成分之外的其他成分；药包材在法律法规层面无明确定义，其包括结构材料（MOC）、包装组件（packaging component）和容器密封系统（container closure system）。

药用原辅料包材主要用作最终制剂的生产和保护，其监管理念与制剂并不相同。在CTD文件中原辅料包材申报资料主要体现在其质量部分（模块3），其中原料药关注生产工艺、杂质、质量控制、稳定性等方面；药用辅料关注其与原料药的相容性、质量标准、分析方法等方面；药包材主要关注适用性、质量控制和稳定性等方面[1]（表2-1）；而制剂在关注质量的同时，更关注其安全性和有效性，并且最终实现药品预防、诊断、缓解、治疗作用的是制剂，因此FDA并不单独对原辅料包材进行上市批准。

表2-1　美国原辅料包材监管关注点

|  | 关注点 |
| --- | --- |
| 原料药 | 生产工艺、杂质、质量控制、稳定性等 |
| 辅料 | 与原料药的相容性、质量标准、分析方法等 |
| 药包材 | 适用性、质量控制和稳定性等 |

## 2 DMF 制度简介

DMF（Drug Master File，药品主文件）制度是FDA进行药用原辅料包材管理的一种制度，不同于我国原辅料包材的注册审批制度，FDA并不对DMF持有人提交的DMF做批准与不批准决定，而是当有新药临床试验申请

---

[1] FDA. Guidance for Industry：M4Q: The CTD-Quality [EB/OL]. （2001-08）[2016-9-15]. http://www.fda.gov/downloads/Drugs/GuidanceComplianceRegulatoryInformation/Guidances/UCM073280.pdf.

（IND）、新药上市申请（NDA）、简略新药申请（ANDA）、其他DMF、出口申请，或者前述申请的修订和补充申请需要参考该DMF时，对之进行关联审评。DMF作为持有人提交给FDA的备案材料，其中包含人用药品在生产、加工、包装或存储中所用设备、工艺或物质的详细保密信息，通过这种方式，可以在支持上述申请的同时，不向申请人泄露DMF的内容。

DMF的提交并不是由法律或FDA规章强制要求的，而完全是持有人的自愿行为，当申请人参考持有人DMF相关内容时，可直接将其包含于IND、NDA、ANDA，而不需提交新的DMF。

# 3 相关法律法规框架

关于DMF的法律法规主要体现在21CFR 314.420部分，该部分为"drug master file"，对DMF的定义、类型、修订等做了规定；FDA于1989年发布的《DMF指南》则对DMF的要素以及全过程做了详细阐述；2012年美国国会通过了《FDA安全和创新法案》（FDASIA），其中《仿制药申请者付费法案》（GDUFA）部分增加了对II型DMF首次用于ANDA申请时的收费及完整性评价事项。下表为美国关于DMF的相关法律法规及条款。

表2-2　美国关于原辅料包材管理的相关法律法规及条款

| 法律法规 | 性质 | 涉及条款及内容 | 颁布/修订时间 |
|---|---|---|---|
| 《联邦食品、药品和化妆品法案》 | 法律 | 744A和744B部分：II型原料药DMF支持ANDA条款 | 2012年经FDASIA修订增加 |
| | | 510部分：药品生产商注册登记，基于风险的检查等条款 | 1938/06/25，多次修订 |
| | | 704部分：授权FDA检查的权力相关条款 | 1938/06/25，多次修订 |
| | | 506A部分：对药品生产变更作了规定 | 1997/11/21，经《FDA现代化法案》修订增加 |
| 《联邦法规》第21编 | 法规 | 314.420部分：Drug Master Files，对DMF的定义、类型、授权、修订等做了规定 | 1985年颁布，后经多次修订 |

续表

| 法律法规 | 性质 | 涉及条款及内容 | 颁布/修订时间 |
|---|---|---|---|
| 《联邦法规汇编》第21编 | 法规 | 207部分：药品生产商和处于商业流通的药品的登记 | 45 FR 38043，1980/6/6 |
| | | 314.70：对已批准药品的生产变更做了规定 | 69 FR 18728，2004/4/8发布，后经数次修订 |
| 《FDA安全和创新法案》（FDASIA） | 法律 | 302部分：II型原料药DMF支持ANDA条款<br>第VII部分：药品供应链管理，涉及注册登记，基于风险的检查等条款 | 2012/07/09 |
| 《药品主控档案指南》（Drug Master Files: Guidelines） | 指南 | 对DMF的要素及流程做了详细阐述 | 1989年9月，多次修订 |
| FDA DMF网页 | 指南 | 补充上述DMF指南 | 最后更新时间：2016/07/18 |

## 4 DMF 类型

根据其内容，DMF分为以下五种类型［21CFR 314.420（a）］：

Ⅰ型：生产地点、设施、操作流程（operating procedures）和人员；

Ⅱ型：原料药、原料药中间体、原料药及其中间体制备中所用的材料（如新型色谱介质、无菌处理用过滤器）或药品；

Ⅲ型：包装材料，包括结构材料（materials of construction）、包装组件（packaging component）和容器密封系统（container closure system）。结构材料是指用于生产包装组件的材料，例如玻璃，高密度聚乙烯树脂、金属；包装组件是指容器密封系统的某个部分，安瓿、螺旋盖、瓶塞等；容器密封系统是指将多个包装组件组装成系统以容纳和保护药品。

Ⅳ型：赋形剂、着色剂、矫味剂、香精或制备它们所用的材料；

Ⅴ型：FDA可接受的参考信息，其包含Ⅱ到Ⅳ型 DMF中未涵盖的信息和支持数据，如生产场地、操作程序、人员等。

上述Ⅰ型DMF已停止申请，因此当前DMF包括Ⅱ、Ⅲ、Ⅳ、Ⅴ型四类。

截止到2016年12月31日，FDA官网DMF网页中公布的已备案DMF有29 989份，其中有Ⅱ型DMF最多，有21 124份，占比70.4%；Ⅲ型5 613份，占比18.7%；Ⅳ型2 324份，占比7.7%；Ⅴ型426份，占比1.4%；处于"活跃"（active）状态DMF有14 365份，占比47.9%（见图2-1）。

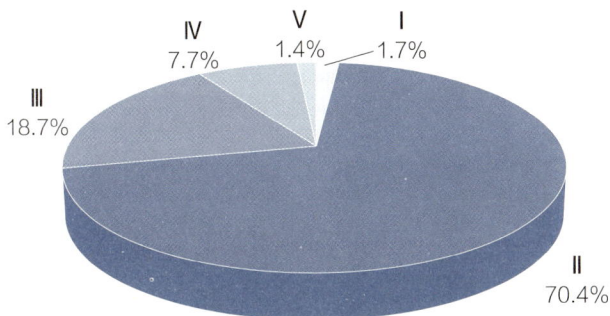

图2-1　FDA 已备案 DMF 类型

## 5　相关部门及职责

FDA药品评价和研究中心（CDER）负责药品审评相关工作，其下设12个办公室，其中与DMF相关的工作主要由药品质量办公室负责：

（1）药品质量办公室（Office of Pharmaceutical Quality，OPQ）是CDER于2015年1月创建的新部门，该办公室将CDER关于药品质量的职能（包括审评、检查和研究）进行了更好地整合，建立了贯穿所有生产场地（国内外），所有产品领域（新药、仿制药、非处方药等）统一的药品质量管理计划[1]。在审评方面，该部门主要负责药品审评的CMC审评工作，其中包括对DMF的审评。此外，该办公室还整合了合规办公室（OC）的批准前检查和监督检查活动。

---

[1]　FDA.Office of Pharmaceutical Quality [EB/OL]. （2016-7-28）[2016-9-15]. http://www.fda.gov/aboutfda /centersoffices/officeofmedicalproductsandtobacco/cder/ucm418347.htm.

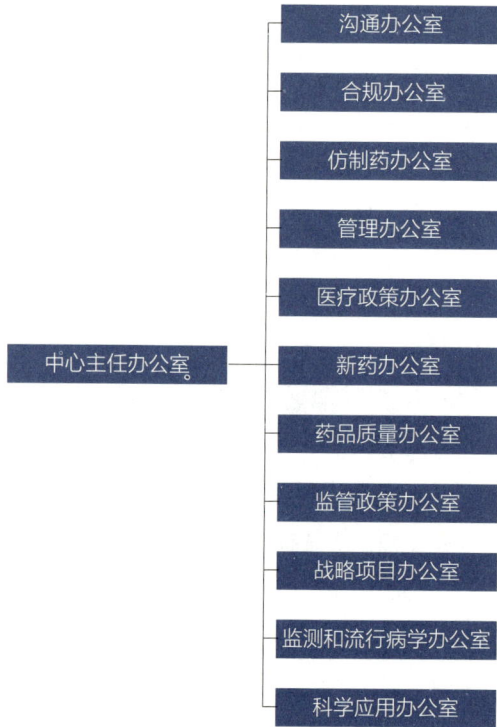

图2-2　CDER组织结构图

（2）合规办公室（Office of Compliance，OC）主要通过战略和行动，最大限度地减少消费者接触不安全的无效药品和质量差的药品以保护和促进公众健康。该办公室的职能涉及通过检查、产品检验和其他上市前和上市后监管活动实现人用药品的质量监督[1]。

（3）新药办公室（Office of New Drugs，OND）：主要负责新药IND（临床试验申请）和NDA（上市许可申请）的审评工作。

（4）仿制药办公室（Office of Generic Drugs，OGD）：负责ANDA（简略新药申请）的审评工作。

此外全球监管运营和政策办公室（Office of Global Regulatory Operations and Policy）下设的监管事务办公室（Office of Regulatory Affairs，

---

[1]　FDA. Office of Compliance [EB/OL]. （2016-4-7）[2016-9-15]. http://www.fda.gov/aboutfda/centersoffices/officeofmedicalproductsandtobacco/cder/ucm081992.htm.

ORA）作为FDA现场活动的领导者，主要负责现场检查，消费者投诉、突发事件与犯罪活动的调查，FDA法规的执行，取样和分析，进口产品的审评[1]。

# 6 DMF 实施程序

## 6.1 DMF的提交

### 6.1.1 DMF持有人

DMF持有人是指拥有某个DMF的人员（person），人员包括个人、合伙企业、公司和协会。

### 6.1.2 DMF内容

持有人需要用英文提交递交信（transmittal letters或cover letter）、行政信息（administrative information）和技术信息，每页都应标注日期和页码，每次须提交目录表。

（1）递交信

初次提交：①DMF的类型，主题（持有人自拟，例如：代码名称而不是化学或既定名称）；②如果提交时已知DMF将要支持的申请，则应包括申请的发起人、申请人、DMF持有人的名称和地址以及相关的文件编号；③DMF持有人或其授权代表的签名；④签名者的姓名及职位（打印）。

修订：①DMF的序号和类型，修订的主题；②修订的目的；③DMF持有人或其授权代表的签名；④签名者的姓名及职位（打印）。

（2）行政信息

初次提交：DMF持有人名称和地址；生产/加工场地的名称和地址；联系人的姓名、邮寄地址、电话号码、传真号码、电子邮箱；代理方的名称和地址（如果有）；代理方联系人的姓名、邮寄地址、电话号码、传真号码、电子邮箱（如果有）；持有人签署的承诺声明，承诺DMF是最新版且持有人将遵守该

---

[1] FDA. ORA Overview [EB/OL].（2014-8-12）[2016-9-15]. http://www.fda.gov/AboutFDA/CentersOffices/Office ofGlobalRegulatoryOperationsandPolicy/ORA/ucm409371.htm.

声明。

修订：DMF持有人名称；DMF序号；联系人的姓名和地址；DMF中被修订部分的章节号和/或页码；该修订所影响的IND，NDA，ANDA，DMF或者出口申请人的名称和地址；该修订所影响的IND，NDA，ANDA，DMF或者出口申请的申请号，以及这些申请中受影响的部分（如果已知）。

（3）技术信息

主要包括药用原辅料包材的化学、制造、控制（CMC）信息。

Ⅱ型原料药DMF主要按照《ICH M4Q：The CTD—质量》中"原料药"部分的要求提交，其中模块2（Module 2）中2.3.S部分为原料药的质量概述，模块3（Module 3）中的3.2.S部分为原料药质量部分，具体内容如下表2-3。

表2-3　《ICH M4Q：The CTD—质量》"原料药"部分[1]

| 3.2.S.1 基本信息 | 3.2.S.1.1 药品名称 |
| --- | --- |
| | 3.2.S.1.2 结构 |
| | 3.2.S.1.3 理化性质 |
| 3.2.S.2 生产信息 | 3.2.S.2.1 生产商 |
| | 3.2.S.2.2 生产工艺和过程控制 |
| | 3.2.S.2.3 物料控制 |
| | 3.2.S.2.4 关键步骤和中间体的控制 |
| | 3.2.S.2.5 工艺验证和/或评价 |
| | 3.2.S.2.6 生产工艺的开发 |
| 3.2.S.3 特性鉴定 | 3.2.S.3.1 结构和理化性质 |
| | 3.2.S.3.2 杂质 |
| 3.2.S.4 原料药的质量控制 | 3.2.S.4.1 质量标准 |
| | 3.2.S.4.2 分析方法 |
| | 3.2.S.4.3 分析方法的验证 |
| | 3.2.S.4.4 批检验报告 |
| | 3.2.S.4.5 质量标准制定依据 |

FDA. Guidance for Industry：M4Q：The CTD — Quality [EB/OL]. （2001-08）[2016-9-15].http://www.fda.gov/downloads/Drugs/GuidanceComplianceRegulatoryInformation/Guidances/UCM073280.pdf.

续表

| 12.5（3.2.S.5）对照品 | |
| --- | --- |
| 12.6（3.2.S.6）包装材料和容器 | |
| 12.7（3.2.S.7）稳定性 | 3.2.S.7.1稳定性总结 |
| | 3.2.S.7.2上市后稳定性承诺和稳定性方案 |
| | 3.2.S.7.3稳定性数据汇总 |

Ⅲ型包装材料DMF中，对于单一组件和结构材料，按照《ICH M4Q：The CTD—质量》中"原料药"部分的要求提交资料；对于容器密封系统，则按照《ICH M4Q：The CTD—质量》中"制剂"部分的要求提交，如表2-3。

Ⅳ型辅料DMF中，对于单一辅料，按照《ICH M4Q：The CTD—质量》中"原料药"部分的要求提交资料；对于混合辅料，则按照《ICH M4Q：The CTD—质量》中"制剂"部分的要求提交，如表2-4。

表2-4 《ICH M4Q：The CTD—质量》"制剂"部分

| 3.2.P.1 剂型及产品组成 | |
| --- | --- |
| 3.2.P.2 产品开发 | 3.2.P.2.1 处方组成 |
| | 3.2.P.2.2 制剂研究 |
| | 3.2.P.2.3 生产工艺的开发 |
| | 3.2.P.2.4 包装材料/容器 |
| | 3.2.P.2.5 微生物属性 |
| | 3.2.P.2.6 相容性 |
| 3.2.P.3 生产 | 3.2.P.3.1 生产商 |
| | 3.2.P.3.2 批处方 |
| | 3.2.P.3.3 生产工艺和工艺控制 |
| | 3.2.P.3.4 关键步骤和中间体的控制 |
| | 3.2.P.3.5 工艺验证和评价 |
| 3.2.P.4 辅料的控制 | 3.2.P.4.1 质量标准 |
| | 3.2.P.4.2 分析方法 |
| | 3.2.P4.3 分析方法的验证 |
| | 3.2.P.4.4 质量标准制定依据 |

| 3.2.P.4 辅料的控制 | 3.2.P.4.5 源于动物或人体的辅料 |
|---|---|
| | 3.2.P.4.6 新辅料 |
| 3.2.P.5 制剂的质量控制 | 3.2.P.5.1 质量标准 |
| | 3.2.P.5.2 分析方法 |
| | 3.2.P.5.3 分析方法的验证 |
| | 3.2.P.5.4 批检验报告 |
| | 3.2.P.5.5 杂质分析 |
| | 3.2.P.5.6 质量标准制定依据 |
| 3.2.P.6 对照品 | |
| 3.2.P.7 包装材料/容器 | |
| 3.2.P.8 稳定性 | 3.2.P.8.1 稳定性总结 |
| | 3.2.P.8.2 上市后的稳定性承诺和稳定性方案 |
| | 3.2.P.8.3 稳定性数据 |

对于容器密封系统和混合辅料，其本身由多种组分构成，因此将其Ⅲ型或Ⅳ型DMF称为多项目DMF（Multi-Item DMFs）。提交该类DMF时，按照《ICH M4Q：The CTD—质量》中"制剂"部分的要求提交，如表2-4。对其中每部分做如下说明：

P.1 将其中的每一单一组分或结构材料视为"组分"；

P.2 产品开发部分通常不需提交；

P.3 生产商名称和地址及对生产过程的简单总结；

P.4 P.1部分列出的单一组分的质量标准；

P.5 最终产品的控制；

P.6 参考标准；

P.7 出于运输目的，对产品进行包装的容器密封系统；

P.8 稳定性信息总结。

（4）环境评估（Environmental Assessment）

因为FDA对DMF不做批准与否的决定，所以在DMF中不需提交环境评估，但需要包含一份承诺，承诺该公司的设施将在符合环境法律的条件下运行。

### 6.1.3 DMF提交形式

当前可提交纸质版（须一式两份）或电子版，但是自2017年5月5日起，所有DMF必须以eCTD（electronic common technical document）格式提交，之前以纸质形式提交的DMF不须重新提交整个DMF，但是后续的提交修订也必须以eCTD格式。电子版DMF的提交人必须获得预分配号。

提交文件大小为10GB及以下（大部分提交的文件不会超过10GB）时，须通过FDA电子提交通道（electronic submissions gateway，ESG）提交；大于10G时，可通过电子提交通道或物理媒介（如光盘）提交。

### 6.1.4 DMF的接收

DMF由CDER下属的中央档案室接收（CDR），接收后进入FDA的文件归档、报告、监管跟踪系统（DARRTS），并且被分配一个序号，此时状态为"待定（PENDING）"，不可用于审评。

### 6.1.5 V型DMF的特殊规定

V型DMF为FDA可接受的参考信息，其包含II到IV型 DMF中未涵盖的信息和支持数据。当持有人希望提交该类DMF时，须先向FDA提交意向书以获得许可（clearance），FDA收到意向书之后将与持有人联系并与之讨论拟提交的DMF。无菌生产场地和生物技术生产场地无须预先提交意向书即可进行DMF备案。

### 6.1.6 国外DMF持有人委托代理人

DMF持有人可委托代理人，委托时应在其DMF中提交签名的委托书（agent appointment letter），委托书中包括代理人名称、地址、责任范围。国内持有人无须委托代理人，FDA鼓励国外持有人委托美国代理人，代理人应熟悉FDA法规、指南及程序，以便于FDA和DMF持有人之间的沟通。

## 6.2 DMF行政审查

### 6.2.1 审查部门

CDER下属的药品质量办公室（OPQ）中的DMF职员（DMF staff）负责DMF的行政审查。

### 6.2.2 审查内容

持有人初次提交DMF后，药品质量办公室（OPQ）中的DMF职员将对其进行行政审查，检查其格式和内容是否符合规定的最基本要求。最常见的错误有缺乏承诺声明和完整的原始签名。

### 6.2.3 DMF行政审查结论

a.如果审评合格，药品质量办公室（OPQ）将向持有人发送通知信（acknowledgement letter）。通知信中，应告知持有人DMF序号、类型和主题，并提醒持有人的责任。此时该DMF的状态变为"活跃（ACTIVE）"，可以被申请人参考；b.如果审评不合格，药品质量办公室（OPQ）则向持有人发送行政归档缺陷信（administrative filing issues letter）告知持有人缺失的信息，持有人对其做出完整回复之后，药品质量办公室向持有人发送通知信，该DMF的状态也变为"活跃（ACTIVE）"，可以被申请人参考。

通过形式审查并向持有人发送通知信后，FDA将在DMF网页[1]中的DMF列表中公布DMF的序号、类型、状态、持有者名称、主题，该列表须下载查看，如下图，如表中序号为8的DMF属 Ⅳ 型辅料DMF，于1950年1月1日提交，处于活跃状态，持有人为伊士曼化学公司（Eastman Chemical Company），主题为"C-A-P（TM）CELLULOSE ESTER，NF（CELLACEFATE）"。

---

[1] FDA. Drug Master Files （DMFs） [EB/OL]. （2016-10-27） [2016-10-29].http://www.fda.gov/drugs/developmentapprovalprocess/formssubmissionrequirements/drugmasterfilesdmfs/default.htm#admininfo.

| | A | B | C | D | E | F |
|---|---|---|---|---|---|---|
| 1 | | | | | 2Q2016EXCEL | |
| 2 | DMF# | STATU | TYPE | SUBMIT DATE | HOLDER | SUBJECT |
| 3 | 0 | I | II | 2/8/1981 | HEXCEL CHEMICAL PRODUCTS | CPC |
| 4 | 1 | I | II | 11/4/1947 | ROHM AND HAAS CO | LETHANE 384 SPECIAL |
| 5 | 2 | I | II | 5/8/1943 | MONSANTO CO | SUCCINYL SULFATHIAZOLE |
| 6 | 5 | I | II | 1/1/1940 | NATIONAL RESEARCH COUNCIL | PENICILLIN |
| 7 | 7 | I | II | 6/19/1943 | WF STRAUB AND CO | HEXESTROL |
| 8 | 8 | A | IV | 1/1/1950 | EASTMAN CHEMICAL CO | C-A-P(TM) CELLULOSE ESTER, NF (CELLACEFATE) |
| 9 | 9 | I | II | 2/20/1944 | NATIONAL RESEARCH COUNCIL | GELATIN & OTHER BLOOD SUBSTITUTES |
| 10 | 11 | I | II | 3/12/1944 | ROHM AND HAAS CO | HYAMINE X (QUATERNARY AMMONIUM CHLORIDE COMPOUND) |
| 11 | 12 | I | II | 2/21/1947 | NATIONAL RESEARCH COUNCIL | BAL IN OIL |
| 12 | 13 | I | II | 1/1/1945 | YEAST PRODS INC | RIBOFLAVIN, ACETYLATED |
| 13 | 16 | I | II | 9/1/1947 | VETERANS ADMINISTRATION | STREPTOMYCIN |
| 14 | 17 | I | II | 1/1/1940 | PENICK CORP | TYROTHRICIN |
| 15 | 19 | I | II | 1/1/1940 | ABBOTT LABORATORIES PHARMACEUTICAL PRODUCTS DIV | THIOURACIL |
| 16 | 21 | I | II | 11/3/1947 | MERCK AND CO INC | NITROGEN MUSTARDS |
| 17 | 22 | I | II | 7/30/1946 | DEPT DEFENSE | PROTEIN HYDROLYSATES |
| 18 | 23 | I | II | 6/2/1946 | LEDERLE LABORATORIES DIV AMERICAN CYANAMID CO | STERILE FILLED PHARMACEUTICAL PREPARATIONS |
| 19 | 24 | I | II | 3/22/1946 | JOHNS HOPKINS HOSP | P-ARSENOSOPHENYLBUTYRIC ACID |
| 20 | 25 | I | II | 9/12/1946 | ABBOTT LABORATORIES PHARMACEUTICAL PRODUCTS DIV | VITAMIN K, "HYKIMONE" (ABBOTT) |
| 21 | 26 | I | II | 1/1/1946 | CINBERG B L MD | PROGESTERONE |
| 22 | 28 | I | II | 9/3/1946 | BOOTS FLINT INC SUB BOOTS CO USA INC | "AMINO ACIDS" |

图 2-3　DMF 页面中公布的 DMF 列表

注：状态（STATU）栏中，A表示ACTIVE（活跃），I表示INACTIVE（不活跃），持有人自愿或FDA强制关闭DMF后，其状态变为"不活跃"

## 6.3 DMF持有人的授权

FDA在收到制剂申请，对之与DMF进行关联审评之前，必须得到DMF持有人的授权。DMF持有人须向其DMF中补充提交授权信（letter of authorization），授权FDA对该DMF进行技术审评；还须向制剂申请人发送授权信的副本，授权其参考该DMF，收到授权信副本后，制剂申请人可将其作为制剂申请材料的一部分。

授权信内容包括：授权信递交日期，持有人名称，DMF序号，被授权者名称，参考该DMF的具体申请以及该申请的提交日期；授权参考的章节号和/或页码；承诺该DMF为最新版的声明，以及持有人将遵守该声明中的承诺；授权人的签名；授权人的姓名和职位。附件1为FDA发布的授权信范本，供参考。

被授权人名称改变时，应请求DMF持有人向其DMF提交新的授权信，并向新的被授权人发送授权信副本。

DMF持有人名称改变时，则应向其DMF补充提交新的授权信，并向所有被授权人发送授权信副本。

持有人无须周期性重新提交授权信，但是在年度报告中应包含被授权人名单。

当DMF持有人撤销对某个制剂申请者的授权时，应向其DMF提交撤销授权信（withdrawal of authorization letter），说明已经撤销对某个特定被授权人的授权，同时也应告知该被授权人。

## 6.4 关联审评与审评结论

DMF持有人对其"活跃"状态的DMF按上述6.3程序授权后，药品质量办公室（OPQ）即可对其进行技术审评，技术审评主要对持有人提交的技术资料进行审评，其审评结果不是批准或不批准该DMF，而是该DMF适合（ADE-QUATE）或不适合（INADEQUATE）支持某个特定的制剂申请。

（1）审评中的沟通程序[1]

审评人员在审评过程中发现DMF中的信息存在缺陷，则将其详细内容告知持有人；同时通过"信息要求函"（information request letter）或者"完整回复函"（complete response letter）告知申请人存在缺陷，但是不告知其缺陷的细节（the nature of the deficiencies）。

DMF持有人被告知缺陷后，应向其DMF提交修订，并告知申请人该DMF已修订，持有人还须告知审评员或项目经理该DMF已修订（若告知缺陷时要求）。

发送哪种信并无规定，但是会影响处理方法。当向申请人发送"信息要求函"时，审评时钟不停止，申请人应对其申请提交修订以告知FDA该DMF已修订，审评员将收到审评该申请修订（application amendment）的任务，DMF修订将依据该申请审评时限的剩余时间审评；当发送"完整回复函"时，审评时钟停止，只有当申请人对信中所列的全部缺陷（"完整回复函"可能含有其他缺陷，如临床问题）做出完整的回复时，才开始审评DMF修订。

[1]  FDA. DRUG MASTER FILES[EB/OL].（2011-11-14）[2016-9-20]. http://www.fda.gov/downloads/drugs/developmentapprovalprocess/smallbusinessassistance/ucm279666.pdf.

（2）豁免DMF审评的情况

当审评员收到参考了某个DMF的申请时，会决定该DMF是否需要审评。如果该DMF曾被审评并且可接受，并无新信息，则豁免审评[1]。

此外，通常已被《美国药典/国家处方集》收载的辅料也可豁免对其CMC信息的审评。对于OTC产品，通过OTC专论途径而未经FDA批准上市的产品（如阿司匹林），可豁免对其所参考的原料药DMF进行审评；而通过A/NDA申请批准上市的产品（如西咪替丁），则需要对其所参考的DMF进行审评。

## 6.5 DMF修订

DMF持有人对其DMF内容做任何增加、改变或删除，都应向其DMF提交修订，并且通过日期、卷、节或（和）页码说明受影响的信息，还应提前告知受影响的临床试验发起人或上市许可申请人，以方便他们按需求补充或修订其申请。

## 6.6 DMF年度报告

持有人应在初次提交申请的周年日提交年度报告。该报告应包含被授权者名单（被授权者名单不须随时提交），也应包含自上次提交年度报告起发生的变更和补充信息；如果未发生变更，持有人也须提交该DMF为当前版本的声明；未提交年度更新报告或确认之前提交的材料和名单为最新版可造成FDA审评的延迟。

DMF中应包含完整的被授权人名单，持有人在年度更新报告中应更新该名单。更新的名单应包含持有人名称、DMF序号、更新日期并明确被授权人可以参考信息的名称或编号，指明这些信息的日期、卷、页码；如果该名单在上一年未发生更新，持有人也应提交该名单为最新版的声明。

---

[1] FDA. DRUG MASTER FILES[EB/OL]. （2011-11-14）[2016-9-20]. http://www.fda.gov/downloads/drugs/developmentapprovalprocess/smallbusinessassistance/ucm279666.pdf.

## 6.7 DMF所有权转让

当持有人转让DMF所有权时，应书面告知FDA和被授权人，该书面信息包括：受让方名称、地址、受让方责任人姓名、转让生效日期、转让方责任人的签名、转让方责任人的姓名和职位；新持有人应提交转让接受信和DMF中更新的信息，任何涉及所有权转让的信息变更（例如厂址和生产方法等）都应包含其中。

## 6.8 DMF的关闭与重新激活[1]

持有人自愿关闭DMF时应提交请求，并说明关闭的原因。该请求应包含持有人已告知所有被授权人将关闭其DMF的声明。

为了确保DMF是最新版，持有人36个月不提交年度更新报告时，FDA将向其发送逾期通知信（overdue notification letters，ONLs），持有人在收到之日起90天内不提交年度报告，DMF将被关闭而变为"不活跃"状态。

无论持有人自愿关闭或FDA强制关闭DMF，DMF网站中的DMF列表内该DMF的状态均变为"不活跃"。

如果被关闭的"不活跃"DMF重新提交符合当前指南的完整DMF，则该DMF将变为"活跃"状态。提交信中注明该提交为"激活"。

## 6.9 关于原料药DMF的特殊规定

2012年7月9日，美国国会通过了《FDA安全和创新法案》（FDASIA），该法案将申请者付费的范围从处方药和医疗器械扩大到处方药、医疗器械、仿制药和生物类似物，其中第Ⅲ部分即为《仿制药申请者付费法案》（GDU-FA）。GDUFA授权FDA对简略新药申请（ANDA）、事先需审批的补充申请（PAS）、DMF、生产场地进行收费（修订作为FD&CA 744B部分），FD&CA

---

[1]  FDA. DRUG MASTER FILES UNDER GDUFA: DMF Basics[EB/OL]. (2013-2-11) [2016-9-20. http://www.fda.gov/downloads/drugs/developmentapprovalprocess/smallbusinessassistance/ucm339118.pdf].

744B（a）（2）部分规定，从2012年10月1日起，Ⅱ型原料药DMF第一次授权ANDA（包括ANDA、ANDA修正、PAS和PAS修正）参考时，DMF持有人须缴纳DMF费（即使之前已被审评），并且须进行初始完整性评价（initial completeness assessment）。

### 6.9.1　缴纳DMF费

该情况下持有人必须先缴纳DMF费（2016财年为42170美元），方可进行初始完整性评价。缴纳时间通常须在提交ANDA申请之前，最晚须在提交ANDA20日内，FDA建议至少提前ANDA 3个月缴纳DMF费，以便FDA有充足的时间进行初始完整性评价。

缴纳DMF费时，必须已获得DMF序号，可以通过两种方式获得DMF序号：一种是提交DMF等待分配序号；另一种是提交DMF之前获得预分配序号。

### 6.9.2　初始完整性评价

初始完整性评价用于确认DMF的完整性，当DMF持有人向其Ⅱ型原料药DMF提交仿制药申请者付费表（FDA 3794表），并且确认已缴费时，FDA将对该DMF进行初始完整性评价。

初始完整性评价主要为了确定被评价的DMF：是否处于"活跃"状态，是否已缴费，是否曾被审评，是否属于单个原料药（single API），是否包含某些行政信息，是否包含用于科学审评的全部信息，是否用英语书写。

通过初始完整性评价的DMF将在FDA官网公布，此时，DMF方可被ANDA参考（available for reference）；若未通过，FDA将向其持有人发送DMF不完整信（DMF incomplete letter），详细指出需要提交的信息。

## 7　关联审评审批中的关联点

FDA药品审批流程如图2-4、图2-5，与原辅料包材关联审评中关联点主要体现在IND审评、立卷审查、技术审评和现场检查几个方面。

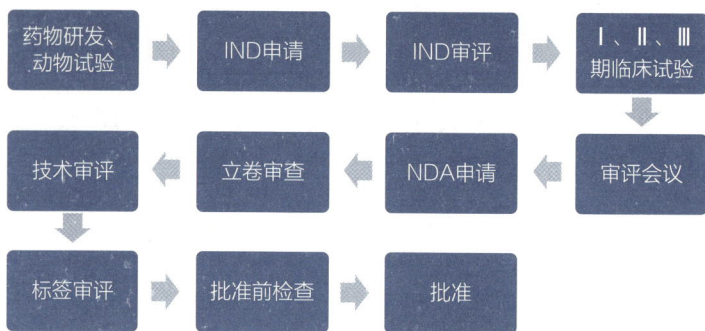

图2-4　FDA 新药审批流程

图2-5　FDA 仿制药审批流程

## 7.1 立卷审查阶段[1]

在收到申请人的NDA或ANDA申请时，FDA先对其进行立卷审查。21CFR 101规定，在收到NDA申请60天内，FDA将确定是否将申请归档；而ANDA申请提交后，FDA将对其进行审核，从而确定是否接收该ANDA；归档NDA或接收ANDA均意味着申请内容全面，可以进行实质审查。

在《仿制药申请者付费法案》（GDUFA）背景下，Ⅱ型原料药DMF第一次授权ANDA（包括ANDA、ANDA修正、PAS和PAS修正）参考时，DMF持有人须先缴纳DMF费（即使之前已被审评），再进行初始完整性评价。通过初始完整性评价的DMF方可被ANDA参考（available for reference），相应的ANDA申请方可被受理。

---

1　FDA. DMFs from a GDUFA Perspective [EB/OL]. (2014-3-27) [2016-9-20]. http://www.fda.gov/downloads/drugs/developmentapprovalprocess/smallbusinessassistance/ucm397815.pdf.

缴费情况对归档的影响：该情况下持有人必须先缴纳DMF费（2016财年为42 170美元），方可进行初始完整性评价。缴纳时间通常须在提交ANDA申请之前，最晚须在提交ANDA20日内。如果提交ANDA20日内，仍未缴纳DMF费，则该申请将被拒绝接收（refuse to receive），全部ANDA申请费用将不予退还。

初始完整性评价对归档的影响：当缴纳DMF费后，相应的ANDA将排队进行全面的立卷审查，而该DMF将自动排队进行初始完整性评价。当仿制药办公室准备做出ANDA立卷审查决定之前，其参考的DMF必须通过初始完整性评价，否则相应的ANDA申请将被拒绝接收，并且仅退还申请人75%申请费用。

由于FDA对新药申请收取较高的申请费（2016财年为2 038 100美元（包括临床）/1 019 050美元（不包括临床），且申请新药时，制剂申请人通常使用自己生产的原料药，因此，FDA未规定对新药申请阶段参考的Ⅱ型原料药DMF进行收费。

## 7.2 关联审评阶段

发起人提交IND申请，或申请人提交的NDA和ANDA申请归档后，FDA将对其申请进行审评，审评中将对其申请参考的DMF进行关联审评。其审评结论为该DMF适合（ADEQUATE）或不适合（INADEQUATE）支持关联的制剂申请，从而决定对制剂申请的批准与否。

审评中的沟通程序[1]：

审评人员在审评过程中发现DMF中的信息存在缺陷，则将其详细内容告知持有人；同时通过"信息要求函"或者"完整回复函"告知申请人存在缺陷，但是不告知其缺陷的细节（the nature of the deficiencies）。

DMF持有人被告知缺陷后，应向其DMF提交修订，并告知申请人该DMF已修订，持有人还须告知审评人员或项目经理该DMF已修订（若告知缺陷时要求）。

---

[1]　FDA.DRUG MASTER FILES[EB/OL].（2011-11-14）[2016-9-20]. http://www.fda.gov/downloads/drugs/developmentapprovalprocess/smallbusinessassistance/ucm279666.pdf.

当向申请人发送"信息要求函"时，审评时钟不停止，当发送"完整回复函"时，审评时钟停止。

## 7.3 批准前检查阶段[1, 2]

FD&CA 505（d）（3）和505（j）（4）（A）规定，只有用于药品生产、加工、包装、检验的方法、设备和控制足以保证其特性、规格、质量和纯度时，FDA方可批准NDA、ANDA申请。因此批准前，FDA会通过现场检查或文件审查的方式来评价NDA、ANDA中CMC部分出现的企业。

---

FD&CA 505（d）：针对新药 NDA

如果部长依（c）分条通知申请人，并按照该款规定给予其听证机会后，认为：（1）需要按照（b）分条向部长提交的调查报告，没有足够的、包括所有手段的试验去证明该药是否可以在标签所指示、推荐或建议的条件下安全使用；（2）该试验的结果表明，在该条件下，该药的使用是不安全的，或者没有表明该药在该条件下使用是安全的；（3）用于药品生产、加工、包装、检验的方法、设备和控制不足以保持其保证其特性、规格、质量和纯度；（4）基于提交的申请信息或药品信息，缺乏足够的证据认定该药在该条件下使用是否安全；（5）通过对该药进行的评估，认为缺乏足够的证据证明，在标签所指示、推荐或建议的使用条件下，该药会具有它声称或描述的效力；（6）申请没有包括（b）分条规定的专利信息；或者（7）基于对所有具体事实的公平衡量，该标识在任何方面有错误或误导；部长将签发命令拒绝批准申请。如果，在通知和听证之后，部长发现（1）至（6）项不适用，他将签发命令批准申请。在本分条和（e）分条中，"足够的证据"意味着由充分和完善研究构成的证据，包括由经过科学训练的、有经验的药品有效性评估专家进行的临床研究。在此基础上，可以由专家们公平、负责地得出结论，即在标签或标签草稿所指示、推荐或建议的使用条件下，该药会具有它声称或描述的效力。基于相关科学，如果部长认为，从充分而完善的临床研究得出的数据和经证实的证据（在该研究之前或之后获得）足以证实有效性，则部长可以考虑该数据和证据构成了前述的足够的证据。

FD&CA 505（j）（4）：针对 ANDA

按照（5）款的规定，部长将批准药品申请，除非部长发现——

---

[1]  FDA.FDA's Pre-Approval Inspection（PAI）Program and How to prepare for a successful outcome.[EB/OL].（2015）[2016-9-20]. http://www.fda.gov/downloads/drugs/developmentapprovalprocess/smallbusinessassistance/ucm466481.pdf.

[2]  FDA.PRE-APPROVAL INSPECTIONS. [EB/OL].（2010-4-12）[2016-9-20]. http://www.fda.gov/downloads/drugs/developmentapprovalprocess/manufacturing/questionsandanswersoncurrentgoodmanufacturingpracticescgmpfordrugs/ucm071871.pdf.

> （A）用于药品生产、加工、包装、检验的方法、设备和控制不足以保持其保证其特性、规格、质量和纯度；
>
> （B）……

批准前检查主要由法规事务办公室（ORA），CDER下属的合规办公室（OC）和药品质量办公室（OPQ）共同完成。检查通常以团队形式进行，检查团由检查员和化学专家、微生物学专家、工艺专家等组成，通常由来自ORA的检查员领导检查团。

批准前检查范围包括制剂生产场地、原料药生产场地、制剂和原料药检验场地、首次包装和贴标场地、对于源自动物的原料药须进行粗品提取的场地。

通常不检查以下场地：

（1）中间体生产场地（视具体情况而定，通常只有中间体对制剂的质量有关键影响时检查）；

（2）申报批次（exhibit batch）生产场地；

（3）包装组件生产场地：包括注射器、小瓶、瓶塞生产商和只生产药品包装组件的无菌场地；除非有特定原因，通常不检查这些场地。审核供应商是制剂企业的职责；

（4）辅料生产场地：通常不检查，除非是新辅料和/或辅料生产过程是整个药品生产过程的关键步骤；

（5）二次包装场地/贴标场地。

表2-5　批准前检查（PAI）中原辅料包材检查范围

| 生产场地 | 检查与否 |
| --- | --- |
| 原料药生产场地 | 检查 |
| 包装组件生产场地 | 除非有特定原因，通常不检查这些场地。审核供应商是制剂企业的职责 |
| 辅料生产场地 | 通常不检查，除非是新辅料和/或辅料生产过程是整个药品生产过程的关键步骤 |

批准前检查主要有三大目标：①商业生产的准备情况：检查该企业是否具备实现对设备和商业生产操作充足控制的质量体系；②与申请中内容的一致性：核实配方、生产和加工方法、分析方法与申请中CMC部分的描述是否一

致；③数据完整性审计：审计原始数据、拷贝数据、电子数据以证明申请中
CMC部分提交的数据的真实性。

检查结果作为药品审批程序的一部分，直接影响药品能否批准上市。在
检查结束时，首席检察官将根据情况提出不同建议：若检查中未发现重大问
题，则建议批准；若检查中发现场地GMP不合规，申请中CMC部分的信息与
场地的记录不一致，或者提交的信息不准确和不完整等情况，则建议不予批
准。CDER下属的新药办公室和仿制药办公室将依据检查结论与建议做出最终
是否批准的决定[1]。

## 8  上市后检查中的关联点

《美国食品、药品和化妆品法》（FD&CA）704（a）部分授予FDA检查的
权力，正式指定的FDA官员或雇员出示执法证件，并书面通知所有者、运营
者及其代理人后，可以在合理的时间进入任何食品、药品、医疗器械、烟草产
品或化妆品的生产、加工、包装、存储工厂、仓库、场地或者运输工具，并在
合理的范围内以合理的方式对这些工厂、仓库、场地或者运输工具，以及其
中的相关设备、成品和未完成的原材料、容器及标签进行检查。FD&CA510
（h）（1）规定：所有被要求登记的企业（制剂生产企业和原料药生产企业），
均可接收704部分规定的检查。

FD&CA 501（a）（2）（B）规定，如果药品（包括原料药）在生产、加工、
包装或储存过程中使用的方法或设备及控制不符合或没有遵从cGMP要求，不
能保证药品符合FD&CA的要求：安全、均一、有效、符合质量和纯度标准，
则该药品被认定为掺假药。

2012年签署的《FDA安全和创新法案》（FDASIA），在其707部分对
FD&CA 501部分认定的药品掺假情形做了补充［FD&CA 501（j）］，如果对
药品进行生产、加工、包装、存储的工厂、仓库、场地的所有者、运营者或代
理人延误、拒绝或限制检查，或拒绝接受检查，则该药品将被视为掺假药。

---

1   FDA.PRE-APPROVAL INSPECTIONS( page 28 ). [EB/OL].( 2010-4-12 )[2016-9-20].
http://www.fda.gov/downloads/drugs/developmentapprovalprocess/manufacturing/que
stionsandanswersoncurrentgoodmanufacturingpracticescgmpfordrugs/ucm071871.pdf.

FD&CA 704（a）关于检查的授权：

（1）为了实施本法，部长指定的官员或雇员在出示执法证件，及对所有权人、运营人及其他代理人书面通知后，有权实施下列行为：（A）在合理的时间内，进入任何为洲际贸易或者已经进入洲际贸易后制造、加工、包装、持有食品、药品、器械的工厂、仓库或者场地，或者进入正被用于运输或者载有前述食品、药品、器械以及化妆品的车辆，和（B）在合理的时间和范围内，以合理方式检查工厂、仓库、场地、车辆，及所有相关的器械、制成品或未成品的原材料，容器以及标签。……。对于任何制造、加工、包装或者持有处方药、人用非处方药、限制类器械，或者烟草制品的工厂、仓库、场地或者咨询试验室，检查将延伸至表明以下情况的所有物品（包括记录、文件、档案、程序、控制以及器械设施）：处方药、人用非处方药、限制类器械，或者烟草制品是否掺假或错误标识，是否违反本法有关条文而被禁止制造、禁止洲际贸易、销售、许诺销售，或者是已经或正在制造、加工、包装、运输或持有，以及违反本法的其他情况。前一句及第（3）款授权的检查对象，并不包括财务数据、销售数据以外的其他货运数据、价格数据、人事数据（除非是反映本法规定的特定技术或者专业人员才能从事有关活动的人事数据）、研究数据［除非是第505（i）、（k）条①、第519条、第520（g）条规定的、必须报告和检查的、与新药、抗生素药品有关的数据，和505（j）条设定的、如果是新药就要报告与检查的其他药品、器械的数据］。对前述各项检查，需要提供单独的通知，但是，对授权检查期间内的每一次进入有关机构的活动，无须都给出一项通知。每项检查都应尽可能地尽快开始和结束。

表2-6　FD&CA 501掺假药品和医疗器械的认定（部分）

| 条款 | 内容 |
|---|---|
| （a）（2）（B） | 如果药品在生产、加工、包装或储存过程中使用的方法或设备及控制，不符合或没有遵从cGMP要求，不能保证药品符合FD&CA的要求：安全，均一，有效，符合质量和纯度标准，则该药品被认定为掺假药。…… |
| （j） | 如果对药品进行生产、加工、包装、存储的工厂、仓库、场地的所有者、运营者或代理人延误、拒绝或限制检查，或拒绝接受检查，则该药品将被视为掺假药 |

另外，2012年FDASIA705部分将之前FD&CA中对药品生产场地2年一次的检查频次改为基于风险的检查计划（risk-based schedule for drugs），在制定检查计划时将依据场地的已知风险，已知风险的大小将基于以下因素的确定：①该场地的合规性历史；②涉及该场地的召回记录、历史和性质；③该场地生产、制备、运输（propagation）、合成、加工的药品的固有风险；④该场地的检查频率和历史，包括过去四年是否曾被检查；⑤该场地是否曾被国外监管机构检查；⑥其他为了分配检查资源而认为必要的标准。

FDA检查分为三种类型：批准前检查（pre-approval inspection）、常规检查（routine inspections）和有因检查（for-cause inspections）。批准前检查在7.3已介绍，在此不再赘述。

常规检查（routine inspections）：也称监督性检查（surveillance inspections），FDA为履行检查药品生产场地的职能而进行的常规性检查。

合规性检查（compliance inspections）：之前检查中存在缺陷，FDA采取监管行动，经企业改正后对之进行的评估或核实。合规性检查包括有因检查（for-cause inspections），有因检查是为了调查引起FDA关注的某些特定问题而进行的检查，这些问题可能通过现场警示报告（field alert reports）、行业投诉、召回、产品缺陷而发现。

检查主要由法规事务办公室（ORA）主导，以团队方式进行，通常包括来自CDER下属药品质量办公室（OPQ）和合规办公室（OC）等多部门的专家。

检查结果及措施：检查中发现某场地当前质量生产规范（cGMP）不合规，则认为该场地处于失控状态（out of control），FDA可依据问题的严重性采取适当的建议性措施（advisory action）（包括警告信和无标题信）、行政行动（administrative action）、司法行动（judicial action），详细规定可参考FDA监管程序手册（Regulatory Procedures Manual）[1]。

若检查中发现违规，FDA可在与保护公众职责相一致及考虑违规性质的基础上，先不对其采取执法行动（enforcement action），而通过警告信告知企业，给其自愿及时更正的机会；对于违规程度达不到发警告信的情形，FDA可向违规企业发送无标题信。警告信中应包含警告声明（warning statement），声明企业若不及时更正缺陷，将不对其再次通知而直接采取执法行动；无标题信无此声明[2]。

---

[1]  FDA. DRUG MANUFACTURING INSPECTIONS（pages 24）[EB/OL].（2015-9-11）[2016-9-20].http://www.fda.gov/downloads/iceci/compliancemanuals/complianceprogrammanual/ucm125404.pdf.

[2]  FDA.ADVISORY ACTIONS（pages 2, 17, 33）http://www.fda.gov/downloads/ICECI/ComplianceManuals/RegulatoryProceduresManual/UCM074330.pdf.

**关于原料药检查的具体规定[1]：**

FD&CA 501（a）（2）（B）规定，如果药品在生产、加工、包装或储存过程中使用的方法或设备及控制，不符合或没有遵从cGMP要求，不能保证药品符合FD&CA的要求：安全，均一，有效，符合质量和纯度标准，则该药品被认定为掺假药。该掺假药认定条款同样适用于原料药，原料药和制剂任何一者不符合cGMP均构成违反FD&CA501（a）（2）（B）。

FDA并未颁布专门针对原料药或者药品成分的cGMP。但FDA承认21CFR 210和211部分制剂cGMP在某些方面对原料药的生产有效且适用。这些方面包括：通过使用适当的设备和雇佣合格且经培训的人员保证药品质量、建立适当的书面程序和控制来确保生产过程和控制有效、建立半成品和成品的检验体系、确保药品使用期间的稳定性。2001年，FDA与ICH的其他监管合作伙伴联合发布了关于原料药cGMP的行业指南，即ICH Q7A，《原料药质量生产管理规范》（Good Manufacturing Practice Guidance for Active Pharmaceutical Ingredients）。此后，FDA以这个指南文件为原料药生产的GMP统一标准，并以此对原料场地进行符合性检查。

FDASIA 705部分［FD&CA 510（h）（6）］还规定从2014年起，每年2月1日前，FDA将在其官方网站发布年度报告，公布上一年度登记注册的国内外场地数量；上一年度检查的国内外场地数量；生产、制备、繁育（propagation）、合成、加工原料药、制剂、药用辅料的场地分别的数量；FDA的预算中用于支持检查的经费比例。

表2-7为近3年FDA场地登记和检查情况[2]。

表2-7 近3年国内外制药场地在美登记数量

| 位置 | 2013财年 | 2014财年 | 2015财年 |
| --- | --- | --- | --- |
| 国内 | 9 120 | 9 330 | 9 349 |

---

[1] FDA. ACTIVE PHARMACEUTICAL INGREDIENT （API） PROCESS INSPECTION[EB/OL]. （2015-9-11）[2016-9-20]. http://www.fda.gov/downloads/ICECI/ComplianceManuals/ComplianceProgramManual/UCM125420.pdf.

[2] FDA. 2016 Annual Report on Inspections of Establishments in FY 2015 [EB/OL].（2016）[2016-9-20]. http://www.fda.gov/downloads/regulatoryinformation/legislation/significantamendmentstothefdcact/fdasia/ucm483994.pdf.

续表

| 位置 | 2013财年 | 2014财年 | 2015财年 |
| --- | --- | --- | --- |
| 国外 | 3 493 | 3 619 | 3 785 |
| 总计 | 12 613 | 12 949 | 13 134 |

表2-8    近3年各类型制药场地在美登记数量

| 年份 | 制剂 | 原料药 | 其他 | 总计 |
| --- | --- | --- | --- | --- |
| 2013 | 4 360 | 1 248 | 7 005 | 12 613 |
| 2014 | 4 383 | 1 495 | 7 071 | 12 949 |
| 2015 | 4 349 | 1 522 | 7 263 | 13 134 |

注：如果某场地同时生产原料药和制剂，则统计时按作制剂生产场地；"其他"包括但是不限于：生产、制备、繁育、合成、加工医用气体或加药饲料的企业，以及通过CBER注册系统登记的企业；当前，FDA登记数据库并不收集仅生产、制备、繁育、合成、加工辅料的场地信息，因此该表格未包含辅料企业。

表2-9    近3年对已注册国内外制药和器械场地的GMP检查数量

| 位置 | 2013财年 | 2014财年 | 2015财年 |
| --- | --- | --- | --- |
| 国内 | 4 858 | 4 175 | 4 055 |
| 国外 | 1 138 | 1 379 | 1 560 |
| 总计 | 5 996 | 5 554 | 5 615 |

注：该表格检查类型仅包括药品GMP检查和Ⅱ、Ⅲ类医疗器械的质量体系（QS）检查，不包括FDA进行的其他检查，如针对特定产品的检查、批准前检查等。

场地（establishment）：21CFR 207.3（a）（7）规定"场地"是指由同一政府部门管理且位于同一物理位置的营业场所，在同一城市内的隶属于同一个营业公司、由同一个当地管理部门监管、并能在同一时间进行检查的分散建筑物，也属于位于"同一物理位置"。

# 9  生产变更中的关联点

## 9.1  生产变更的分类

美国FD&CA506A节（FDAMA 116节修正）和21CFR第314.70节对已批

准药品的生产变更做了规定。根据生产变更对药品的安全性和有效性存在的潜在影响程度将变更分为：重大变更、中等变更、微小变更，分别提交事先须审批的补充申请（prior approval supplement，PAS）、30天后生效的补充申请（supplement - changes being effected in 30 Days，CBE 30）或立即生效的补充申请（supplement - changes being effected，CBE）、年度报告（annual report，AR）[1]。即对药品安全性和有效性存在重大潜在不良影响的变更，持有人须提交补充申请且经FDA审批；对药品安全性和有效性存在中等程度潜在不良影响的变更，持有人也须提交补充申请，但是FDA在收到申请之日起30日后自动生效，除非FDA在此期间告知申请人该变更需提交事先需审批的补充申请（PAS），或者要求的资料缺失。中等变更在符合某些情况时，其提交的补充申请可立即生效；对药品安全性和有效性具有最低潜在不良影响的变更，可直接进行，只需在年度报告中提交变更信息即可，表2-10为美国药品生产变更分类情况。

　　关于PAS的审评时限，FDA并无明确规定，但是在GDUFA承诺书中对ANDA的PAS审评绩效目标做出如下规定：2015年，对于不需要检查的PAS，在6个月内完成审评的比例达到60%，对于需要检查的PAS，在10个月内完成审评的比例达到60%；这一比例到2016年和2017年增长到75%和90%。可见，一项PAS的审评通常需要半年以上[2]。

表2-10　美国药品生产变更分类

| 变更类型 | 分类依据 | 提交类型 | 审批情况 |
| --- | --- | --- | --- |
| 重大变更 | 对特性、规格、质量、纯度以及效力等与药品安全性和有效性相关的参数有重大潜在不利影响 | 事先需审批的补充申请（PAS） | 须经FDA批准方可销售变更后生产的药品 |

[1]　FDA.Guidance for Industry：Changes to an Approved NDA or ANDA［EB／OL］.［2004-04］［2015-05-17］. http://www.fda.gov/downloads/drugs/guidancecomplianceregulatoryinformation/guidances/ucm077097.pdf.

[2]　FDA.Generic Drug User Fee Act Program Performance Goals and Procedures [EB/OL].（2012-07-17）[2016-9-27]. http://www.fda.gov/downloads/ForIndustry/UserFees/GenericDrugUserFees/UCM282505.pdf.

续表

| 变更类型 | 分类依据 | 提交类型 | 审批情况 |
|---|---|---|---|
| 中等变更 | 对特性、规格、质量、纯度以及效力等与药品安全性和有效性相关的参数有中等程度潜在不利影响 | 30天后生效的补充申请（CBE 30） | 无须FDA批准，提交申请30天后即可销售 |
| | | 立即生效的补充申请（CBE） | 无须FDA批准，提交申请后可立即销售 |
| 微小变更 | 对特性、规格、质量、纯度以及效力等与药品安全性和有效性相关的参数有极小潜在不利影响 | 年度报告（AR） | 无须提交申请即可销售，只需在年度报告中说明 |

表2-11  FD&CA SEC.506A生产变更

| 条款及主题 | 内容 |
|---|---|
| （a）一般规定 | 对依第505节或第512节，其申请被有效批准的药品，或依《公共卫生服务法》第351条获得许可的药品，根据该申请或许可批准的生产过程可以变更，以变更后的生产过程生产出的药品可以进行销售，如果——<br>（1）被批准的申请或执照的持有人（本节中称之为"持有人"）已经按照（b）分条的规定验证变更的影响；且<br>（2）（A）对重大的生产变更，持有人已经遵守了（c）分条的要求；或者（B）对非重大的变更，持有人遵守了（d）分条的要求 |
| （b）变更效果的验证 | 为了达到（a）（1）分条的要求，生产变更（无论是重大生产变更还是其他的变更）后生产的药品可以进行销售，前提是只有在销售该药品之前，持有人验证了变更对以下参数的影响：特性、规格、质量、纯度以及效力，因为这些参数可能关乎药品的安全性和有效性 |
| （c）重大生产变更 | （1）对补充申请的要求——为了达到（a）（2）（A）分条的要求，重大生产变更之后生产的药品可以进行销售，只要在销售该药品之前，持有人向部长提交了变更补充申请并获得批准。申请须包括部长认为应当包括的信息，并包括持有人依（b）分条验证变更效果所获得的信息<br>（2）可作为重大变更的变更——（a）（2）（A）分条中的重大变更，是部长认为该生产变更很可能对药品的特性、规格含量、质量、纯净度以及效力有严重不良影响，而这些参数与药品的安全性和有效性相关。该变更包括如下改变——<br>（A）药品配方定性或定量的改变，或（a）分条所指被批准的申请或许可中药品规格的改变（除非部长以规章或指令豁免本分条的要）<br>（B）部长以规章或指令要求完成适当的临床研究的变更，该临床研究为了证明药品与未进行变更而生产的药品具有等效性；或者<br>（C）其他种类的变更，部长以规章或指令认定其有很大可能对药品的安全性和有效性产生不良影响 |

续表

| 条款及主题 | 内容 |
|---|---|
| （d）其他生产变更 | （1）一般规定—为执行（a）（2）（B），部长可对非重大生产变更后生产的药品作如下规范：<br>（A）部长可以依照（2）款的规定授权持有人不必对该变更提交补充申请而销售该药品<br>（B）部长可以依照（3）款的规定要求持有人在销售该药品之前向部长提交对该变更的补充申请<br>（C）部长可以对该变更进行分类并指定（A）分款适用的类别和（B）分款适用的类别<br>（2）不要求补充申请的变更——<br>（A）提交报告—进行适用（1）（A）款的生产变更的持有人须向部长提交关于变更的报告，报告须包括部长认为应当包括的信息，且应包括持有人依（b）分条验证变更效果所获得的信息。报告须于部长确定的日期提交<br>（B）年度报告的权力—在持有人一年中进行了一次以上的、适用（1）（A）款的生产变更的情况下，部长可以依据（A）授权持有人按该分款要求提交一份年度报告，提供该分款要求的、一年中持有人所做的全部变更信息<br>（3）要求补充申请的变更——<br>（A）补充申请的提交—（1）（B）所要求的对生产变更的补充申请，应当包括部长认为应当包括的信息，包括持有人依（b）分条验证变更效果所获得的信息<br>（B）销售的权力——对于适用（1）（B）款的生产变更：<br>　（i）持有人可以在部长依该款收到补充申请 30 日后开始销售药品，除非部长在该 30 日内通知持有人在销售开始之前须先取得对申请的批准<br>　（ii）部长可以指定该变更的类别，以规定对该类别内的变更，持有人可以在部长收到对变更的补充申请时，即开始销售药品<br>　（iii）如果部长不同意补充申请，部长可以命令制造商停止销售变更后生产的药品 |

## 9.2　各类变更中包含的情形（21 CFR 314.70）

表2-12　各类变更中包含的情形

| 变更类型 | 包含情形 |
|---|---|
| 重大变更 | （1）已批准申请中配方的定性或定量变更，如非活性成分改变；或已批准申请中标准（specification）的变更，标准（规格指检验、分析程序和验收标准）是指用于保证原料药、制剂、中间体、原材料（raw materials）、试剂、成分、半成品、容器封闭系统以及药品和原料药生产中使用的其他材料的质量标准 |

| 变更类型 | 包含情形 |
|---|---|
| 重大变更 | （2）若某变更需通过完成21CFR 320规定的研究，证明变更后的药品与变更前的药品或者参考药品（reference listed drug）等效，则属于重大变更<br>（3）可能影响原料药或者制剂的无菌保证的变更，如变更原料药、制剂、成分的灭菌方法，或者增加、减少、替代无菌处理操作中的某些步骤<br>（4）原料药的合成或生产变更若影响该原料药的杂质分布和/或物理、化学或生物特性，则属于重大变更<br>（5）以下标签变更：<br>（A）除"中等变更（提交CBE）"（3）、"微小变更（提交年度报告）"（9）、（10）段规定的标签变更<br>（B）如适用，21CFR 208部分要求的用药指南（Medication Guide）的变更，208.20（b）（8）（ⅲ）和（b）（8）（ⅳ）规定的情形除外<br>（C）21CFR 201.57（a）要求的信息（标签中重点处方信息，highlights of prescribing information）的变更，"微小变更"（10）规定的以下情形除外（可在年度报告中报告）：撤销21CFR 201.57（a）（5）要求的近期重大变更；和21CFR 201.57（a）（15）要求的标签最近修正日期的变更<br>（6）控制药品向患者传递的容器密封系统的变更，或者当包装组件的类型变更［例如，玻璃改为高密度聚乙烯（HDPE），高密度聚乙烯改为聚氯乙烯，小瓶改为注射器］或组分变更（例如，一种高密度聚乙烯树脂改为另一种高密度聚乙烯树脂）可影响药品的杂质分布时<br>（7）仅仅影响天然产物、重组DNA衍生蛋白质/多肽、原料药与单克隆抗体的复合物或缀合物的变更，如：造词<br>（A）病毒或外源因子的去除或灭活方法的变更<br>（B）源材料（source material）或细胞系的变更<br>（C）新的主细胞库或种子的建立<br>（8）由于支持药品申请的数据在完整性方面存在重大的问题而进行有效性评估之后的变更 |
| 中等变更（提交CBE 30） | （1）在不影响药品质量前提下，对容器密封系统的变更，"重大变更"和"微小变更"中对容器密封系统变更的情形除外<br>（2）仅仅影响天然蛋白质、重组DNA衍生蛋白质/多肽、原料药与单克隆抗体的复合物或缀合物的变更，包括：在涉及不同设备的完成步骤（finishing steps）期间，生产规模的增加或减小；用不同设计的设备替代当前设备，且不影响工艺方法（process methodology）或工艺操作参数<br>（3）为了符合FDA法规，而放宽某种验收标准或者删减某种检验 |
| 中等变更（提交CBE） | （1）为了更加保证原料药或者制剂具有它应有的特性、规格、质量、纯度或效力而增加规格或者变更方法和控制<br>（2）变更非无菌制剂（固体制剂除外）容器的尺寸和形状，但不变更药品的标示量或更换药品的容器 |

续表

| 变更类型 | 包含情形 |
|---|---|
| 中等变更（提交CBE） | （3）反映新获取信息的标签变更，21CFR 201.57（a）要求的信息（标签中重点处方信息，highlights of prescribing information）变更除外［须按"重大变更"（5）（C）的要求］，包括：<br>（A）增加或强化某种禁忌证、警告、注意事项、或不良反应，因为有因果关联的证据满足21CFR 201.57（c）之下标签内容的标准<br>（B）增加或强化药物滥用、依赖性、心理影响、用药过量的陈述<br>（C）增加或强化旨在提高安全用药的剂量和给药方面的指导<br>（D）删除用途或有效性声明中的虚假、误导或不支持的适应证<br>（E）通常情况需要补充申请和批准的标签变更，在FDA明确说明按照该部分提交的情况 |
| 微小变更（提交年度报告） | （1）除了前述"中等变更（提交CBE 30）"（3）的情形，为了符合FDA的法规而做的变更<br>（2）减少或删减仅影响制剂颜色的成分<br>（3）用相同设计和操作原理的设备替换当前设备，"中等变更（提交CBE 30）"中关于设备变更的情形除外<br>（4）变更非无菌固体制剂容器的尺寸和形状，但需包含相同的剂量，且不更换药品的容器<br>（5）非无菌制剂容器封闭系统的变更，并且显示变更后的系统等效于已批准申请中的实验报告或官方法规中规定的系统<br>（6）基于生产批次的全货架期数据进行有效期限的延长，这些数据从申请中已批准的方案获得<br>（7）可替代的分析方法的增加或修改，增加或修改后被检测材料的特性、规格含量、质量、纯度以及效力相同或增加；或删除某种可替代的分析方法<br>（8）固体口服制剂（缓释药物制剂除外）通过凹凸压纹或雕刻添加代码印记，或者已有代码印记的微小变更<br>（9）药品标签中对产品描述的变更，或关于该产品如何供应信息的变更，涉及剂量规格或剂型的变更除外<br>（10）药品标签的编辑性微小变更或类似变更，包括撤销21CFR 201.57（a）（5）要求的近期重大变更和本章201.57（a）（15）要求的标签最近修正日期的变更 |

　　FDA在《对已批准NDA或ANDA的变更指南》（Guidance for Industry：Changes to An Approved NDA or ANDA）中将药品的生产变更按事项分为以下几类：①对药品成分和组分（components and composition）的变更；②生产场地（manufacturing site）的变更；③生产工艺的变更；④药品标准（specification）的变更；⑤药品容器封闭系统的变更；⑥药品标签的变更；⑦其他变更；⑧多项关联变更（multiple related changes）。每类变更事项下

均包含前述的重大变更、中等变更和微小变更，须按前述规定提交相应的补充申请或年度报告[1]。

多项关联变更是指多项单独变更的结合，例如场地变更可能涉及设备和生产工艺的变更，成分和组分变更可能伴随规格的变更。对于多项相关变更，须按照单个变更中报告最为严格的类型提交。

## 9.3 生产场地的变更[2,3]

（1）一般性规定

美国对于生产场地变更的法规适用于申请人自身拥有或委托生产的场地变更，并且适用于国内外的生产场地变更。

生产场地的变更，除了监管信息和场地信息变更外，不能涉及其他事项变更，例如扩大生产或生产工艺变更，并且标准操作程序（SOPs）、具有生产加工经验的人员、环境条件和质量控制，以及生产批次记录等也必须保持不变。

（2）生产地点变更的具体规定

在美国相关法规以及指南中，药品生产场地分为：药品、半成品（in-process materials）、原料药或原料药中间体（drug substance interme-diates）的生产或加工（manufacturing or processing）场地；首次或二次药品包装[4]场地；首次或二次药品贴标场地[5]；化学成分（component）、药品容器、密封材料（closures）、包装材料、半成品（in-process materials），或

---

[1] FDA. Guidance for Industry: Changes to an Approved NDA or ANDA [EB/OL].（2004-04）[2016-9-27].http://www.fda.gov/downloads/drugs/guidancecomplianceregulatoryinformation/guidances/ucm077097.pdf.

[2] FDA. Guidance for Industry: Changes to an Approved NDA or ANDA Questions and Answers[EB/OL].（2001-01）[2016-11-23]. http://www.fda.gov/downloads/Drugs/GuidanceComplianceRegulatoryInformation/Guidances/UCM122871.pdf.

[3] 李晓宇，杨悦. 美国化学药品生产场地变更的法规研究［J］. 中国药学杂志，2016，51（8）：671-677.

[4] 首次包装材料：可与制剂直接接触的包装材料；二次包装材料：不与制剂直接接触的包装材料。

[5] 首次贴标场地：为首次包装材料进行贴标的场地；二次贴标场地：为二次包装材料进行贴标的场地。

药品制剂的检测场地[1]。

场地变更中，生产场地的cGMP检查状态、生产场地所进行的操作类型以及所生产药品的类型（例如原料药中间体、原料药、药品制剂）是对药品的安全性或有效性存在潜在影响的三个主要因素，三者融合贯穿于整个生产场地变更法规之中，对所要提交的报告类型起着决定性的作用。

①cGMP检查状况对所提交的报告类型的影响：FD&CA 501（a）（2）（B）规定，如果药品（包括原料药）在生产、加工、包装或储存过程中使用的方法或设备及控制，不符合或没有遵从cGMP要求，不能保证药品符合FD&CA的要求：安全，均一，有效，符合质量和纯度标准，则该药品被认定为掺假药。因此，进行生产场地变更，申请人必须首先考虑新生产场地的cGMP检查状态。

若新生产场地（原料药中间体的生产场地除外）cGMP检查不合格，必须提交PAS报告。若转移到FDA从未检查过的生产场地或中止生产2年以上的场地（原料药中间体的生产场地除外），也必须提交PAS报告。

上述分析中，把原料药中间体新生产场地的cGMP检查排除在外，并不意味着FDA不进行检查，而是不对其进行常规检查，实行"有因检查（cause inspection）"，即出现问题后再对其进行检查，但是，如果该新生产场地cGMP检查不合格，也必须提交PAS报告。

下文生产变更分析均是在cGMP检查合格的条件下进行分析。

②同一生产地点内的生产场地变更：美国相关指南对同一和不同生产场地做了规定。同一生产场地是指拥有FDA赋予的单一场地注册码（establishment registration numbers），并由同一个FDA地区办公室进行检查的新旧建筑物集合；不同生产地点是指，新旧建筑物拥有不同的场地注册码，或者由不同的FDA地区办公室对其进行检查。

除了表2-13中的特殊药品外，在同一个生产地点内进行生产建设活动，或在同一生产地点内的某一建筑物内或建筑物间转移生产操作，不必告知FDA。

---

[1]　检测场地包括进行物理、化学、生物和微生物检测，以达到监测、接受或拒绝物料目的的场地，以及进行稳定性测试的场地。

表2-13　同一生产地点内的生产场地变更的特殊情况

| 药品类型 | 特殊情况 | 报告类型 |
|---|---|---|
| 无菌条件下生产的无菌原料药和无菌制剂 | a. 转移到翻新或新建的设施或区域内 b.转移到现有的不生产类似药品（包括容器类型和尺寸的不同）的设施或区域内 | PAS |
| | 转移到同一生产场地中的设施或区域内（上述情况除外） | CBE-30 |
| 最终需要灭菌的制剂 | 转移到同一生产场地中新建建筑物内或现存建筑物内 | AR |

③不同生产地点之间的生产场地的变更：药品制剂的完整生产流程中，美国比较注重生产或加工场地、首次包装场地变更的影响，因为该类变更对于各类药品安全性或有效性或所进行的生产操作会直接产生很大的影响，且不确定性程度高，因此，所提交的报告类型相对较高级；二次包装场地、贴标以及检测场地对于各类药品安全性或有效性或对所进行的生产操作关联性不大，所需提交的报告类型相对低级，而且所有类型的药品所提交的报告类型相同（图2-6）。

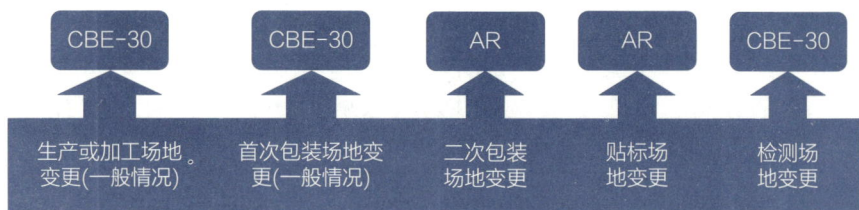

图2-6　生产场地变更所需提交的基本报告类型

生产或加工生产场地的变更，除了特殊情况，其他所有原料药、制剂中间体以及药品制剂均只需提交CBE-30报告；表2-14所列举的情况必须根据相关规定提交相应的报告。

表2-14　不同生产地点之间的生产场地变更的特殊情况

| 药品类型 | 特殊情况 | 报告类型 |
|---|---|---|
| 所有药品 | 当包装组件控制给药剂量或药品处方调整药品吸收率以及生物利用度的生产、加工或药品初级包装场地变更 | PAS |

| 药品类型 | 特殊情况 | 报告类型 |
|---|---|---|
| 制剂中间体 | 改进释放特性的中间体［包括具有特殊释放方式的口服固体制剂、透皮吸收制剂、脂质体制剂、长效制剂、口腔和鼻腔计量吸入药品（MDIs）、干粉吸入器（DPIs）、鼻腔喷雾泵］的生产、加工场地变更 | PAS |
| 无菌条件下生产的无菌原料药和无菌制剂 | a.转移到翻新或新建的场地，或b.转移到现有的不生产类似药品（包括容器类型和尺寸的不同）的场地 | PAS |
| 最终灭菌的成品制剂 | 转移到另一生产场地中新建的生产设施中 | PAS |
| 无菌生产的无菌原料药和无菌制剂 | 转移到现有的生产类似药品（包括容器类型和尺寸）的生产场地 | CBE-30 |
| 原料药最终中间体 | 转移到另一生产或加工场地 | CBE |
| 原料药中间体（非最终中间体） | 转移到另一生产或加工场地 | AR |
| 固体口服制剂 | 油墨压印 | AR |

（3）原辅料包材生产场地变更[1]

通常，变更原料药生产商，不仅涉及生产场地的变更，还会涉及诸如合成路径、生产工艺、溶剂、生产设备等的变更，因此属多项关联变更。若申请人无法通过查阅相关信息（如DMF）恰当描述原料药不同来源间的差异或评估该关联变更，则应提交事先须审批的补充申请（PAS）。

若申请人可以通过查阅相关信息描述原料药不同来源间的差异或评估该关联变更，则在评估后须提交单个变更中报告最为严格的类型。如果该变更未提交PAS，申请人应在提交时附带一份声明，声明该变更不涉及须提交PAS的变更。

任何情况下，进行该项操作的新厂址cGMP检查不合格，应提交PAS。

包装组件或包装材料的生产场地变更若不涉及其他变更（如尺寸，组成，规格，加工助剂），则通常不须报告。若涉及其他变更，则报告类型须依据其他变更类型提交。

[1]　FDA. Guidance for Industry: Changes to an Approved NDA or ANDA Questions and Answers[EB/OL]. (2001-01) [2016-11-23]. http://www.fda.gov/downloads/Drugs/GuidanceComplianceRegulatoryInformation/Guidances/UCM122871.pdf.

变更辅料生产场地通常不须报告。

药用原辅料包材生产场地变更规定详见表2-15。

表2-15　药用原辅料包材生产场地变更规定

| 成分类型 | | 情形 | 提交报告类型 |
|---|---|---|---|
| 原料药 | cGMP合规性 | 转移到cGMP检查不合格的场地 | PAS |
| | | 若转移到FDA从未检查过的生产场地或中止生产2年以上的场地 | PAS |
| | 同一生产场地 | 无菌原料药a.转移到翻新或新建的设施或区域内b.转移到现有的不生产类似原料药（包括容器类型和尺寸的不同）的设施或区域内 | PAS |
| | | 无菌原料药转移到同一生产场地中的设施或区域内（上述情况除外） | CBE-30 |
| | | 其他情况 | 不须报告 |
| | 不同生产场地 | 无菌原料药a.转移到翻新或新建的场地b.转移到现有的不生产类似原料药（包括容器类型和尺寸的不同）的场地 | PAS |
| | | 无菌原料药转移到现有的生产类似药品（包括容器类型和尺寸）的生产场地 | CBE-30 |
| | 涉及其他变更 | 申请人无法通过查阅相关信息（如DMF）恰当描述原料药不同来源间的差异或评估该多项关联变更 | PAS |
| | | 申请人可以通过查阅相关信息描述原料药不同来源间的差异或评估该多项关联变更 | 评估后须提交单个变更中报告最为严格的类型，提交时附带一份声明，声明该变更不涉及须提交PAS的变更 |
| | 其他 | 一般情况下 | CBE-30 |
| 药包材 | | 不涉及其他变更（如尺寸，组成，规格，加工助剂） | 不须报告 |
| | | 涉及其他变更 | 须依据其他变更类型提交 |
| 辅料 | | | 不须报告 |

## 9.4 其他变更

涉及原辅料包材的变更除生产场地外，还涉及药品成分和组分的变更、生产工艺的变更、药品规格、容器密封系统的变更。其他生产变更详见表2-16。

表2-16 涉及原辅料包材的其他生产变更

| 变更内容 | 提交变更类型 | 适用情况举例 |
| --- | --- | --- |
| 药品成分和组分 | PAS | 对已批准申请中组分或组成（包括辅料）的定量或定性变更 |
| | AR | 减少或删减仅影响制剂颜色的成分 |
| 生产工艺 | PAS | 可能影响药品无菌保证的变更，例如在适当情况下无菌原料药和无菌包装组件的工艺变更 |
| | | 基础生产工艺或技术的变更，包括原料药的合成路线变更 |
| | | 在原料药生产中最终中间体加工步骤之后进行的工艺变更 |
| | | 可能会影响原料药的杂质分布和/或物理、化学或生物特性的合成或生产变更 |
| | | 为不符合已批准标准的原料药和制剂批建立一种新的再处理程序 |
| | CBE-30 | 原料药工艺和/或工艺参数的变更（其他特别规定情形除外） |
| | | 对于终端灭菌或无菌处理的原料药和药品，对其玻璃容器系统的干热除热源程序的变更 |
| | | 无菌处理的过滤参数的改变（包括流速、压力、时间或流量，非过滤材料或孔隙大小分级） |
| | | 过滤程序的改变，例如从单一改为双重灭菌过滤器或重复过滤 |
| 生产工艺 | CBE-30 | 更换过程或终端灭菌中使用的合格的灭菌室，导致已验证的操作参数（时间，温度，F0和其他）变化 |
| | CBE | 方法或控制的改变，更加保证了药品或原材料的均一性、含量、质量、纯度、效果等 |
| | AR | 对于溶液剂型药品，在单元操作中改变原料加入顺序 |
| 药品标准 | PAS | 除其他程度变更以外，放宽验收标准、删除部分标准 |
| | | 增加新的或替代原程序的分析程序 |
| | | 改变原定分析程序，不能更加严格地保证药品的均一性、含量、质量、纯度或效果 |
| | | 放宽原材料的病毒或外来溶剂的检测 |
| | CBE-30 | 除重大变更之外的对上市许可中已确定的所有分析程序的变更 |

续表

| 变更内容 | 提交<br>变更类型 | 适用情况举例 |
|---|---|---|
| 药品标准 | CBE-30 | 除重大变更之外，放宽验收标准，或删除用于原料药生产、最终中间体之前的半成品、最终中间体之前的起始物料、原料药中间体（最终中间体除外）的检测 |
| | | 除重大变更之外，改变原材料的检测程序 |
| | | 放宽过程内的与生产环境、原材料和组分的微生物监测有关的验收标准 |
| | | 为了符合FDA法规，而放宽某种验收标准或者删减某种检验 |
| | CBE | 增加标准，更能保证原料药或药品的均一性、含量、质量、纯度或效果 |
| | | 用于检测成分、包装组件、最终中间体、最终中间体之后的半成品、最终中间体之后的起始物料的分析程序的变更，该变更保证与上市许可中的均一性、含量、质量、纯度或效果相同或增加 |
| | AR | 为了符合FDA法规，除上述变更之外的标准变更 |
| | | 对于原料药和药品，增加或修改分析程序，更能保证原料药或药品的均一性、含量、质量、纯度或效果 |
| | | 更加严格的验收标准 |
| | | 改变用于检测原材料的分析程序，与原程序达到相同效果或更能保证原料药或药品的均一性、含量、质量、纯度或效果 |
| 容器密封系统 | PAS | 对于液体（例如溶液，悬浮液，酊剂）和半固体（例如霜剂，软膏）剂型，当初级包装组件的聚合物材料（例如塑料，橡胶）从未用于CDER批准的相同剂型和相同给药途径的药品中 |
| | | 对于在渗透或半透性容器封闭系统中的液体（例如溶液，悬浮液，酊剂）和半固体（例如霜剂，软膏）剂型，变更包装组件上使用的油墨和/或黏合剂，变更后的油墨和/或黏合剂未曾在CDER批准的相同剂型和给药途径并且使用相同类型的渗透或半渗透包装组件的药品中使用 |
| | | 变更初级包装组件，该初级包装组件控制递送至患者的剂量（例如，定量吸入器的阀门或制动器） |
| | | 对于无菌药品，任何可能影响药品无菌保证的变更，如：从玻璃安瓿更换为具有弹性闭合的玻璃小瓶；从一个容器系统变更为柔性容器系统（袋）的改变；从一个容器系统更换为预充式注射器剂型；从单个单位剂量容器变更为多剂量容器系统；对容器封闭系统（如弹性闭合件或注射器筒）添加或删除硅胶；用于无菌药品容器的尺寸和/或形状的变更 |

续表

| 变更内容 | 提交<br>变更类型 | 适用情况举例 |
|---|---|---|
| 容器密封<br>系统 | PAS | 删除旨在为药品提供额外保护的二次包装组件（例如，用于防止光照的纸箱，限制水分或气体挥发的外包装）或增加可能影响药品杂质分布的二次包装组件，或改变其组分 |
| | | 如果变更后的新的容器封闭系统无法提供与已批准的容器封闭系统相同或更好的保护性能 |
| | CBE-30 | 除本指南另有规定外，不影响药品质量的容器密封系统的变更 |
| | | 用于无菌原料药的容器变更其尺寸或形状 |
| | | 在单位使用容器（unit-of-use container）中的非无菌药品的单位数量（例如，片、胶囊）或标记量（例如，克、毫升）的变化 |
| | CBE | 除了固体剂型外，非无菌药品容器的尺寸和/或形状的变更，并非从一个容器封闭系统改变到另一个 |
| | | 多单元容器中非无菌药品标记量（例如克、毫升）的变更，固体剂型除外 |
| | | 干燥剂的添加或删除 |
| | AR | 非无菌制剂容器封闭系统的变更，并且显示变更后的系统等效于已批准申请中的实验报告或官方法规中规定的系统 |
| | | 变更非无菌固体制剂容器的尺寸和形状 |
| | | 在多单元的容器中的非无菌固体剂型变更其单位数量（如片、胶囊）或标示量（例如克） |
| | | 固体口服制剂的容器封闭系统的以下变化：只要新包装提供相同或更好的保护性能，并且新的初级包装组件材料已被用于和接触CDER已批准的固体口服制剂 |
| | AR | 非无菌液体制剂变更其容器密封系统，只要新包装提供相同或更好的保护性能，并且新的初级包装组件材料已被用于和接触CDER已批准的相同给药途径的液体制剂 |
| | | 非无菌固体制剂单位剂量包装（例如罩板包装）的变更，只要新包装提供相同或更好的保护性能，并且新的初级包装组件材料已被用于和接触CDER已批准的相同类型药品（例如固体口服剂型、直肠栓剂） |
| | | 非无菌半固体制剂变更其容器密封系统，只要新包装提供相同或更好的保护性能，并且新的初级包装组件材料已被用于和接触CDER已批准的半固体制剂 |

## 9.5 变更须提交的资料

对于提交事先需审批的补充申请（PAS）、30天后生效的补充申请（CBE 30）或立即生效的补充申请（CBE），应提交以下信息：（1）对拟变更信息的详细描述；（2）变更涉及的产品；（3）受影响的生产场地或区域；（4）对评价变更的影响时所用的方法和所实施的研究进行描述；（5）前述研究中获得的数据；（6）对于天然产物、重组DNA衍生蛋白质/多肽，或者原料药与单克隆抗体的复合物或缀合物，还须提交相关的验证报告和相关的SOP清单；（7）对于灭菌程序和灭菌程序验证相关的验证方法，也须提交相关的验证报告和相关的SOP清单。

对于年度报告（AR），应提交以下信息：①上市许可持有人已评价该变更的声明；②对生产和控制变更的完整描述，包括涉及的生产场地和区域；③每项变更的实施日期；④从评价该变更的研究和试验中获得的数据；⑤对于天然产物、重组DNA衍生蛋白质/多肽、原料药与单克隆抗体的复合物或缀合物、灭菌程序和灭菌程序验证相关的验证方法，还须提交对相关验证报告的交叉引用和/或SOP。

# 10 其他配套政策

## 10.1 药品生产者登记制度

FD&CA 510部分和21CFR 207部分要求药品（包括原料药）生产者进行场地登记并提交其药品清单。即从事药品的生产、制备（preparation）、繁育（propagation）、合成以及加工场地（establishment）的所有者或经营者（登记者），均须在开始经营后5日内及之后每年10月1日至12月31日期间向FDA登记其场地信息，同时提交其已上市的药品清单。登记者须在每年6月和12月更新其药品清单信息，FDA鼓励登记者随时更新其药品清单。以上要求既适用于美国国内药品生产者，也适用于产品被进口或者提供进口至美国的国外药品生产者。

登记者应登记其姓名、场地经营地点、全部场地及它们的唯一场地识别码（unique facility identifier）以及联系人电子邮箱。国外场地除此之外还须登记：该场地在美国的代理商名称、进口该药品的进口商名称、所有进口或者提供进口该药品到美国的机构的名称。

上述国内外制药企业登记的场地信息，可通过FDA药品场地登记数据库（The Drug Establishments Current Registration Site，DECRS）查询，如下图2-7[1]。

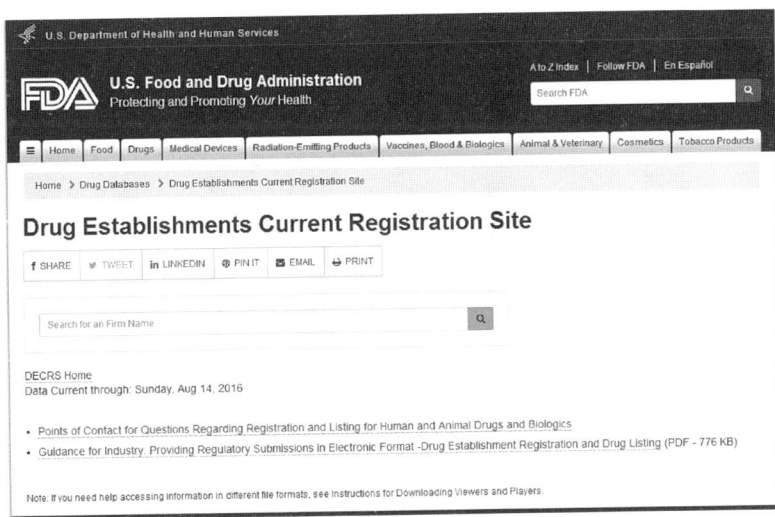

图2-7　FDA药品场地登记数据库检索页面

输入企业名称，可检索到该企业所有生产场地的唯一场地识别码（FEI）、邓氏编码（DUNS Number）[2]、经营活动范围、厂址、注册有效日期，图2-8为输入"hengrui"（恒瑞）的检索结果。

药品生产者登记的场地信息和提交的药品清单可供FDA进行上市后不良反应监测、现场检查、监测进口产品等监管活动。

---

[1] FDA.Drug Establishments Current Registration Site .EB/OL.（2016-3-29）[2016-9-20]. http://www.fda.gov/drugs/informationondrugs/ucm135778.htm.

[2] Data Universal Numbering System 的缩写，是由邓白氏公司开发的数字全球编码系统，每个企业实体对应唯一的9位数字编码，相当于企业的身份识别码，被广泛应用于企业识别、商业信息的组织及整理。

| Firm Name ⬍ | Facility Establishment Identifier | DUNS | Business Operations | Address | Expiration Date |
|---|---|---|---|---|---|
| Jiangsu Hengrui Medicine Co., Ltd. | 3003404148 | 421324417 | ANALYSIS; LABEL; MANUFACTURE; PACK; STERILIZE; | Dongjin Road, Port Industry Area, Economic and Technological Development Zone, Lianyungang, Jiangsu 222069, China (CHN) | 12/31/2016 |
| Jiangsu Hengrui Medicine Co., Ltd. | 3006689263 | 421251867 | ANALYSIS; API MANUFACTURE; LABEL; MANUFACTURE; PACK; PARTICLE SIZE REDUCTION; STERILIZE; | No.22 Jinqiao Road, Dapu Industrial Park, Lianyungang, Jiangsu 222002, China (CHN) | 12/31/2016 |
| Jiangsu Hengrui Medicine Co., Ltd. | 3007373503 | 421251868 | ANALYSIS; LABEL; MANUFACTURE; PACK; STERILIZE; | No.38 Huanghe Road, Economic Tech Dev Zone, Lianyungang, Jiangsu 222047, China (CHN) | 12/31/2016 |
| Shanghai Hengrui Pharmaceutical Co., Ltd. | 3003910445 | 527903636 | ANALYSIS; LABEL; MANUFACTURE; PACK; | No.279, Wenjing Rd., Minhang Dist., Shanghai, 200245, China (CHN) | 12/31/2016 |

图 2-8　药品场地登记数据库中"hengrui"检索结果

表2-17　FD&CA SEC.510 药品和医疗器械生产者的登记

| 条款及主题 | 内容 |
|---|---|
| （a）定义 | 在本节中—<br>（1）"生产，制备，繁育（propagation），合成，加工"包括将药品或器械从原始生产地传递或销售给最终消费者的过程中，经销商或销售者对药品包装或器械包装进行再包装，或更换容器、包装纸，或标识的行为<br>（2）"名称"一词，在"合伙"的情形下，包括每个合伙人的名称，在"公司"的情形下，包括公司经理和董事以及公司注册州的名称 |
| （b）年度登记注册 | （1）每年10月1日到12月31日期间，所有从事药品的生产，制备，繁育，合成，加工场地的所有者或经营者都须向FDA登记其名字，营业地点，全部场地，每个场地的唯一场地识别码（unique facility identifier）及联系人电子邮箱<br>（2）医疗器械企业的登记注册……<br>（3）部长将详细说明按（1）的要求，登记者须使用的唯一场地识别系统。在部长未说明识别系统之前，登记中不须包含唯一场地识别码 |
| （c）新生产者 | 第一次从事药品或医疗器械的生产，制备，繁育，合成，加工场地的所有者或者经营者（国内），应向FDA登记其：<br>（1）药品按照（b）（1）要求提交相关信息<br>（2）医疗器械按照（b）（2）要求提交相关信息 |
| （d）其他场地 | 任何按照前款规定适时登记的人，须立即向部长登记任何其所有或经营的、在任何州增加的、开始进行药品或器械的生产，制备，繁育，合成，加工的场地 |

| 条款及主题 | 内容 |
|---|---|
| （e）登记号码；人用器械统一识别体系 | 　　部长可给按本条规定登记的场地或个人编制一个登记号码。部长还可以向按照（j）分条列入清单的每种药品或每类药品编制一个清单号码。按照前述规定编制的号码，必须与按照《美国国家药品代码》编制的号码相同。部长可以通过规章对人用器械的识别规定一个统一的体系，并可要求依（j）分条，按照该体系将该器械列入清单 |
| （f）登记可供查阅 | 　　部长须将任何依据本条归档的登记供任何有查阅要求的人士查阅；任何按照（j）分条（3）款提交的清单及据该分条（1）款或（2）款附于清单或提示的信息，免于此种查阅，除非部长认为该豁免不利于保护公共卫生 |
| （h）检查 | 　　（1）所有被要求登记的场地，均可接收704部分授权的检查<br>　　（2）医疗器械场地两年检查一次：……<br>　　（3）基于风险的药品检查安排，部长可通过指派一名或多名官员或雇员检查（1）中描述的涉及药品的生产，制备，繁育，合成，加工的场地，检查安排须基于场地的风险<br>　　（4）风险因素<br>　　在制定检查计划时将依据该场地的已知风险，将基于以下因素确认已知风险的大小：（a）该场地的合规性历史；（b）涉及该场地的召回记录、历史和性质；（c）该场地生产、制备、繁育、合成、加工的药品的固有风险；（d）该场地的检查频率和历史，包括过去四年是否曾被检查；（e）该场地是否曾被国外政府机构检查；（f）其他为了分配检查资源而认为必要的标准<br>　　（5）……<br>　　（6）现场检查年度报告<br>　　从2014年起，每年2月1日前FDA将在其网站发布报告，公布（A）上一年度登记注册的国内外场地数量；上一年度检查的国内外场地数量；（B）涉及原料药、制剂的生产，制备、繁育、合成、加工的场地数量 |
| （i）国外企业的登记注册 | 　　（1）所有从事药品或者医疗器械的生产、制备、繁育、合成、加工且其产品被进口到美国的国外场地的所有者或运营者，应通过电子方式依据部长的标准登记一下信息：<br>　　（A）第一次从事时需登记：<br>　　　　（i）药品：名字、营业地点、全部场地以及它们的唯一场地识别码、联系人邮箱地址；该场地在美国的代理人姓名、进口该药品的进口商姓名、所有进口或者提供进口该药品到美国的人的姓名<br>　　　　（ii）医疗器械：……<br>　　（B）年度登记：符合A段中要求的场地，须在之后每年的10月1日至12月31日期间向部长进行注册登记<br>　　（2）也须提供该部分（j）段要求的信息（产品清单）<br>　　（3）部长可与国外官员合作，确保通过适当有效的方法来决定（1）中描述的场地生产、制备、繁育、合成、加工的药品或医疗器械是否将被禁止进入801（a）中规定的地方<br>　　（4）部长将详细说明按（1）的要求，登记者须使用的唯一场地识别系统。在部长说明识别系统之前，登记中不须包含唯一场地识别码 |

| 条款及主题 | 内容 |
|---|---|
| （j）药品和医疗器械清单 | （1）每个依据（b），（c），（d）或（i）分条向部长登记注册的人员在依规定登记时，须向部长提供所有药品和所有器械的清单，并附一份简要说明，说明清单中的器械并非药品[清单中的每种药品和器械都按照通用名称，如502（e）条所定义的，及专有的名称列明]，由其为商业经销而进行生产、制备、繁育、合成、加工、在此次登记之前，任何按照本款和（2）款提交的药品或器械的清单都没有将其包括在内。该清单须按照部长要求的形式和方式准备，并附有——<br>（A）对于505条或512条所指药品的有关清单，或者依514或515条已经建立性能标准的人用器械的相关清单，对权力机关关于该药品或器械上市情况的参考，以及该药品或器械所有标签的副本<br>（B）对于其他包含在清单中的药品或器械——<br>　　（i）对503（b）（1）条所指药品或受限制的器械，一份该药品或器械所有标签的副本，一份有代表性的该药品或器械的广告样本，及部长以正当理由要求的、特定药品或器械的所有广告的副本，或者<br>　　（ii）不是503（b）（1）条所指药品或并非受限制的器械，该药品或器械的标识及包装，以及该药品或器械其他标签的代表性样本<br>（C）对于（B）分条描述的清单中包含的药品，一份其活性成分或成分的定量表，除非对个别药品，如果部长认为，为贯彻本法有必要的，可以要求提交一份所有成分的定量表；及<br>（D）如果提交清单的登记人认为表中特定的药品或器械不属于第505条或第512条的情形，或者表中的特定器械不遵从第514条或515条的性能标准，或者并非受限制的器械，则如果部长对该特定药品或器械有要求，一份登记人对其认定理由的简要说明<br>（E）对于包含在清单中的药品，其辅料生产商的名称和经营地址，包括生产辅料的所有场地及它们的唯一场地识别码，联系人电子邮箱地址<br>（2）每个按本条规定向部长登记的人须向部长报告如下情况（药品企业在每年6月和12月各报告一次，医疗器械企业在每年10月1日至12月31日期间报告一次）：<br>（A）对登记人进行商业销售的、以前没有包括在依本分条本款或（1）款提交给部长的任何清单内的每种药品或器械的清单。本分款的清单须按药品或器械的通用名称[如502（e）条所定义的]或可能有的专有名称列明，并附有（1）款所要求的其他信息<br>（B）如果自登记人依本款规定作最后一次报告之后（或者自本分条生效之后其从未按本款规定提交报告），停止为商业销售而生产、制备、繁育、合成、加工（A）分条或（1）款清单中的药品或器械；则须报告停止的通知，停止的日期，停止的具体药品或器械[按照该药品或器械的通用名称如502(e)条所定义的或专有名称列明] |

续表

| 条款及主题 | 内容 |
|---|---|
| （j）药品和医疗器械清单 | （C）如果在登记人依（B）分款规定做了停止报告后，又重新为商业销售而进行药品或器械的生产，制备，繁育，合成，加工；则须报告此项恢复，恢复的日期，恢复的具体药品或器械（按照通用名称（如502（e）条所定义的或专有名称列明）及其他（1）款所要求的信息，除非登记人此前已经按照本分款规定向部长报告了该项恢复<br>　　（D）对以前按照本款或（1）款提交的任何信息的重要改变<br>　　（3）部长可以依本条规定，要求每个登记人对以下药品提交清单：（A）登记人为商业销售而进行生产，制备，繁育，合成，加工的药品，及（B）含有特殊成分的药品。部长只有在认为提交清单对于实施本法为必要时才可以要求提供该清单<br>　　（4）部长将要求该分条下的登记者使用本节（b）（3）和（i）（4）款中的唯一场地识别系统。在部长详细阐明（b）（3）和（i）（4）款中的唯一场地识别系统之前，该要求可不实施 |

## 10.2 非活性成分数据库

FDA还建立了非活性成分（辅料）数据库（inactive ingredient database），该数据库包括FDA已批准药品中使用的辅料信息，包括辅料的名称、包含该辅料的制剂的给药途径和剂型、化学物质登记号（CAS Number）、唯一成分识别号（unique ingredient identifier，UNII）、最大用量（maximum potency，指含有该辅料的单位制剂中或单次剂量中允许含有该辅料的最大量）。以上信息可帮助企业进行产品研发。一旦某种辅料已经被批准用于某种特定给药途径的药品，则该辅料用于类似产品中时，只需要较少的审评，图2-9为FDA药用非活性成分检索页面[1]，图2-10为检索"POLYSORBATE 80"（聚山梨酯80）的结果。

---

[1] FDA. Inactive Ingredient Search for Approved Drug Products: Frequently Asked Questions . [EB/OL]. （2015-9-4）[2016-9-20]. http://www.fda.gov/Drugs/InformationOnDrugs/ucm080123.htm.

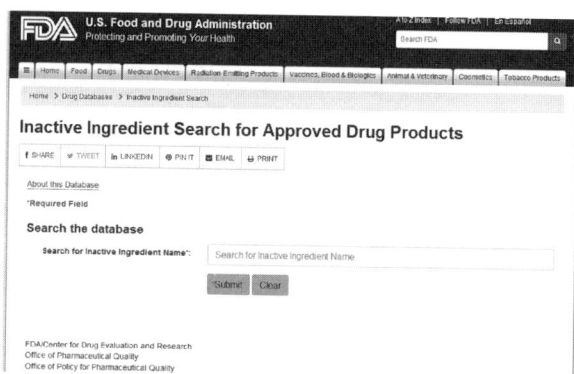

图 2-9 FDA 药用非活性成分检索页

**Search Results for: "POLYSORBATE 80"**

| Inactive Ingredient | Route | Dosage Form | CAS Number | UNII | Maximum Potency |
|---|---|---|---|---|---|
| POLYSORBATE 80 | AURICULAR (OTIC) | SOLUTION | 9005656 | 6OZP39ZG8H | 0.2% |
| POLYSORBATE 80 | AURICULAR (OTIC) | SOLUTION, DROPS | 9005656 | 6OZP39ZG8H | 2.5% |
| POLYSORBATE 80 | AURICULAR (OTIC) | SUSPENSION | 9005656 | 6OZP39ZG8H | 5% |
| POLYSORBATE 80 | IM - IV | INJECTION | 9005656 | 6OZP39ZG8H | NA |
| POLYSORBATE 80 | INHALATION | SUSPENSION, FOR INHALATION | 9005656 | 6OZP39ZG8H | 0.02% |
| POLYSORBATE 80 | INTRA-ARTICULAR | INJECTABLE | 9005656 | 6OZP39ZG8H | 0.04% |
| POLYSORBATE 80 | INTRA-ARTICULAR | INJECTION | 9005656 | 6OZP39ZG8H | 0.4% |
| POLYSORBATE 80 | INTRA-ARTICULAR | INJECTION, SUSTAINED ACTION | 9005656 | 6OZP39ZG8H | NA |
| POLYSORBATE 80 | INTRABURSAL | INJECTION | 9005656 | 6OZP39ZG8H | 0.04% |
| POLYSORBATE 80 | INTRADERMAL | INJECTION | 9005656 | 6OZP39ZG8H | NA |
| POLYSORBATE 80 | INTRADERMAL | INJECTION, SUSTAINED ACTION | 9005656 | 6OZP39ZG8H | NA |
| POLYSORBATE 80 | INTRALESIONAL | INJECTABLE | 9005656 | 6OZP39ZG8H | 0.19% |
| POLYSORBATE 80 | INTRALESIONAL | INJECTION | 9005656 | 6OZP39ZG8H | 0.2% |
| POLYSORBATE 80 | INTRALESIONAL | INJECTION, SUSTAINED ACTION | 9005656 | 6OZP39ZG8H | NA |
| POLYSORBATE 80 | INTRALESIONAL | SUSPENSION, INJECTION | 9005656 | 6OZP39ZG8H | 0.19% |

图 2-10 “POLYSORBATE 80”（聚山梨酯 80）检索结果（部分）

## 11 典型案例分析——肝素钠事件

SPL公司是一家原料药供应商，其生产地点位于威斯康星州，到2008年，该公司已有超过30多年肝素钠原料药生产经验（SPL公司于1976年提交肝素钠原料药DMF）。百特公司是一家总部位于伊利诺伊州的制药企业，其肝素钠注射液最早于1982年批准上市，自1996年开始SPL公司成为百特公司肝素钠原料药供应商。

生产肝素钠原料药的原料从猪大肠获得，SPL公司最初从美国购买该原料，自90年代中期开始寻找新的原料供应地，由于中国占世界生猪供应量的一半以上，SPL公司开始从中国购买用于肝素钠原料药生产的原料。为了进一步靠近其中国供应链并且扩大产能，百特于2000年在中国常州成立了肝素钠原料药生产厂，其自2004年起生产肝素原料药。常州SPL公司于2002年5月10日向FDA提交了肝素钠原料药DMF。

2004年2月6日，百特向FDA提交须事先审评的补充申请（PAS），请求将常州SPL公司作为其肝素钠原料药替代供应商。2004年6月8日，FDA批准了该补充申请，但批准前并未对常州SPL公司的场地进行检查[1]。

2008年1月9日，美国FDA从疾病控制和预防中心（CDC）获悉，正在进行血液透析治疗的肾功能衰竭患者和心血管外科手术患者在快速注射多剂量肝素钠后发生了一系列严重不良事件，不良反应症状包括：腹痛、胸痛、心跳加速、呼吸急促、昏厥、反应迟钝、血压下降、呕吐、喉咙肿胀等。FDA通过风险识别措施判定严重过敏反应的增加与使用由百特公司生产的肝素钠多剂量注射液有关。随后企业召回了缺陷产品，FDA采取了通报不良事件具体情况、发布用药指南等一系列干预措施，防止不良事件进一步扩大。

经过对不良事件的初步调查，FDA于2008年2月开始在国内外对问题产品的制造商和原料供应商开展现场调查。2008年2月初，FDA开始对美国SPL公司的位于威斯康星的工厂，以及百特在新泽西的一个工厂进行检查，调查涉及肝素钠产品的整个生产制造过程和分销过程，证实污染不是在生产成品的过程中发生的。2008年2月20日，FDA派出2名检查员前往中国，对百特公司的原料药供应商中国常州SPL有限责任公司进行了全面的现场检查，包括肝素原料制造、加工、包装设备及库存环境的检查，制造过程中关键工艺步骤的评价，肝素降解物评价程序的建立情况等，并于2月28日公布了检查结果。结果表明该公司生产过程中存在与美国cGMP的重大偏差，并要求其进行整改并予以回应。FDA在审查了常州SPL公司对检查意见的回应和实施情况后，于4月21日向其发出了警告信，警告信中指出该公司未实施的整改，主要包括：生产工艺不能确保祛除杂质；缺乏可靠的供应商评价体系；肝素钠USP 检验方法未进行适应性验证；生产设备不符合生产要求。

警告信指出，根据FDCA 501（a）（2）（B）的规定，如果药品在生产、加工、包装或储存过程中使用的方法、设备及控制不符合或没有遵从cGMP要

---

[1]　BAXTER.Testimony of Robert L. Parkinson [EB/OL].（2008-4-29）[2016-9-20]. http://www.baxter.com/assets/downloads/RLP_testimony.pdf.

求，不能保证药品符合FD&CA的要求，即安全、均一、有效，符合质量和纯度标准，则该药品被认定为掺假药。据此，该公司生产的原料药被视为掺假药。依据FD&CA801（a）（3）的规定，FDCA 501（a）（2）（B）条款下规定的掺假药禁止进入美国，据此FDA发布进口禁令，禁止该公司的物料进入美国，并永久性禁止该公司被检查场地生产的原料药进入美国。同时，在全部问题被更正并经FDA确认符合cGMP之前，FDA不批准任何将该公司作为原料药供应商的申请或补充申请。

肝素钠事件后，百特公司失去了肝素钠原料药生产场地，百特公司在供应链方面做出重大改变，简化了流程，采取了修改药品标准等其他保障措施以降低掺假风险。2008年，百特停止了肝素钠注射液的生产，并且出售了其生产肝素钠的部门[1]。

---

FD&CA801（a）关于禁止食品、药品、器械与化妆品入境的规定

应卫生和公共服务部部长的要求，财政部部长应当提供向美国进口或者拟向美国进口的食品、药品、器械与化妆品的样品，并通知它们的所有权人或者受托人，可以面见卫生和公共服务部部长，并有权作证。卫生和公共服务部部长应向财政部部长提供一份按照第510条第（i）分条注册的场地名单，并要求未在前述名单的场地生产、制备、繁育、合成、加工并进口或者拟进口至美国的药品、器械的所有权人或者受托人，向卫生和公共服务部部长提供一份药品或者器械的样品，并将有关通告送达该所有权人或者受托人，他们可以会见卫生和公共服务部部长，并有权做证。如果对样品的审查，或者通过其他方式显现以下情况：（1）这些食品、药品、器械与化妆品是在不卫生的条件下制造、加工、包装的，或者有关器械的使用方法、使用的设施及控制措施、制造、包装、储存及安装不符合第520（f）条的要求；（2）这些食品、药品、器械与化妆品在其制造或出口国是禁止或者限制销售的；（3）这些食品、药品、器械与化妆品掺假、错误标识或者违反第505条的规定；（4）《FDA食品安全现代化法案》204节之下的记录保存要求[并非该节（f）分节的要求]不适用于该类食品、药品、器械与化妆品，除本条第（b）分条的例外情形外，这些食品、药品、器械与化妆品均不被批准入境。财政部部长将负责销毁这些未得到批准的食品、药品、器械与化妆品，除非它们在财政部部长制定的法规规定的条件下，在收到拒绝决定之日起90日内，或者财政部部长制定的法规规定的更长时间内又进行出口。本项①第三句的（2）项不应被理解为禁止麻醉类药品的进口，该类药品根据《管制物质进出口法》可以进口。

---

[1]  BAXTER. Heparin Sodium Injection[EB/OL].（2008）[2016-9-20]. http://www.baxter.com/products-expertise/product-safety-information/heparin-background-information.page.

# 第三部分
# 日本药用原辅料包材管理制度

## 1 MF 制度简介

日本药用原辅料MF登记制度（Master File System，主文件制度）始于2005年4月日本《药事法》的修订，新法在改革药品制剂生产和上市许可体系的基础上，为保护生产者的技术机密、理顺上市许可管理程序，在药用原辅料的管理中引入MF登记制度。

MF登记制度准许日本或者国外原辅料生产厂商自愿地对用于制剂生产的原辅料的品质和生产工艺进行登记，提交MF给药品及医疗器械管理机构（Pharmaceuticals and Medical Devices Agency，PDMA）的审查部门。在使用原辅料的制剂申请上市时，需要参考引用这些数据。另外，根据《药事法》第13条第3款，国外的原辅料等生产企业在申请MF登记时，必须事先通过PDMA获得国外生产企业认定。国外生产企业认定与国内生产企业申请生产销售许可的条件相同。根据生产药械种类的不同，生产企业认定也分为不同类别。在制剂涉及相关企业均符合GMP要求的前提下，该认定的必要条件是生产销售企业符合GVP和GQP要求，赋予国外生产厂商代码和生产场地代码，并且认定类别、认定编号和国外生产厂商的场地认定日期（the date of accreditation of the foreign manufacturing site）都必须要登记在MF申请表中。MF登记时列出国外生产厂商代码和生产场地代码。其次，当国外生产企业想要提交MF时，必须指定日本国内代理人来负责MF登记相关工作[1]。

## 2 相关法律法规依据

日本关于MF的法律法规主要是在《药事法》《药事法施行规则》（以下简称《规则》）、《日本MF指南》《MF应用指南》以及其他相关指南。

其中《药事法》（根据1960年8月10日第145条法律修订，于2006年6月21日实施的第84条法律）中第14、15、16条及《规则》（2009年4月22日生效的

---

[1] PMDA. Guideline on Utilization of Master File for Drug Substances, etc. [EB/OL]. (2005–02)[2016–08–16]. http://www.pmda.go.jp/files/000153843.pdf.

第124条政令）中第40条、44~45条、72~77条、79~83条对MF登记内容、提交材料、变更、转让、取消等作了规定。

《MF应用指南》（根据2007年6月9日PFSB／ELD NO.0619004通知修订，于2008年3月27日公布于PMDA官网）对MF定义、应用范围、过渡期管理、变更等作了详细规定；《日本MF指南》(于2015年10月6日公布于PMDA官网)根据《MF应用指南》内容对MF的要素以及实施程序做了进一步补充和完善。《国外药品生产企业（包括API）GMP合规性检查指南》（由厚生劳动省大臣批准通过，于2008年9月1日公布于PMDA官网）对药品生产企业GMP检查内容、流程、提交资料、结果评价等详细规定；《新修药事法指导下上市许可申请表说明指南》（由厚生劳动省大臣批准通过，于2005年2月10日公布于PMDA官网），对上市许可申请中需提交的资料、申请条件、变更处理等详细规定。

由于动物制品不属于MF登记范围，相关内容可查询《关于血液采集和捐献服务控制法律》（2002年第96条法律）。

表3-1为日本关于MF的相关法律法规及条款。

表3-1　日本关于原辅料包材管理的相关法律法规及条款

| 法律法规名称 | 性质 | 发布单位及实施时间 | 涉及条款及内容 |
|---|---|---|---|
| 《药事法》 | 法律 | 议会批准，2006年6月21日 | 涉及条款：第12~16条、第41条、第75条、第77条<br>第12条：生产销售的许可<br>第13条：生产的许可<br>第14条：MF登记申请内容及给予批准的条件<br>第15条：取消企业登记MF的情形<br>第16条：在MF管理中PMDA的职责<br>第41条：厚生劳动大臣制定药械标准<br>第75条：国外生产医药品等生产销售许可的取消<br>第77条：召回的通报 |
| 《药事法施行规则》 | 政令 | 内阁批准，2009年4月29日 | 涉及条款：第40条、44~45条、72~77条、79~83条<br>第40条：许可申请中需要提交的数据<br>第44条：可申请MF登记的物质<br>第45条：通过MF登记文件被取代的数据<br>第46~47条、79~81条：MF登记事项的变更与轻微变更的范围及需递交的材料 |

续表

| 法律法规名称 | 性质 | 发布单位及实施时间 | 涉及条款及内容 |
|---|---|---|---|
| 《药事法施行规则》 | | | 第72条、76~77条：MF登记申请人条件、公开信息及MF登记项目<br>第73~75条：MF登记证书的发行、变更及补发<br>第78条：不允许进行MF登记的药物<br>第82~83条：MF证书归还至PMDA及MF转让情形 |
| 《MF应用指南》 | 指南 | 厚生劳动省，2008年3月27日 | 对MF定义、应用范围、过渡期管理、变更等详细规定 |
| 《日本MF指南》 | 指南 | 厚生劳动省，2015年10月6日 | 根据《MF应用指南》内容对MF的要素以及实施程序作了进一步补充和完善 |
| 《国外药品生产企业（包括API）GMP合规性检查指南》 | 指南 | 厚生劳动省，2008年9月1日 | 对药品生产企业GMP检查内容、流程、提交资料、结果评价等详细规定 |
| 《新修药事法指导下上市许可申请表说明指南》 | 指南 | 厚生劳动省，2005年2月10日 | 对上市许可申请中需提交的资料、申请条件、变更处理等详细规定 |

# 3 MF 登记适用范围 [1]

按照《实施规则》第44条以及《MF应用指南》的规定，可申请MF登记的产品类型如下：

（1）以下用于生产制剂和医疗器械的原材料（raw material）可进行MF登记：

a. 原料药、中间体和医药产品的材料(包括特殊剂型药品的材料等，不包括动物制品)；

b. 新辅料及改变现有辅料组成比例的预混辅料；

c. 医疗器械的原材料；

---

[1] PMDA. Guideline on Utilization of Master File for Drug Substances, etc. [EB/OL]. (2005-02)[2016-08-16]. http://www.pmda.go.jp/files/000153843.pdf.

　　d. 容器、包装材料。

　　（2）药物、中间体和医药产品材料（包括特殊剂型的物料等）。但用于OTC的（不包括有新活性成分的OTC药物）原料药、中间体和物料不需要进行MF登记，在现有的质量标准和检测方法下，上述材料的质量和安全性已经确定。

　　（3）"TSE（可传播性海绵状脑病）数据编号"中新的TSE数据。

　　（4）在审评过程中建议进行MF登记的项目。

# 4 MF 相关部门及职能

## 4.1 PMDA设立的背景和被赋予的职能

　　PMDA作为日本厚生劳动省（MHLW）所管辖的独立行政法人，厚生劳动大臣可将审查工作委托给PMDA进行；医药品和医疗器械作为生产、销售者在没有厚生劳动大臣的批准下不能进行生产和销售。厚生劳动省负责行政审批和制定法律法规，而PMDA的一个最重要的职能就是技术审评[1]。

　　在日本，MF的管理机构是PMDA。由于 MF 包含的原料药信息资料只是药品上市许可申请资料的一部分，只存在技术审评而不存在行政许可，因此MF 登记的执行由 PMDA 全权负责。PMDA 对药品上市申请的数据资料进行技术审查，MHLW根据 PMDA 的审查结果决定是否颁发药品上市许可[2]。

---

[1]　印佳慧. 日本药事监管一瞥—PMDA 的由来和职能［J］. 医药地理 2016-02-20.

[2]　张象麟. 日本 MF 登记之旅［N］. 医药经济报，2012-05-28F02.

## 4.2 PMDA的部门和人员组成[1]

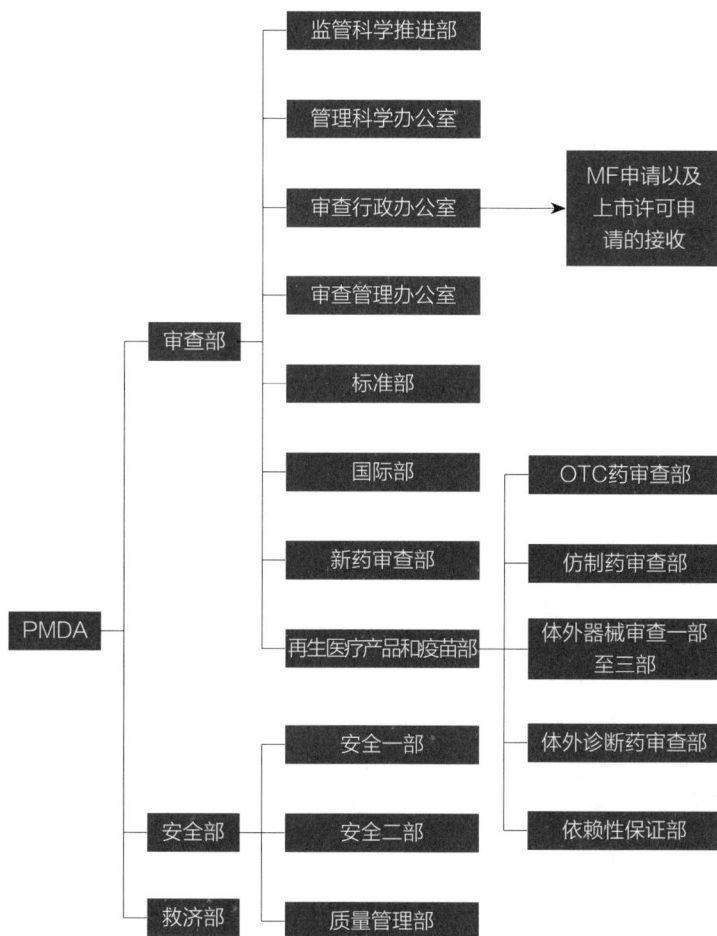

图 3-1　PMDA 的部门和人员组成

　　从2010年到2015年每年的人员编制和数量情况如下表（截止至当年4月1日的数据）[2]。

---

[1] PMDA.Organization Chart Organization. [EB/OL]. (2016-06)[2016-08-16]. http://www.pmda.go.jp/english/about-pmda/outline/0003.html.

[2] 印佳慧. 日本药事监管一瞥——PMDA 的由来和职能. 医药地理 2016-02-20.

表3-2　PMDA每年的人员编制和数量情况

| 年份 | 2010年 | 2011年 | 2012年 | 2013年 | 2014年 | 2015年 |
|---|---|---|---|---|---|---|
| PMDA全体* | 605 | 648 | 678 | 708 | 753 | 820 |
| 审查部门 | 389 | 415 | 438 | 460 | 492 | 532 |
| 安全部门 | 123 | 133 | 136 | 140 | 152 | 165 |
| 救济部门 | 34 | 34 | 33 | 33 | 33 | 36 |

备注：*含高层管理6名

审查部门人数占比最大，人数逐年较快增加。其职责是[1]：

（1）临床试验和其他问题的咨询；

（2）药品、医疗器械、细胞和组织产品的定期审查；

（3）再审查和再评价工作；

（4）与GLP/GCP/GPSP相关的定期提交文件及合规评估；

（5）生产过程和设备的GMP/QMS/GCTP检查；

（6）登记认证机构的检查；

（7）日本药典等标准的完善。

除了监管科学（regulatory science）推进部以外，审查部门的所有下属部门都由审查中心主任负责管理，下面分设5名部门负责人分别负责审查管理部和标准部、国际部、新药审查部、再生医疗产品和疫苗部，最后一个分部门管辖的业务比较多，具体为OTC药品审查部、仿制药审查部、医疗器械审查Ⅰ部至Ⅲ部、体外诊断药品审查部、信赖性保证部。此外，审查部门在微生物、基因等高端技术领域聘用非编制内外部高级专家，至2015年3月31日专家的人数已经达到1 304名。

---

[1]　PMDA.Services of PMDA. [EB/OL]. [2016-08-16]. http://www.pmda.go.jp/english/about-pmda/outline/0006.html.

# 5 MF 的管理方式

## 5.1 MF过渡期管理

2005年4月1日以前，日本对药用原辅料采用许可管理，药用原辅料可以获得单独的"产品许可（product license）"；2005 年4月1日后，日本新修订的《药事法》实施，取消"产品许可"对药品的管理代之以"上市许可（marketing approvals）"，而原料药辅料则相应采用MF登记制度管理。日本当局设立了5年的期限完成药用原辅料两种管理制度的转变，具体措施如下：2005年4月1日起，药用原辅料等进行MF登记需要提交正式的"MF登记申请"；2005年3月31日前批准的药品及医疗器械所使用的药用原辅料等可以进行"临时MF登记"；所有"临时MF登记"必须于2010年3月31日前通过提交"MF变更申请"改为"正式MF登记"，否则MF登记号失效。对2005年3月31日前已获得批准的药品及医疗器械所使用的药用原辅料等采用"临时MF登记"，可使这些产品提交相对简单的文件尽快完成MF登记，如此可以保证在短时间内尽可能多的药用原辅料等获得"临时MF登记证书"，结束原许可管理而进入MF登记管理的过渡阶段。2010年3月31日是"临时MF登记"变更为"正式MF登记"的最后期限，但PMDA鼓励临时MF登记人在最后期限前尽早提交变更申请（例如，当引用MF的制剂提出新的上市许可申请或提交"部分变更申请"时），一方面可以避免最后期限前的集中提交，另一方面"MF变更申请"只有在所有使用该原辅料的已批准药品全部提交"部分变更申请"之后才会进行审阅，提前更新可以保证尽早拿到新的MF 登记证书。MF过渡期管理时间表请参见表3-3。

表3-3　MF过渡期管理时间表

| 时间 | 主要事件 |
| --- | --- |
| 2005年4月1日 | 药用原辅料等进行MF登记需要提交正式的"MF登记申请" |
| 2005年3月31日 | 在此之前已获得批准的药品及医疗器械所使用的药用原辅料等采用"临时MF登记" |
| 2010年3月31日 | "临时MF登记"变更为"正式MF登记"的最后期限 |

## 5.2 MF登记的性质

药用原辅料等生产商向PMDA进行MF登记是一种自愿行为。对于在MF适用范围内的药用原辅料，政府建议其生产商进行MF登记，但不强制。一方面，PMDA对所提交的MF登记申请只进行形式审查，符合要求即可发放MF登记证书，而科学审评必须等到审查引用该MF的药品申请上市许可时，审评人员才会根据上市许可申请人所提交的MF登记证书复印件及与MF登记人之间的协议调阅有关MF；另一方面，如果药品上市许可申请中可以提供规定的药用原辅料等生产及质量控制的详细信息，药用原辅料等也可以不进行MF登记。如果不登记MF，原料药等企业需要向生产、销售许可申请者（制剂企业）提供有关生产方法等的详细信息，以便制剂企业编写到上市许可申请资料里。因此从这个意义上说，MF登记可以看作是药品上市许可申请的一部分，MF登记制度是一种药用原辅料生产及质量控制信息的备案制度[1]。

## 5.3 MF持有人与国内代理人职责

当国外原料药等企业想要提交MF时，必须要指定日本国内代理人，代理人应该负责MF注册相关工作。对于国内代理人，只要求其在日本有住址，其他没有特别要求（《药事法》第72条）。同时，国内代理人在MF登记过程中充当着多重重要角色[2]。

首先，MF登记申请表、通知和其他相关文件必须用日文书写（条例第283条）。因此，原料药等国内代理人在相关行政程序中起着重要的作用。

其次，在制剂的审查审批过程中，PMDA可能会询问MF注册事项。如果MF注册者是国外生产商，PMDA会通过它的国内代理人进行询问，而不是直接联系生产商。因此，国内代理人担当着联络人、相关行政工作者、注册后管理者的角色。

---

[1]　郝晓芳，张象麟. 日本药用原辅料MF登记制度对我国的启示［J］. 中国药房，2011，33；3092-3094.

[2]　PMDA. Guideline on Utilization of Master File for Drug Substances, etc. [EB/OL]. (2005-02)[2016-08-16]. http://www.pmda.go.jp/files/000153843.pdf.

最后，为了确保这些工作的顺利进行，国内代理人应该与MF持有人进行充分沟通，以便事先在重要条款上达成一致。

原料药等企业可以更换国内代理人。当国内代理人发生变更，需要向PMDA提交轻微变更通知书。

日本没有国内代理人的官方标准要求[1]。目前，代理人一般由负责将原料药销售到制剂企业的日本进口商来担任，或者委托可信赖的第三方技术咨询公司负责药事注册[2]。代理人需掌握药事法规、GMP管理、生产技术等方面知识，并且与本国企业充分沟通，否则MF注册容易出现问题。常见问题如下：MF注册内容和现场检查时发现的实际工艺情况不符，即MF不能反映真实的生产情况；发生变更时处理不当；生产工艺和质量标准的描述不符合ICH要求或日本相关标准；原料药等企业和制剂企业间的协议未落实等。问题严重时，可能导致药品上市许可批准的延迟，甚至导致已上市制剂被召回等。解决以上问题需要原料药企业、代理人、日本制剂企业三方共同协作、良好沟通。

在日本注册MF时，国外原料药等企业要注意以下内容：

（1）如果涉及技术机密，需慎重注册，谨防泄密；

（2）选择专业能力强和尽责的代理人，如在中国境内有协作公司会更有利于沟通。尽可能地从代理人处了解清楚MF的编制方法，正式提交MF之前要对其内容详细确认，并且充分了解日本的药事法规；

（3）为确保药品的质量，原料药企业和制剂企业之间需要签订协议。协议里需要对下列内容进行规定：信息公开部分的详细内容；进入审查阶段后如何回答PMDA的询问事项（询问事项的回答一般由在日管理人来协助进行）；取得许可后注册内容发生变更时，根据对质量的影响程度如何评价其属于轻微变更或部分变更；原料药企业和制剂企业之间的日常联系和信息交换的机制；出现问题时的对策等；

（4）关于变更，一定要积极慎重地和代理人、日本制剂企业取得确认后再实施。

---

[1]  PMDA.Q&A on the Master File (MF) System Part II.[EB/OL]. (2005-02)[2016-08-16]. http://www.pmda.go.jp/files/000153916.pdf#page=2.

[2]  印佳慧. 日本原料药等 MF 注册制度解析［J］. 医药地理 .2016-05-03. http://mp.weixin. qq.com/s?__biz=MjM5ODIxMjA1Mg==&mid=2654941617&idx=1&sn=49c8991fc440053765a1ac acaf8e30d&scene=0#wechat_redirect.

# 6 MF 实施程序[1]

## 6.1 MF登记申请

### 6.1.1 MF登记内容

《药事法》第14条第11款规定：原料药生产者（包括国外生产者）可将厚生劳动省令规定的以下事项登记到MF中：

（1）原料药名称；

（2）生产厂商的名称和其他信息；

（3）中间体信息和原料药的质量或性质；

（4）生产方法、工艺控制和质量控制；

（5）质量标准和检测方法；

（6）稳定性测试、贮存方法和有效期；

（7）非临床研究（主要针对新辅料）；

（8）安全性信息；

（9）生产销售许可分类或国外生产企业认定分类；

（10）生产销售许可编号或国外生产企业认定的编号以及日期；

（11）国外生产厂商在日本国内代理人的名称和地址、生产厂商代码及生产厂址代码。

登记项目中有关内容的公开部分及保密部分见表3-4。

表3-4　MF登记内容的公开部分和保密部分

| 类别 | 内容 | 公开/保密 |
|---|---|---|
| 基本信息 | 药品名称（通用名、化学名、研发代码） | 公开 |
| | 结构（分子式及结构、分子量） | 公开 |
| | 通用属性(属性和物理化学性质，如溶解度) | 公开 |
| 生产信息 | 生产商 | 公开 |
| | 生产过程 | 公开或者保密 |

---

[1] PMDA.Master File System for Drug Substances, etc. [EB/OL]. (2015-10)[2016-08-16] http://www.pmda.go.jp/files/000153373.pdf.

续表

| 类别 | 内容 | 公开/保密 |
|---|---|---|
| 生产信息 | 过程控制(详细生产流程，过程控制等) | 保密 |
| | 物料控制 | 保密 |
| | 关键步骤和中间体的控制 | 保密 |
| | 工艺验证和评价 | 保密 |
| | 生产工艺的开发 | 保密 |
| 特性鉴定 | 结构和理化特征(确定结构元素分析、核磁共振等)的说明 | 公开 |
| | 杂质（有关物质、分解途径、残留溶剂等）的说明 | 公开 |
| 原料药的质量控制 | 药品规格 | 公开 |
| | 分析方法 | 公开 |
| | 分析方法的验证 | 公开 |
| | 批检验报告 | 公开或者保密 |
| | 制定依据 | 公开或者保密 |
| | 标准品或标准物质 | 公开 |
| 密封容器系统稳定性 | 稳定性的总结、上市后稳定性承诺和稳定性方案、稳定性数据 | 公开 |
| 辅料的控制 | 质量标准 | 公开 |
| | 分析方法 | 公开 |
| | 分析方法的验证 | 公开 |
| | 质量标准制定依据 | 公开或者保密 |
| | 源于动物和人体的辅料 | 公开或者保密 |
| 其他 | 新辅料、属性（properties）等、生产方法和控制过程等 | 公开或者保密 |

　　根据《药事法实施规则》第45条，药品上市许可申请人或持有人在根据《药事法》第14条第1款进行药品上市许可申请或根据第14条第9款进行上市许可变更申请（轻微变更除外）时，如果该药品的原辅料等已经进行MF登记，那么登记资料可代替部分上市许可资料，以下数据可以不用重复提交（《规则》第40条）：

　　（1）涉及制剂生产方法、规格和测试方法的数据；

（2）涉及制剂稳定性的数据；

（3）涉及制剂药理作用的数据；

（4）涉及体外诊断试剂的生产方法的数据；

（5）涉及医疗器械生产方法的数据。

## 6.1.2　MF申请费用与申请的递交

MF登记是免费的。当登记MF时，登记申请表和附件需要交给PMDA审查部门-审查行政办公室（Administration Division Ⅰ）的MF管理小组（Master File Management Group）。当国外生产商登记MF时，封面上地址和姓名处用本国语种填写，代理人用手写签名代替盖章。国外生产厂商在递交的申请表中一定要有厂商代表的手写签字，不接受只有日本国内代理人签字或盖章的申请表。另外，"变更申请"和"轻微变更通知"也不接受只有国内代理人的签字和盖章。

对于新登记MF，MF申请人需准备两份（不接收复印件）42号表格形式的MF登记申请表原件、软盘（以下称为FD）并附上6.1.1中所述项目核实后的文件，递交给PMDA首席执行官。

另外，当递交申请表时应当注意以下内容：

（1）原料药等的名称，注明通用名和商品名；

（2）披露给制剂申请人或者上市许可持有人的信息也需要在申请表中体现；

（3）依照之前的药事法批准的制剂数据可以在MF登记申请中继续使用。然而，关于未获得上市许可的部分，制剂申请人需向PMDA递交相关信息或者文件；

（4）申请人需要准备登记申请表的软盘。请根据《运用软盘递交申请的指南》准备相关说明（2005年3月31日PFSB第0331023号通知）；

（5）对于原料药生产方法的概要，请遵循2005年修订的《药事法》中"上市批准申请表格描述指南"的格式要求（2005年2月10日PFSB第0210001号文件）；

（6）如果生产许可或原料药场地认证还在进行中，MF登记（登记号的公布）直到获得许可或认证后才能进行。

### 6.1.3 MF申请的退回

如果申请人未按照登记申请的要求提交该原料药等的生产方法、性状、质量和存储方法等有关资料，或未符合其他厚生劳动省令的规定时，厚生劳动大臣将退回该申请（《药事法》第14条第12款第1项）。

同时，厚生劳动大臣根据上款规定退回申请时，应及时通知申请人并说明理由（《药事法》第14条第12款第2项）。

## 6.2 MF登记证书的公布

通过登记后，一份MF登记证书和一式两份的登记申请表（已填写的申请表一份由PMDA备案，另一份由MF登记者保存）将下发给MF登记者。这个登记证明不包括任何保密信息。在之后的几天，MF登记号、登记日期、登记项目变更日期、登记者的名称和地址，以及登记证明将在PMDA网站上公布（《药事法》第14条第11款）。

平成29年2月15日時点

| MF登録番号 | 初回登録年月日 | 最新登録年月日 | 登録区分 | 登録品目名 | 登録者名 | 登録者住所 |
|---|---|---|---|---|---|---|
| 229MF40006 | 平成29年2月15日 | 平成29年2月15日 | その他 | 培地／培地添加物·Defined Keratinocyte Serum Free Medium 10785 | Life Technologies Corporation | 3175 Staley Road Grand Island, New York 14072−0068 |
| 229MF40005 | 平成29年2月8日 | 平成29年2月8日 | その他 | 培地／培地添加物·A−83−01, MF | 株式会社ワコーケミカル | 宮崎県宮崎市清武町木原3558番地 |
| 229MF40004 | 平成29年1月30日 | 平成29年1月30日 | その他 | 培地／培地添加物·Trypsin−EDTA, liquid A31476 | Life Technologies Corporation | 3175 Staley Road Grand Island, New York 14072−0068 |
| 229MF40003 | 平成29年1月13日 | 平成29年1月13日 | その他 | 培地／培地添加物·Lonza Walkersville ProCHO−5 | Lonza Walkersville, Inc. | 8830 Biggs Ford Road, Walkersville, Maryland, United States of America |
| 229MF40002 | 平成29年1月10日 | 平成29年1月10日 | その他 | 培地／培地添加物·VP−SFM AGT Medium 12559 | Life Technologies Corporation | 3175 Staley Road Grand Island, New York 14072−0068 |
| 229MF40001 | 平成29年1月10日 | 平成29年1月10日 | その他 | 培地／培地添加物·SH3A2439 CM1035 with 4g/L Glucose with Poloxamer 188 without L−Gln and NaHCO3 CUSTOM MADE FOR CELLTRION | HyClone Laboratories, Inc. | 925 West 1800 South Logan Utah 84321 USA |
| 228MF40028 | 平成28年10月31日 | 平成28年10月31日 | その他 | 培地／培地添加物·MACS GMP Recombinant Human SCF 10μg | Miltenyi Biotec GmbH | Friedrich−Ebert−Straβe 68 51429 Bergisch Gladbach, Germany |
| 228MF40027 | 平成28年10月31日 | 平成28年10月31日 | その他 | 培地／培地添加物·MACS GMP Recombinant Human IL−7 25μg | Miltenyi Biotec GmbH | Friedrich−Ebert−Straβe 68 51429 Bergisch Gladbach, Germany |
| 228MF40026 | 平成28年10月17日 | 平成28年10月17日 | その他 | 培地／培地添加物·C8862 : EX−CELL CHO DHFR − Medium | SAFC Sigma-Aldrich Corporation. | 3050 Spruce Street Saint Louis, MO 63103 USA |
| 228MF40025 | 平成28年10月12日 | 平成28年10月12日 | その他 | メディゼラチン | 株式会社ニッピ | 東京都足立区千住緑町1−1−1 |

图 3-2　PMDA 网站公布的 MF 登记信息

对制剂申请者公开的MF登记信息在PMDA官网有详细说明如图3-2。要注意的是，MF登记时公开的信息需要列在MF登记申请表中，同时，引用MF登记信息的制剂申请者需要将公开信息填写在上市许可申请中。

## 6.3 MF证书的发放、变更及补发

当MF登记申请人成功登记MF后，PMDA将向登记申请人发放MF证书

（《药事法施行规则》第73条）。如果MF登记项目发生变更（具体变更内容见5.5），申请人需向PMDA申请MF证书的变更并取得变更后的证书（《药事法施行规则》第74条）。如果MF证书发生撕裂、污染或丢失，MF持有人可申请补发（《药事法施行规则》第75条）。

## 6.4 MF登记项目变更及对制剂的影响

制剂在获得上市许可批准前将进行上市许可检查。根据检查结果，如果MF登记项目有变更，MF登记者需要递交MF变更申请或轻微变更通知。同时，MF登记者需要与使用该MF的药品上市许可持有人提前讨论变更类型。在MF登记项目发生变更的情况下，PMDA根据变更情况向相关药品上市许可持有人发放变更后的登记证书。但是，只在已经提交的MF申请附件中的变更申请不能存档。

### 6.4.1 MF部分变更

（1）MF的变更申请

如果MF有部分事项发生变更（轻微变更范围除外），根据其变更内容，申请在原料药等备案信息库中登记（《药事法》第14条第13款）。

a. 递交的文件（《药事法施行规则》第79条）

当MF持有人递交MF登记变更申请时，需要递交原始MF登记申请表，并根据本规则第46条格式将登记项目变更申请表、软盘、新旧项目对比表、原始登记证明、登记项目变更中相关的数据和MF登记证明回执各准备两份上交至PMDA。

在修改MF登记内容时，MF登记者需要在备注部分标明所有引用MF制剂的商品名、批准文号、生产商的名称和地址（如果生产许可持有人是子公司，则需填写主公司名称和地址），同时对每一项目标明是部分变更还是轻微变更。

b. 提前通知药品上市许可申请人

当MF登记项目发生变更时，MF登记者需要提前通知那些引用MF的药品上市许可申请人或上市许可持有人。制剂的上市许可持有人根据变更内容递交部分变更申请或轻微变更通知。

（2）MF登记项目部分变更对相关制剂的影响

当MF变更改变药物性质时，MF持有人须重新进行MF登记。此时，使用相关MF的制剂上市许可申请人需要递交制剂部分变更申请，从而这些新登记的MF才能在制剂中重新被引用。然而，如果MF发生重大变更并且变更程度大到与之前的项目已经不同，那么制剂的上市许可持有人需要递交新的上市许可申请，而不是部分变更申请。所以，对于重大变更，有必要提前咨询PMDA。

当对MF提出部分变更申请时，若其他未变更项目仍被已批准制剂引用，此时就需要区分。例如，当增加一个生产工艺，就要求MF登记者对增加的生产工艺和另外的生产工艺用编号区分，以便识别制剂现在所用的生产工艺。这种情况下，对于在MF中新增加项目涉及的制剂，上市许可申请人应进行部分变更申请；对MF其他项目涉及的制剂，上市许可申请人进行轻微变更通知。

同时，只有等所有发生变更的MF涉及的相关制剂均递交了部分变更申请，PMDA才会对MF登记项目的变更进行审批。当所有引用该MF的制剂的部分变更申请都得到批准之后，更新登记日期的变更登记证明由PMDA下发至各制剂的上市许可持有人。但是如果制剂企业认为不能允许变更，就会拒绝接受原料药等企业的变更要求，或者终止协议，或者寻找其他原料药货源。原料药企业也面临或是撤回变更，或者终止协议的局面[1]。

## 6.4.2  MF轻微变更

（1）MF的轻微变更通知

MF登记项目如有轻微变更，也应向厚生劳动大臣申请备案（《药事法》第13条）。并且MF登记者需要依照《药事法施行规则》第81条的格式递交轻微变更通知。

① 轻微变更通知的范围：根据《药事法施行规则》第80条，如果MF登记项目有轻微变更，下述范围之外的变更均属于轻微变更范围：

a. 对API等的质量、特性、有效性以及安全性造成影响的生产方法等的

---

[1] 印佳慧. 日本原料药等 MF 登记制度解析［J］. 医药地理.2016-05-03. http://mp.weixin.qq.com/s?__biz=MjM5ODIxMjA1Mg==&mid=2654941617&idx=1&sn=49c8991fc440053765a1cacacaf8e30d&scene=0#wechat_redirect.

变更;

b. 质量标准中所列项目的删除和试验方法的删除或质量标准的变更;

c. 致病因子灭活或去除方法上的改变;

d. 除上述三种, 其他可能对制剂质量、有效性、安全性造成影响的变更。

② 其他

根据《药事法》中药品上市许可登记申请表中摘要的指引, 登记者应当自行判断登记项目的变更是否影响产品质量等 (2005年2月10日PFSB第0210001号通知)。对于登记项目轻微变更, MF登记者需要在30天内向PMDA递交一份轻微变更通知原件、新老项目对比列表以及表明变更内容已得到充分验证的声明 (《药事法施行规则》第81条)。

如果生产厂商为国外厂商, 该生产厂商可根据需要更换国内代理人, 对于国内代理人的变更也属于轻微变更范围。

当MF发生轻微变更时, MF持有人必须与MAA/MAH讨论或通知其相关登记信息(包括MF登记申请表)的变化。

(2) MF登记项目轻微变更对相关制剂的影响

一般来说, MF登记项目发生轻微变更时, 相关制剂的上市许可持有人不需要提出部分变更申请。

药品上市许可持有人根据与MF登记者之间的协议, 从MF登记者那获得关于轻微变更的相关信息 (表3-5)。

表3-5　MF登记项目变更类型及对制剂的影响

| MF变更类型 | MF持有人责任 | 对相关制剂的影响 | 审查/备案 |
|---|---|---|---|
| 重大变更 | 提交新的MF申请 | (1) MF变更改变制剂部分属性, 制剂持有人应提交部分变更申请;(2) MF变更和之前的项目不同, 相关制剂持有人应提交新的上市许可申请 | PMDA进行适合性审查, 需备案 |
| 部分变更 | 提交部分变更申请 | MF发生部分变更时, 其变更项目涉及的制剂持有人应提交部分变更申请; 未变更项目涉及的制剂持有人应提交轻微变更通知 | PMDA进行适合性审查, 需备案 |

续表

| MF变更类型 | MF持有人责任 | 对相关制剂的影响 | 审查/备案 |
|---|---|---|---|
| 轻微变更 | 提前30天提交轻微变更通知 | 一般对涉及制剂无影响 | 一般对适合性不予审查，需备案 |

### 6.4.3 不确定变更类型

如果MF持有人或上市许可持有人不能确定MF变更类型时，可向PMDA咨询。PMDA分别为新药和仿制药提供MF登记咨询，申请人可分别提交"新药书面申请"和"仿制药书面申请"。

咨询举例如下：

（1）在上市许可申请或MF登记申请中该变更是否属于部分变更

①变更评价方案的有效性；

②根据方案中检测方法的结果，适当判断质量有没有明显影响；

③当改变部分生产方法时，还需要进一步咨询其他项目以确定变更类型（other items that require consultation）。

（2）MF登记项目的显著变化属于部分变更申请或新申请

## 6.5 MF的转让

当需要将MF登记文件转让给第三方时，需要进行《药事法施行规则》第83条详细说明的流程。每当涉及MF持有权的继承、合并或拆分时，当有两个或两个以上的继承人时，必须在其中选出一个继承人，在公司合并之后或者通过合并而建立的公司或者公司继承相关登记文件之后，其相应地继承MF持有人身份，即登记证书的受让人将继承MF持有人的身份。正式成为MF持有人的继承人应该在继承之后立即向PMDA呈递一份按照第48条格式的通知，并且该通知必须附有一份文件用以证明继承人继承了DMF持有人身份。

在转让过程中，需要递交转让者与受让人合同的复印件，在其中详细列明登记项目的试验数据和所有登记相关文件。同时要求声明生产场地和生产技术等没有发生改变。

原MF持有人需要向PMDA提交的文件（见《日本MF指南》）：

（1）MF登记申请表（登记申请见《药事法施行规则》第72条）；

（2）MF变更申请（登记事项中变更申请见《药事法施行规则》第79条）；

（3）MF轻微变更通知书（登记事项中的轻微变更通知见《药事法施行规则》第81条）。

## 6.6 MF的撤销

### 6.6.1 MF的撤销条件

完成MF登记的企业，在符合下列规定的任何一项时，厚生劳动大臣将撤销该企业的相关登记（《药事法》第15条第1款）：

①采取不正当手段完成MF登记；

②符合厚生劳动省关于退回MF登记申请的条件；

③有违反本法、其他药事相关法令或基于该法令的处罚命令的行为时。

### 6.6.2 MF撤销需上交的材料

如果MF持有人所持有的MF证书已被撤销或者不能继续进行MF相关活动，那么MF持有人需立即将MF登记证书原件上交至PMDA（《药事法施行规则》第82条第1款）。

PMDA在受理MF的撤销登记后，应根据厚生劳动省令的规定，就其内容向厚生劳动大臣通报（《药事法》第16条第4款）。

MF登记撤销后，原MF持有人需提交的材料如下[1]：

①关于撤销MF相关登记的通知原件；

②声明没有制剂正在使用撤销登记号的MF；

③原始MF登记证书。

### 6.6.3 MF撤销的公示

MF撤销登记，应将其内容通知被撤销企业并予以公示（《药事法》第15

---

[1] PMFA.Master File System | Pharmaceuticals and Medical Devices Agency.[2016-08-16] http://117.190.191.154/cache/www.pmda.go.jp/files/000207774.pdf?ich_args=05019 2ad07a07e85ff139dfbb2d23859_1_0_0_1_10086a3d7ba4c828182abbbeb72f58e2661b7358 3c19e82a1da8dae700b51d8f_c0a29bce06b4d732c5dcd137ef4b35c9_1_0&ich_ip=191-134.

条第2款）。

## 6.7 其他

PMDA在MF申请人按照法律条款进行登记或退回申请、受理同款备案申请或撤销登记时，应根据厚生劳动省令的规定，就其内容向厚生劳动大臣通报。

MF申请人对PMDA进行的与法律规定有关申请的登记行为或其不作为、退回申请或撤销登记有异议，可向厚生劳动省大臣根据《行政不服审查法》请求予以审查（《药事法》第16条第4、5款）。

## 7 药品生产销售企业需要获得的相关许可及认定

日本在2005年《药事法》中将生产销售许可和上市许可的申请相互独立，产品的上市许可申请由MAH提出。与欧美不同的是，日本直接提出了"MAH执照"这一制度，即拿到了某一类的"MAH执照"后，才可以提出具体产品的上市许可申请。所以，日本的MAH是某一类医药产品销售许可证的持有者，得到生产销售许可证后，可以申请销售此类药品或其他产品，拿到药品的生产销售许可证后，即可生产并且上市销售。此外，如果在日本境内开办药品、类药品、化妆品或医疗器械生产企业，也必须根据生产类别获得生产销售许可证[1]。

生产销售许可证（MAH许可证）和生产许可证的获得是日本医药企业进行上市许可申请的前提，但这两者不一定由同一家企业或机构获得，他们之间可以建立合同关系。

## 7.1 生产销售许可

根据《药事法》第12条内容，对生产销售许可的分类如表3-6所示。

---

[1]　邵蓉，陈永法．日本药品上市许可人制度介绍 [N]．中国医药报，2010-09-16B08．

表3-6　生产销售许可分类

| 医药品、医药外部品、化妆品或医疗器械的种类 | 许可的种类 |
| --- | --- |
| （1）第49条第1款规定的厚生劳动省大臣指定医药品 | （1）第一种医药品（处方药）生产销售许可 |
| （2）上款规定医药品以外的医药品 | （2）第二种医药品（非处方药）生产销售许可 |
| （3）类药品（quasi-drugs） | （3）类药品生产销售许可 |
| （4）化妆品 | （4）化妆品生产销售许可 |
| （5）严格控制类管理医疗器械 | （5）第一种医疗器械生产销售许可 |
| （6）控制类医疗器械 | （6）第二种医疗器械生产销售许可 |
| （7）一般医疗器械 | （7）第三种医疗器械生产销售许可 |

（1）由厚生劳动省大臣签发许可

无厚生省劳动大臣签发相应生产销售许可，不得从事医药品、类药品、化妆品或医疗器械的生产销售。

（2）申请内容审查

a.质量控制是否符合规定；

b.上市后安全性监测方法是否符合规定，包括质量、疗效和安全性，合理使用数据搜集分析方法；

c.申请人条件：三年内有违反本法行为的、被吊销许可的、身体或精神疾病的不能从事相关工作的。

（3）许可有效期

持有人在生产销售许可超过三年且小于政令规定期限内申请更新，过期失效。

（4）生产销售许可的撤销

厚生劳动大臣针对医药品、类药品、化妆品或医疗器械的生产销售企业、生产企业或医疗器械的修理企业；都道府县知事针对专业药房经营者、医药品的销售企业、严格控制类管理医疗器械销售企业及租赁企业，在其有违反本法、其他药事法令或给予该法令的处罚命令的行为时；或其申请人不符合药事法规定的条件时，可撤销其生产销售许可，或下令停止其全部或部分工作。

## 7.2 生产许可

根据《药事法》第13条第1款，未取得医药品、类药品、化妆品或医疗器械的生产许可者，不能从事医药品、类药品、化妆品或医疗器械的生产。

（1）由厚生劳动省大臣签发许可

根据《药事法》第13条内容，无厚生省劳动大臣签发许可，不得从事医药品、类药品、化妆品或医疗器械的生产。

（2）许可条件

①厂房设施符合规定；

②人员符合规定；

③经过书面或现场检查符合GMP（PMDA）。

（3）许可有效期

持有人在生产许可超过三年且小于政令规定期限内申请更新，过期失效。

（4）PMDA检查（GMP检查）

①厚生劳动大臣授权PMDA进行检查；

②检查后通知厚生劳动大臣检查结果；

③厚生劳动省对检查方法进行评价。

（5）厂房设施要求

（6）质量保证要求

## 7.3 国外生产企业认定

根据《药事法》第13条第3款，在国外生产向日本出口的医药品、类药品、化妆品或医疗器械的企业（以下简称为"国外生产企业"），可申请厚生劳动大臣的认定。

①由厚生劳动省大臣签发认定证书：无厚生劳动大臣的认定，不得将国外生产的药品进口日本市场；

②认定条件与本国生产许可相同；

③认定有效期为五年，五年之后需要重新认定；

④国外生产企业认定的撤销。

　　药品生产销售企业相关许可及认定对比见表3-7。

　　根据《药事法》第75条第2款，获得国外生产企业认定的企业符合下列规定中的任何一项时，厚生劳动大臣可撤销其已获得的全部或部分许可：

　　a. 厚生劳动大臣，在其认为必要的情况下，根据厚生劳动省令的规定，要求国外许可企业提供必要的报告，该报告未提交或被虚假提交时；

　　b. 厚生劳动大臣在其认为有必要时，令其工作人员进入到国外许可企业的工厂、事务所或其他专业管理医药品、类药品、化妆品、医疗器械的场所，检查其设施设备、台账资料等物品、向其工作人员或其他相关人员提出质询，在其拒绝、妨碍或逃避检查，或在没有正当理由的情况下对质询不予答复或做虚假答复时；

　　c. 对法律规定的要求不予理睬时；

　　d. 企业违反《药事法》、其他药事相关法令或基于该法令的处罚命令的行为时。

表3-7　药品生产销售企业相关许可及认定对比

| 许可/认定类别 | 申请企业 | 许可/认定形式 | 有效期 |
|---|---|---|---|
| 生产销售许可 | 从事医药品、类药品、化妆品或医疗器械的生产销售的企业 | 生产销售许可证 | 三年 |
| 生产许可 | 从事医药品、类药品、化妆品或医疗器械的生产的企业 | 生产许可证 | 三年 |
| 国外生产企业认定 | 从事医药品、类药品、化妆品或医疗器械的生产销售的国外企业 | 国外生产企业认定证书 | 五年 |

## 7.4 许可登记的变更

　　生产销售企业名称、住址或业务范围发生变更时，应至少提前两周向厚生劳动大臣备案。

## 8 药品上市许可的批准

　　生产销售医药品、类药品、含有指定成分的化妆品或医疗器械的企业，其生产销售的产品须获得厚生劳动大臣的批准（《药事法》第十四条）。

## 8.1 药品不予批准的情形

（1）申请人未获得生产销售许可（仅限与申报的产品相一致的许可）；

（2）生产与申请许可类别不同的医药品等；

（3）针对申报的医药品、类药品、化妆品或医疗器械的名称、成分及含量、结构、用法、用量、使用方法、功能、效果、性能、副作用以及其他质量、疗效性及安全性的相关事项进行审查，其结果显示该产品符合下列任何一项时：

a. 申报的医药品等被认为不具备其申报的功能、效果或性能时；

b. 申报的医药品等，因与其功能、效果或性能相比具有显著的有害作用，而被认为不具备作为医药品等的使用价值时；

c. 除以上情形外，厚生劳动省令规定为不适宜作为医药品等的产品。

## 8.2 MHLW听取审议会意见的情形

MHLW在接到批准申请，且该申请符合下列规定的任何一项时，批准前应听取药事及食品卫生审议会(Pharmaceutical Affairs and Food Sanitation Council)的意见：

（1）申报的医药品、类药品或化妆品，与已获得上市许可的医药品、类药品或化妆品的有效成分、含量、用法、用量、功能、效果等有着显著不同时；

（2）申报的医疗器械与已获得上市许可的医疗器械的结构、使用方法、功能、效果、性能等有着显著不同时。

## 8.3 MHLW对制剂企业进行书面及现场检查

上述审评通过的企业进入检查阶段，MHLW将对其进行书面和现场检查。

首先，在资料提交方面，申请批准的企业需递交的资料如下：

（1）申请表；

（2）临床试验结果的有关资料及其他资料。

如果原料药等已进行MF登记，可凭借该原料药等在备案信息库中收录的证明文件代替部分上述规定需递交的资料。

其次，在8.1中第（3）项下规定的情形，需根据该产品有关的申报内容及相关资料，针对该产品的质量、功效性及安全性进行检查（包括已经获得上市许可的产品其成分、含量、结构、用法、用量、使用方法、功能、效果、性能等的一致性检查）。

再次，获得上市许可批准后需定期接受厚生劳动大臣的书面或现场检查（检查间隔应超过三年且小于政令规定期限）。

## 8.4 MF是否完成对药品上市许可申请的影响

（1）MF登记完成时制剂的上市许可申请

当MF登记完成，在提交药品上市许可申请时，应提交原料药的名称、MF登记号、最近登记证书的发行日期。如果在一个MF文件里面，有不止一个生产工艺，也可以详细说明被引用的那个工艺。在制剂申请上市许可时，MF登记证书的复印件与所使用MF的登记的合同复印件应当作为申请表文件的一部分提交。

（2）MF登记尚未完成时制剂的上市许可申请

即使MF登记尚未完成，但是MF登记申请已经提交，制剂的审批申请也可以提交，此时需使用申请MF登记时的系统受理号，并且在申请表上标明"MF登记正在进行中"。如果MF登记已完成（登记号已经发放），MF登记者应立即联系审查行政办公室，并且要求将MF的临时系统受理号替换为正式的MF登记号。只有MF获得正式登记号后，PMDA才对制剂进行上市许可审查。

## 8.5 引用MF的药品申请上市许可流程[1]

原料药等企业向PMDA提交MF登记资料，获得MF登记号。在提交之

---

[1] 印佳慧.日本原料药等 MF 注册制度解析［J］.医药地理.2016-05-03. http://mp.weixin.qq.com/s?__biz=MjM5ODIxMjA1Mg==&mid=2654941617&idx=1&sn=49c8991fc440053765a1cacacaf8e30d&scene=0#wechat_redirect.

前，国外原料药企业还应事先取得国外生产企业认定、认定编号，这是对生产硬件条件的确认，而MF相当于对软件条件的确认之一；原料药等企业和想引用该MF申请上市许可的日本制剂企业之间签订协议，原料药等企业向制剂企业提供MF中公开部分的信息；制剂企业引用MF登记号和公开部分信息向PMDA提交药品上市许可申请，并告知原料药等企业；PMDA审查药品上市许可申请，对原料药等企业和制剂企业分别就原料药和制剂进行申请事项协商，对原料药询问的结果也会通知制剂企业；原料药等企业和制剂企业分别回答PMDA的询问事项，原料药等企业也要向制剂企业报告询问事项回复的概要；PMDA对原料药等企业的GMP合规性检查。在检查过程中，PMDA检查官会核实MF登记内容和现场实际操作情况是否相符。

PMDA批准药品上市许可，通知制剂企业，制剂企业进而通知原料药等企业；需要注意的是，MF登记时PMDA不会对登记内容进行审评，只是检查登记资料是否齐全，格式是否正确，所以获得登记号并不等同于获得PMDA的许可。只有在引用该MF生产的制剂申请许可时PMDA才开始对MF登记内容进行审查，这是与制剂的用途和功效有关联的审查。

## 8.6 药品上市许可的变更、暂停及撤市

获得上市许可的企业，在对该产品已批准事项中的一部分进行变更时（轻微变更除外），应获得厚生劳动大臣批准。在发生轻微变更时，应就其内容向厚生劳动大臣备案。

日本《药事法》第74条规定，厚生劳动省发现根据本法第14条批准的药品、类药品没能遵守相关的规定，或者在没有合法理由的情况下，连续3年没有上市，可在听取药事及食品卫生审议会的意见后撤消该上市许可，若该上市许可是公众健康和公共卫生所必要的，可要求上市持有人变更该申请中的部分条款。对于上市后不符合规定的药品，厚生劳动省还可要求MAH暂停某特定时期内的全部或部分业务。

## 8.7 简化审评的情形

当PMDA收到某个引用MF的药品上市许可申请时，会决定该MF是否有必要审评。如果使用该MF的药品已获批准，那么引用该MF制成相同剂型、相同用途的其他药品提交上市许可申请时，可以简化有关MF方面的审评；如果制成不同剂型或者不同用途的药品，还要对 MF登记的原料药重新进行审评[1]。

此外，如果在药典中原料药等的测试方法等有详细描述（如日本药典、美国药典及欧洲药典）或者得到国际上普遍认可，那么这些信息便被认为是有效的，无须再次审评。然而，在审评过程中在任何被认为有必要的时候都可能会被要求递交原料药等的有效数据[2]。

# 9 PMDA 对获得上市许可前后的药品企业进行 GMP 检查 [3]

上市许可申请中涉及的生产企业均要获得PMDA颁发的药品生产许可证，并符合日本GMP的规定，MHLW 会对国外向日本供应药品的生产场地进行GMP检查（国外生产企业认定与国内生产企业申请生产许可的条件相同）。在日本，药品及医疗器械GMP检查是由PMDA进行指挥管理的，主要对药品和医疗器械生产场地的生产控制和质量控制方法进行合规性检查（MHLW关于药品和类药品生产控制和质量控制的标准规则，2004年第179条）。此外，仅生产原料药等的国外生产商也需要获得认定（国外生产企业认定），成为"通过认证的国外生产商"。若相关的生产企业未获得生产许可证，该上市许可申

[1] 鲁爽．中国与日本对原料药监管的比较［J］．中国临床药理学杂志，2010,04:315-317.

[2] [PMDA.Q&A on the Master File (MF) System Part I (Preview by MARS UNIVERSAL VIEWER).[2016-08-16] http://ss.pmda.go.jp/en_all/muv_ajax.x?u=http%3A%2F%2Fwww.pmda.go.jp%2Ffiles%2F000153131.pdf%23page%3D2&p=2&t=Q%26A+on+the+Master+File+(MF)+System+Part+I&q=MF&s=Fgm9ja5lfxFIMF7BoLTG6iUmqZNuBkys3NRnOl7tdNESUBPUMP1Od-2SPxc1wnSjSIZf5FhtuhkyDyV0alJhyO7EB0KxSmNdqeeBAy549b340YxdzvH2MahCR3h-VLpY0gGiFIJdyaDz6H7dbAAunYkCnhSXy6sCi_X3xtqfoeo.&lang=en.

[3] PMDA.GMP Compliance Inspection concerning Pharmaceuticals (including APIs) of Foreign Manufacturers. [EB/OL]. (2008-10)[2016-08-16]. http://www.pmda.go.jp/files/000152964.pdf.

请将不予批准。

## 9.1 GMP检查内容

（1）对申请新的上市许可或部分变更的药品进行检查。在部分变更申请中，如果部分变更内容是对行政内容的增加、改变或删除或对药品剂量的改变，又或者部分变更表明不会对生产控制或质量控制的方法造成影响，那么不必进行GMP检查。

（2）在药品获得上市许可后每五年进行一次GMP检查。除了对制剂、原料药以及中间体[1]的生产地点进行检查外，处方药、药品包装、药品标识（labeling）和储存设备及外部测试实验室等的检查也都在GMP检查范围内。对于非处方药，药品检查包括在GMP合规性检查范围内，但原料药等不在GMP检查范围内。然而，新获得上市许可的非处方药的原料药等包括在GMP检查范围内（表3-8）。

（3）由于仅生产原料药等的国外生产商也需要获得认定（国外生产企业认定），成为"通过认证的国外生产商"，因此药品上市许可持有人或国内代理人若要获得国外生产企业认定，应当向PMDA提交一份国外生产场地GMP合规性检查的申请，以及呈递"产品生产控制和质量控制合规性检查有关文档"以及"生产场地生产控制和质量控制合规性检查有关文档"。

表3-8　PMDA对获得上市许可前后的药品企业进行GMP检查内容

| 生产场地 | 检查与否 |
| --- | --- |
| 处方药的原料药、新获得上市许可的非处方药的原料药、药品、中间体生产场地 | 检查 |
| 药品包装、药品标识、储存设备、外部测试实验室 | 检查 |
| 包材、辅料生产场地 | 除非有特定原因，通常不检查这些场地 |

---

[1]　Guideline for Descriptions on Application Forms for Marketing Approval of Drugs etc. under the Revised Pharmaceutical Affairs Law http://www.pmda.go.jp/files/000153677.pdf#page=4. 中间体：在化学原料药合成的过程中，在进一步进行分子变化之前产生的一种物质。中间体可能不是单一的物质．

## 9.2 GMP检查流程

（1）生产地点在国外的上市许可申请人或者持有人应向PMDA递交一份GMP合规性检查申请，PMDA根据申请进行检查。

（2）原则上，GMP合规性检查应当由PMDA进行现场检查。然而，检查方也可通过相关文件进行(以下简称"书面检查")，即由PMDA根据产品风险、GMP标准和操作规范以及提交的检查文件来判断药品GMP合规性。

（3）PMDA应通过"GMP合规性检查结果通知"形式将检查结果报告给MHLW。 同时，PMDA应将GMP检查结果复印件发放给上市许可申请人以及被检查的国外生产厂商。仅进行书面检查的不用发放复印件。

## 9.3 申请GMP检查时应提交的文件

申请人在申请GMP检查时主要分为以下两种情形，即新的药品上市许可申请或部分变更而申请GMP检查，或者药品上市后每五年一次的GMP检查。两种情形需提交的文件不同。

（1）药品上市许可申请或者部分变更申请的GMP检查

a. 自申请GMP检查之日起两年内检查结果或检查报告的副本（包括由其他合法授权人执行的检查）；

b. 在国外生产场地的检查中有三种情况，如果药品监管部门（Medicines Regulatory Authorities，MRA）负责检查生产场地，上市许可申请人需要提供生产场地相应的合规证书或者该国依据MRA检查内容提供GMP检查报告；对于与日本签订国际GMP互认协议的生产场地，上市许可申请人需要向PMDA提交相应的合规证书或者该国依据互认协议检查的GMP检查报告，即无须重复进行现场检查；除上述两种情形外，在国外生产场地检查中，上市许可申请人必须提供WHO证书或者国家相关机构颁发的合规证书；

c. 上市许可申请复印件；

d. 检查人员所需的其他文件。

（2）药品上市后每五年一次的GMP检查

a. 自申请检查之日起两年内的合规性检查通知结果复印件或者GMP检查

报告；

b. 在国外生产场地的检查中有三种情况，如果药品监管部门（Medicines Regulatory Authorities，MRA）负责检查生产场地，上市许可申请人需要提供生产场地相应的合规证书或者该国依据MRA检查内容提供GMP检查报告；对于与日本签订国际GMP互认协议的生产场地，上市许可申请人需要向PMDA提交相应的合规证书或者该国依据互认协议检查的GMP检查报告，即无须重复进行现场检查；除上述两种情形外，在国外生产场地检查中，上市许可申请人必须提供WHO证书或者国家相关机构颁发的合规证书；

c. 上市许可证书复印件；

d. 过去五年内的部分变更申请复印件；

e. 过去五年内的轻微变更通知复印件；

f. 如果是两个或两个以上的产品同时申请，申请人应该根据场地、厂房、面积、设备等进行分类申请；

g. 明确在申请检查的产品中是否有过去五年内被召回的产品（如果有，需要综述召回内容）；

h. 声明；

i. 审计人员所需的其他文件。

## 9.4 GMP检查结果评价

新药上市许可申请时，审批当局应当对其进行GMP合规性检查。

（1）首先，用表3-9来评价每个药品的GMP检查结果：

表3-9　GMP评价等级标准

| 等级标准 | 评价 |
| --- | --- |
| A（合格） | 生产正常执行 |
| B（轻微缺陷） | 存在的缺陷几乎对药品质量没有影响，但有必要通过进一步整改以达到规定要求 |
| C（中等缺陷） | 生产过程明确违反管理办法的规定 |
| D（严重缺陷） | 生产过程明确违反管理办法的规定 |

（2）其次，以相关法规为依据，根据GMP合规性检查的结果对产品进行分类
（表3-10）：

表3-10　GMP检查结果分类

| 检查结果 | 情形 |
| --- | --- |
| 符合GMP标准 | 仅A情况 |
| 基本符合GMP标准 | 包括A或B或仅包括B情况 |
| 要求整改 | 一半以下条款出现C情况，但无D |
| 不合格 | 上述情形之外的情况 |

当产品的GMP检查"基本符合GMP标准"或者"要求整改"，那么一份被
评定为"B"的整改意见将以书面形式发出。在这种情况下，申请人必须提交
具体的整改计划，当整改完成后，必须提交整改报告。当改进结果已确认符合
要求，相应的评级项改为"合规"。以上GMP合规性评价结果和检查报告都将
在药品上市申请阶段作为评估依据考虑在内。无论最初的GMP评价结果为"基
本符合要求"或者"要求整改"，后续都将被记入GMP评价报告中。

# 10　制剂生产过程的变更 [1]

在对制剂等进行批准检查期间，部分变更申请及轻微变更中涉及的事项
均由申请人自己确定变更类别，并将类别输入上市许可申请表上的生产场地或
生产方法项中，PMDA在批准检查过程中应将变更内容考虑在内（表3-11）。

## 10.1　生产场地的变更

因为生产场地要求充分的变更控制，原则上生产场地的变更需纳入部分
变更范围，如果变更属于以下范围，并得到适当变更控制，则申请轻微变更通
知即可：

（1）如果在过去两年内GMP检查均合格的生产场地仅发生轻微变更，那

---

[1] PMDA. Guideline for Descriptions on Application Forms for Marketing Approval of Drugs etc. under the Revised Pharmaceutical Affairs Law.[2016-11-29] http://www.pmda.go.jp/files/000153677.pdf#page=1.

么其许可或认定类别不发生改变；

（2）测试相关的场地的变更；

（3）仅与包装、标签和存储有关的场地的变更。

国内外生产场地和国外紧急授权企业在发生上述情形的变更时，均应按轻微变更通知处理。

## 10.2 生产方法（Manufacturing Methods）的变更

生产方法中的任何变更都需要严格控制，因此均需列入部分变更或轻微变更。

### 10.2.1 生产方法的轻微变更申请

（1）除生产过程中部分变更之外的变更，应在不影响最终产品质量的情况下按轻微变更通知处理；

（2）经合理判断对产品质量没有影响的变更，例如与牛海绵状脑病（BSE）有关的原产国的变化、行政程序的变化以及减小规格/降低变更标准的接受程度，出现以上变更时提交轻微变更通知；

（3）对于源自人和动物的原料药，如果为了应对新的风险（如传染因素或其他行政变更）而改变原产地等提交轻微变更通知。

### 10.2.2 生产方法的部分变更申请

（1）原料药和中间体反应过程的变更；

（2）对最终中间体出现之后操作过程变更以及原料药变更（outline of in-process operations following the final intermediate, and changes in the raw materials used）；

（3）关键操作过程变更及原料药变更（in the case of a critical process, outline of in-process operations and changes in the raw materials used）；

（4）对关键中间体测试或释药试验的部分关键过程进行测试，与测试方法和验收标准相关的变更；

（5）从起始原料、关键中间体和原料药的控制标准（control criteria）和控制方法（control methods）之间需要特殊控制的事项的变更；

（6）最终过程和关键过程参数，以及从确保过程控制的测试方法和接受标准（例如，与生产无菌药品有关标准）的变更；

（7）需要特殊控制（special control）的场地的变更；

（8）当溶剂对药物影响较大时，在最终纯化过程中使用溶剂的控制标准变更；

（9）添加和祛除与病原体（pathogens），如细菌和病毒的灭活和祛除方法，以及灭活和祛除条件的变更；

（10）其他需要特别控制事项变更。

表3-11　生产过程的变更

| 变更内容　　变更类型 | 生产场地变更 | 生产方法变更 | 审查/备案 |
|---|---|---|---|
| 部分变更 | 原则上生产场地的变更需纳入部分变更范围 | （1）原料药和中间体反应过程的变更<br>（2）对最终中间体出现之后操作过程变更<br>（3）关键操作过程变更；对关键中间体测试或释药试验的部分关键过程进行测试，与测试方法和验收标准相关的变更<br>（4）从起始原料、关键中间体和原料药的控制标准和控制方法之间需要特殊控制的事项的变更<br>（5）最终过程和关键过程参数，以及从确保过程控制的测试方法和接受标准（例如，与生产无菌药品有关标准）的变更<br>（6）需要特殊控制的场地的变更；当溶剂对药物影响较大时，在最终纯化过程中使用溶剂的控制标准变更<br>（7）添加和祛除与病原体，如细菌和病毒的灭活和祛除方法，以及灭活和祛除条件的变更；其他需要特别控制事项变更 | PMDA进行适合性审查，需备案 |
| 轻微变更 | 与测试相关的场地的变更；仅与包装、标签和存储有关的场地的变更 | （1）经合理判断对产品质量没有影响的变更，例如与牛海绵状脑病（BSE）有关的原产国的变化、行政程序的变化以及减小规格/降低变更标准的接受程度，出现以上变更时提交轻微变更通知<br>（2）对于源自人和动物的原料药，如果为了应对新的风险（如传染因素或其他行政变更）而改变原产地等提交轻微变更通知 | 一般对适合性不予审查，需备案 |

## 10.3　变更申请的提交

在制剂接受批准前检查期间，申请人必须要提交制剂的部分变更申请和轻微变更通知，并且必须填写在上市许可申请的生产方法中，在检查期间将考虑上述变更。

（1）为了充分验证和有效控制，制剂生产方法等的变更，无论其对质量的影响程度如何，在变更之前均应先提前提交一个部分变更申请或轻微变更通知。遵循GMP，根据是否对质量造成明显影响来决定变更类型；

（2）对轻微变更通知的适用性应基于项目判断，与非处方药有关原料药生产场地和生产方法等变更通常被列入轻微变更通知范围；

（3）申请人应根据《上市许可申请表说明指南》描述自行判断该变更是否属于部分变更。以下情况下，申请人可以通过咨询监管机构来判断变更类型：

a. 在变更时实施的评估方案的有效性；

b. 根据评估方案，从测试结果判断变更对制剂的质量是否造成明显影响；

c. 其他需要咨询的事项应标注在生产方法中。

另外，轻微变更通知事项对药品质量的影响被判断为不同于先前预测，例如改变控制程序对质量造成的影响较大，轻微变更应暂停或重新审查；原来提交部分变更申请的应提交新的上市许可申请。基于此，申请人在确定变更类型前有必要咨询相关产品的监管机构。

d. 与部分变更要求相同，申请人在提交轻微变更通知时，应当附上新旧内容对比表以及相关数据，以说明变更内容。轻微变更通知仅限于要变更的事项，申请人应提交一份声明，说明已经对变更内容进行足够的验证和变更控制；

e. 如果在GMP检查中发现生产方法发生变更，只提交轻微变更通知，那么已上市产品很可能被暂停生产或召回；

f. 除生物制品等外，如需延长有效期，在批准后继续进行稳定性试验，则需在批准检查时根据评估方案中的稳定性试验结果提交轻微变更通知。

# 第四部分
## 欧盟药用原辅料包材管理制度

# 1 欧盟药用原辅料包材机构及其职能

## 1.1 欧洲药监局

欧洲药监局（European Medicines Agency，EMA），其前身为欧洲药品评价局（European Agency for the Evaluation of Medicines Products，EMEA）。其主要职能是：负责协调提交到欧盟委员会的药品科学评价意见，在欧盟内监督药品使用的安全性和有效性，协调、监督、检查GMP、GLP、GCP，并在欧盟内部促进科学技术的发展和交流等。

EMA的机构组成分为三级。一级组织为管理层：管理委员会、执行主任及欧洲药监局员工。二级组织为EMA下属机构：共7个科学委员会分别执行和开展相关的科学审评工作，而这7个科学委员会的具体工作又分别由28个工作组和8个科学咨询组支持完成。三级组织由各成员国监管当局和欧洲专家组成（图4-1）。

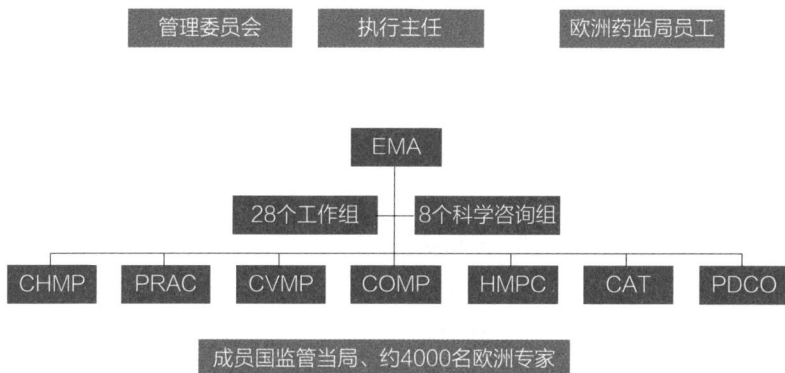

图4-1  欧洲药监局组织架构

注：人用药品委员会，CHMP；药物警戒审评委员会，PRAC；兽用药品委员会，CVMP；孤儿药委员会，COMP；传统草药委员会，HMPC；先进疗法委员会，CAT；儿科委员会，PDCO

## 1.2 欧洲药品质量管理局

欧洲药品质量管理局（European Directorate for the Quality of Medicines，EDQM）是为了适应欧盟市场发展及与国家交往的需要，于1996年建立，隶属于欧洲理事会。EDQM主要负责欧洲药典委员会的技术秘书处；欧洲药典的起草、出版发行；制备并提供欧洲药典化学及生物参照标准品并对其进行监控；欧洲药典专论的适用性认证（CEP认证）；官方药品质控实验室（Official Medicinal Control Laboratories，OMCL）的网络协调以促进成员国之间的合作及数据共享。其中，欧洲药典会是EDQM的主要职能部门之一，作为欧洲药典委员会的秘书处，负责同专家组一起编撰欧洲药典章节和各论；物质认证部承担EDQM认证秘书处（secretarial）的角色，负责CEP认证的程序，受理、评审和发放CEP证书（图4-2）。

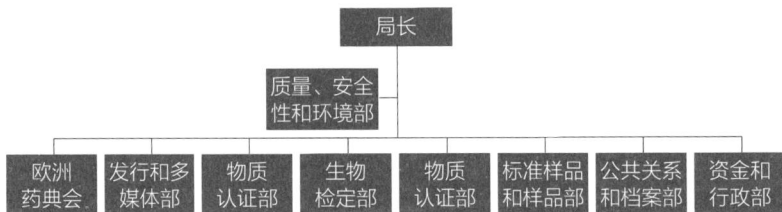

图 4-2 欧洲药品质量管理局组织架构

## 1.3 法律体系框架

欧盟的国家法制较为健全。条约是欧盟最高法律，已经具有类似宪法的性质，是欧洲一体化的法律基石，也是欧盟成立的法律基础。欧盟医药法律即依据欧共体法律条约中有关公告、成员国间法规相似性和公民健康保障制度等条款制定。条约的框架下包含一系列二级法，二级法包括约束性法律和软性法律（图4-3）。

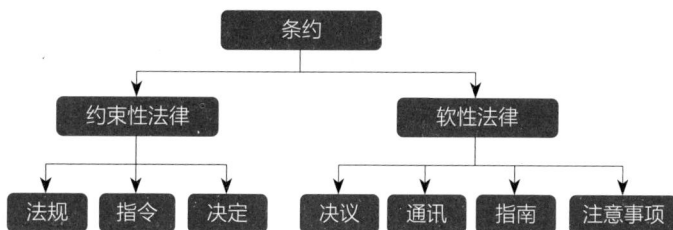

图 4-3 欧盟法律体系框架

欧盟药品监管的法律体系比较完善，由法规、指令和成员国国内法组成，欧盟药品监管的法律体系重要者诸如 Dir. 2001/83/EC、Reg. 726/2004 等。

Eudralex 是欧盟药品监管法规合集，共十卷，为：Ⅰ人用药品管理法规；Ⅱ人用药品申请人通报和监管准则；Ⅲ人用药品的科学指导方针；Ⅳ人用和兽用药品 GMP 指南；Ⅴ兽用药品管理法规；Ⅵ兽用药品之申请人通报和监管准则；Ⅶ兽用药品科学指南；Ⅷ最大残留限量；Ⅸ人用和兽用药品的药物警戒指南；Ⅹ临床试验指导原则。

## 2 欧盟对原料药的监管

欧盟对原料药的监管包括 CEP 认证和 ASMF 备案两种方式。根据欧洲理事会公众健康委员会决议 AP-CSP（07）1（2007年修订版）（简称"决议"）中规定，CEP 证书是指执行欧洲药典专论规范及附录要求，可控制用于药品的物质质量。而根据 ASMF 指南，ASMF 程序适用于除生物原料外的所有原料药。由此可知，就对原料药的监管而言，ASMF 备案比 CEP 认证具有更广的应用范围。另外，CEP 是由 EDQM 对申请人提交的申请文件进行审评后颁发的证书，证明欧洲药典专论及 CEP 证书上的附加条件可以完全控制该物质的质量，而 ASMF 则需要由 MAH 提出申请，MAH 和原料生产厂家共同提交材料，经 EMA 审核通过后，获得 ASMF 参考号。因此 CEP 和 ASMF 申请结果的形式有所不同。

### 2.1 原料药定义

Dir.2001/83/EC 第 3（3a）条款规定，原料药是指一切用于药品生产的物质或混合物，当其用于生产药品时，成为药品的活性成分，通过发挥药理、免疫或新陈代谢作用，或做出医疗诊断的方式，以恢复、矫正或缓解生理机能。根据《上市许可申请文件质量部分原料药》要求指南规定[1]，原料药可以分为：

（1）第一次应用于药品的新原料药；

（2）欧洲药典中未收载的已存在的原料药，或者未收载在成员国药典；

（3）在欧洲药典或成员国药典中收载的原料药。

## 2.2　原料药申报分类

在制剂申请上市许可时，可以通过CEP证书、ASMF认证程序或在上市许可申请中以CTD格式提交原料药的全部信息这3种方式提交原料药的相关资料。

### 2.2.1　通过CEP证书提交原料药资料

对于欧洲药典中收载的原料药，原料药生产企业应提交申请文件至EDQM认证秘书处，由EDQM认证秘书处指定审评员审评原料药实际生产工艺的适用性。申请人可以在上市申请文件中提交CEP证书的复印件，并且承诺在EDQM颁发CEP证书后或CEP最新修订后生产工艺未曾发生变更。对于CEP证书，申请人应该提供检验数据，从而证明原料药符合欧洲药典专论以及CEP文件中记载的附加检测/限度（比如：溶剂残留和附加杂质检测）。

对于无菌原料药，申请人应该确认在上市许可申请文件中提供了CEP证书中说明的灭菌过程和检测结果及有效性数据。CEP证书中可能没有列出所有的相关参数，在这种情况下申请人应该提供附加信息，比如支持复验期的稳定性数据（除非在CEP证书中没有提及复验期）。

### 2.2.2　通过ASMF备案制提交原料药资料

ASMF备案制适用于除生物原料药外所有类型的原料药。上市许可申请人（MAA）可以通过ASMF程序提交原料药生产过程中的化学、生产工艺、质量

[1] EMA. GUIDELINE ON SUMMARY OF REQUIREMENTS FOR ACTIVE SUBSTANCES IN THE QUALITY PART OF THE DOSSIER[EB/OL]. （2015-01）. [2016-10] http://www.ema.europa.eu/docs/en_GB/document_library/Scientific_guideline/2009/09/WC500002813.pdf.

控制和工艺验证的全部细节，此时，上市许可申请应该包括ASMF的申请人部分（公开部分）。当在文件中充分的描述了参考物质的特异性鉴别试验时，可不需提供结构证据。

申请人通过列举并总结充分的文献，或者当药典专论囊括了在《最小化通过药品传播动物海绵体脑病的风险指南》指南中具有合适限度的降解产物时，此时不需要提供稳定性数据。这种情况下，在使用原料药前，MAA应该证明该原料药符合欧洲药典专论。

对于在合成步骤时可能出现的杂质应该特别说明，尤其是当与药典专论收载的杂质不同时，应说明在实际生产工艺中，生产企业可以控制这些杂质。当在药典专论中杂质部分并没有提及所有可能出现的杂质时，申请人应该证明药典中记载的检测方法是否可以控制这些附加的杂质。如果采用了药典以外的检测方法，则要提供证据证明所用的检测方法至少与药典方法等同。

对于一种已明确界定原料药，原料药的生产企业或上市许可申请人应该提供：①生产工艺的详细说明；②生产期间的质量控制；③工艺验证。ASMF应以一个独立文件的形式由原料药的生产企业直接提交给主管机构。原料药的生产企业应当将所有数据交给申请人，并应以书面形式向申请人保证批间一致性，如果不告知申请人，绝不修改生产工艺和质量标准。支持申请的文件及具体细节如果发生变化，应提交给主管机构；当这些文件和具体细节涉及ASMF的公开部分时，也将提交给申请人。

无论是申请CEP证书，或者通过ASMF与制剂捆绑提交上市许可申请，原料药部分的资料均以CTD格式提交。CTD格式要求见表4-1。

表4-1 《ICH M4Q：The CTD—Quality》"原料药"部分[1]

| 3.2.S.1 基本信息 | 3.2.S.1.1 药品名称 |
| --- | --- |
| | 3.2.S.1.2 结构 |
| | 3.2.S.1.3 理化性质 |

---

[1] EMA. ICH Topic M 4 Q Common Technical Document for the Registration of Pharmaceuticals for Human Use – Quality [EB/OL]. 2013-06[2016-11-01]. http://www.ema.europa.eu/docs/en_GB/document_library/Scientific_guideline/2009/09/WC500002725.pdf.

续表

| 3.2.S.2 生产信息 | 3.2.S.2.1 生产企业 |
| --- | --- |
| | 3.2.S.2.2 生产工艺和过程控制 |
| | 3.2.S.2.3 物料控制 |
| | 3.2.S.2.4 关键步骤和中间体的控制 |
| | 3.2.S.2.5 工艺验证和/或评价 |
| | 3.2.S.2.6 生产工艺的开发 |
| 3.2.S.3 特性鉴定 | 3.2.S.3.1 结构和理化性质 |
| | 3.2.S.3.2 杂质 |
| 3.2.S.4 原料药的质量控制 | 3.2.S.4.1 质量标准 |
| | 3.2.S.4.2 分析方法 |
| | 3.2.S4.3 分析方法的验证 |
| | 3.2.S.4.4 批检验报告 |
| | 3.2.S.4.5  质量标准制定依据 |
| 3.2.S.5 对照品 | |
| 3.2.S.6 包装材料和容器 | |
| 3.2.S.7 稳定性 | 3.2.S.7.1 稳定性总结 |
| | 3.2.S.7.2 上市后稳定性承诺和稳定性方案 |
| | 3.2.S.7.3 稳定性数据汇总 |

# 3 欧盟对辅料的管理

## 3.1 定义及申报分类

　　Dir.2011/62/EU第3（3b）条款规定，辅料是药品中除原料药和包装材料以外的其他组分。《药品上市许可申请文件中辅料指南》规定，新型辅料是指在药品中首次使用，或首次用于某种新的给药途径的辅料。

　　Dir.2001/83/EC附件 I 和《药品上市许可申请文件中辅料指南》规定：对于新型辅料欧盟没有单独的审批途径，因为辅料只有用于药品时才能发挥相应作用，而其自身的安全性对药品产生影响。因此，在提交药品上市许可申请时，新型辅料应按照原料药CTD格式提交，在上市许可申请中提供新型辅料的详细生产信息、特性和控制方法及安全性支持数据。

对于欧洲药典专论收载的辅料，Dir.2001/83/EC附件Ⅰ模块3中3.2部分规定，若辅料已获EDQM核发的CEP证书，则在上市许可申请中辅料部分，CEP证书可以替代辅料的相关资料。辅料生产企业应当向申请人做出书面证明，证明该辅料获得CEP证书后其生产工艺未曾变更。对于欧洲药典和成员国药典中均未收载的辅料，遵循第三国药典专论也是可接受的，这种情况下MAA应该提交相应药典专论的复印件，并附上对药典中收录的检验方法的验证以及适当的译文。

## 3.2 申报文件中辅料材料

《药品上市许可申请文件中辅料指南》详细描述了在提交上市许可申请时，或已批准的药品辅料发生变更时需要提交的材料。该指南适用于人用药品所有辅料在上市许可申请时或许可变更时的有关事项，但不适用临床药物研究中使用的辅料。辅料包括，填充剂、崩解剂、润滑剂、着色剂、抗氧剂、防腐剂、佐剂、稳定剂、增稠剂、乳化剂、增溶剂、促渗剂、香料和芳香物质等，以及药品外覆成分，例如明胶胶囊。用于药品制剂的辅料信息应包括在上市许可申请文件CTD格式的3.2.P.1、3.2.P.2、3.2.P.4 和3.2.A.3部分。

（1）制剂外观和组成（3.2.P.1）

辅料清单应指明其通用名、数量、功能和对相关标准的引用。如果通用名不足以说明其功能特性，则需要指明其商标名称和商业级别。如果辅料是以混合物形式使用，则要提供各成分的质量和数量。

（2）药品研发（3.2.P.2）

应确定辅料与原料药和其他辅料的相容性。所选用的辅料，其浓度和特性会对制剂性能（例如，稳定性、生物利用度）或生产能力（manufacturability）产生影响，应联合各辅料的相应作用进行讨论。

（3）质量标准（3.2.P.4.1）

①欧洲药典或欧盟成员国药典中收载的辅料：在上市许可申请文件中要包括对现行药典的引用，如果欧洲药典专论包括了一组相关物质（例如聚合物），则应提交作为辅料的特定质量标准及选择的合理原因。如果采用了药典

以外的检测方法，则要提供证据证明所用的检测方法至少与药典方法等同。根据辅料的预期用途，可能需要增加药典质量标准以外的测试和可接受标准。

②第三国药典中收载的辅料：如果辅料未在欧洲药典和成员国药典中收载，符合第三国药典（例如美国药典和日本药典）专论时也可接受。MAA应说明对药典的引用，并提交符合欧洲药典通用专论"药用物质"的质量标准。

③未在任何药典中收载的辅料：辅料应建立适当的质量标准，标准应基于以下类型的检测：物理特性；鉴别试验；纯度检测，包括总杂和单杂限度，单杂应进行命名，例如根据色谱的相对保留时间。纯度检测可以是物理、化学、生物方法，或适当时，免疫方法；其他相关的测试，例如，被认为影响剂型性能的参数测试（定量）。

（4）质量标准论述（3.2.P.4.4）

质量标准论述时要考虑辅料的选择和特殊使用。如果辅料收载在欧洲药典或欧盟成员国药典中，则不需要对其质量标准进行论证；如果对辅料性质已有很好的认识，则不需要对质量标准进行全面论证；如果一种辅料已在一种类似的制剂中长期使用，且其特征和性质未发生重大改变，则不需全面论证。对于关键辅料，则要论证其与药品相关特性的质量标准，例如，对于固体和半固体剂型，需证明辅料的乳化和分散能力，或具有适当的黏度（与功能相关的特性）。

## 3.3 药用辅料的风险评估

Dir.2011/62/EU中第46（f）条款第2段中规定，生产许可持有人（manufacturing authorisation holder）应保证辅料适用于其在药品中的用途，确认怎样的GMP是适当的。Dir.2011/62/EU第47条款要求欧盟委员会就正式化的风险评估颁布指南，以确定第46（f）条款第2段所提及的，评估辅料生产是否符合适当的良好生产规范。2015年3月19日，欧盟委员会颁布《人用药品使用辅料的GMP水平确定用正式风险评估指南》（Guidelines of 19 March 2015 on the Formalised Risk Assessment for Ascertaining the Appropriate Good Manufacturing Practice for Excipients of Medicinal Products for Human

Use，2015/C 95/02）[1]，这也是到目前为止关于辅料GMP的最重要的文件。该指南目的是通过风险评估，确定每一辅料生产和供应的适当GMP，从而保证患者安全。药用辅料适当的GMP应根据这些指南，基于正式的风险评估进行确定。风险评估应考虑在其他适当质量体系下的要求，以及辅料来源和辅料用途和之前的质量缺陷情况。辅料风险评估/风险管理程序应结合在生产许可持有人的药品质量体系中。生产许可持有人应有针对辅料所用的适当的GMP要求的风险评估/管理文件记录，并能提供能GMP检查人员审核（review by GMP inspectors）。应考虑与辅料生产企业共享风险评估所产生的相关信息，以促进持续改进。自2016年3月21日起，人用药用的辅料应实施该指南中要求的风险评估。

### 3.3.1 药用辅料风险评估指南适用范围

《人用药品使用辅料的GMP水平确定用正式风险评估指南》适用于风险评估，来评价应用适当的GMP于人用药品使用辅料管理。不涵盖添加入药品中用于那些不能单独存在，而需要在原料药中添加稳定剂来使原料药稳定的成分。

### 3.3.2 基于辅料类型和用途确定适当的GMP

在欧盟药品法卷4（EudraLex Volume 4），GMP指南人用和兽用药品，第3部分：GMP相关文件，ICH指南Q9质量风险管理中，可以找到能应用于药品质量，包括辅料不同方面的质量风险管理的原则和工具实例（principles and examples of tools for quality risk management）。这些质量风险管理原则应用于评估每种辅料所呈现的质量、安全和功能方面的风险。来自于每个生产企业的每种辅料，生产许可持有人应通过其结合于制剂成品的方式，从其来源（动物、矿物、植物、合成等）识别每种辅料的质量、安全和功能风险。

---

[1] EMA. Guidelines of 19 March 2015 on the formalised risk assessment for ascertaining the appropriate good manufacturing practice for excipients of medicinal products for human use[EB/OL]. 2015-03[2016-10]. http://eur-lex.europa.eu/legal-content/EN/TXT/PDF/?uri=CELEX:52015XC0321(02)&from=EN.

### 3.3.3 确定辅料生产的风险概况

在确定了适当的GMP后，应针对辅料生产企业的活动和能力进行GMP合规性的差距分析。差距分析的数据/证据应通过对辅料生产企业GMP检查获得，或从辅料生产企业处收到的信息获得。质量体系的证书和/或辅料生产商持有的GMP证书，和颁发证书所依据的标准应进行考虑，因为该认证可能满足这些要求。所识别出的GMP要求和辅料生产企业的活动与能力之间的差距应进行记录。另外，生产许可持有人应实施进一步风险评估，以决定该辅料生产企业的风险状况，例如，低风险、中等风险或高风险。生产许可持有人应制订一系列的策略，对不同风险概况从可接收到控制到不可接受。基于这些，应建立一种控制策略，例如，审计、文件恢复和检测。

### 3.3.4 确认申请适当的GMP

一旦定义了该辅料适用的GMP，以及辅料生产商的风险概况，后续应通过一定机制进行持续风险评估，如：与收到的辅料批次相关的缺陷的数量；这些缺陷的类型和严重程度；辅料质量监控和趋势分析；对辅料生产企业进行审计/复审；问卷。

基于风险审核的结果，应对已建立的控制策略进行审核，并在必要时进行修订。

### 3.4 IPEC对辅料监管提出的建议

国际辅料协会（International Pharmaceutical Excipient Councils，IPEC）是促进辅料质量监管的全球性组织，IPEC由5个IPEC分会组成，包括美国分会，中国分会，欧洲分会，印度分会和日本分会。IPEC有三大主要利益相关者（图4-4）：①药用辅料的生产企业、分销商；②药品生产企业，即辅料用户；③药品监管当局。IPEC欧洲分会创建于1992年，聚集了所有药用辅料的生产企业、分销商和用户。IPEC欧洲分会对欧洲辅料监管提出以下几点建议。

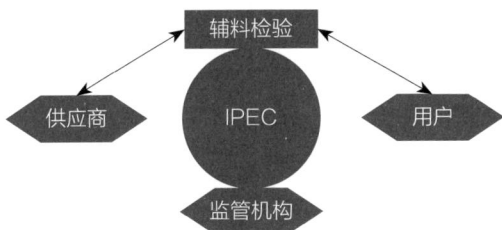

图4-4　国际药用辅料协会三大利益集体

### 3.4.1 IPEC建议辅料纳入ASMF体系

在2009年以前，IPEC欧洲分会曾屡次建议欧盟主管机构在欧盟建立辅料主文件（Excipient Master File，EMF）[1]。与欧盟主管机构讨论后，IPEC欧洲分会建议欧盟现行的ASMF认证系统应该拓宽适用范围以覆盖辅料（主要是新型辅料）。IPEC欧洲分会建议欧盟建立EMF的原因如下：

①通过EMF将辅料资料直接提交到EU监管当局，允许新型辅料/特定辅料开发商和生产企业保护他们的保密资料，并允许审评员和辅料专家直接沟通联络；

②减轻欧盟政府负担，避免主管机构重复评估审查；

③与世界其他地区相比（USA、日本、加拿大等），EMF提供了一种可操作的监管制度，同时减轻辅料生产企业和终端用户的压力（通常是中小型企业），从而促进药品开发/改进；

④在世界范围内（不限于欧盟），EMF为向主管机构提交辅料资料提供了一个标准化途径；

⑤EMF具有灵活性，可应对迅速进入欧洲地区的新治疗方法和新技术。

IPEC欧洲分会建议使用半保密的（EMF），正如现在使用的ASMF制度。对于辅料生产企业来说，EMF是自愿系统，通过这种半保密主文件系统允许辅料生产企业保护他们的保密资料。用户/MAH可获得其所需要的全部资料，在EMF公开部分中为达到药品预期用途，MAH需要承担全部责任。EMF仅仅适用于特定的辅料，主要用于新型辅料，在药典中收载的辅料可申请CEP证书。类似于美国和日本，欧盟主管机构应确定可通过EMF制度提交资料的物质范围。

---

[1]　IPEC. IPEC EUROPE APPROACH TO THE LACK OF A MASTER FILE SYSTEM FOR EXCIPIENTS IN EUROPE[EB/OL]. （2009-12）[2016-11]. http://ipec-europe. org/UPLOADS/IPEC_EU_Approach_to_lack_of_EMF_Final.pdf.

　　欧盟委员会已经意识到进一步扩大ASMF范围的必要性，特别是在实现国际统一监管框架方面（主要是美国、日本和欧盟之间）。鉴于欧盟缺少EMF，直到欧盟做出改进之前，当MAH要求提供药品的保密资料，而这些资料不是药品质量和安全性的关键部分时，对于欧盟成员国企业如何回复MAH的请求，IPEC欧洲分会提供了以下路径：辅料生产企业提供要求的特定资料时可提供但是应该声明属保密部分；辅料生产企业愿意直接向欧洲监管机构提供资料。

　　2013年IPEC欧洲分会再一次建议欧盟委员会对新辅料建立EMF制度，但是至今仍未实施。

### 3.4.2　IPEC建议启动一揽子计划

　　2008年的肝素掺假案和甘油污染案迫使监管机构、政界人士和工业界努力寻求加强对原材料和辅料采购及质量控制的方法。2010年是欧洲辅料部门的分水岭，药品防伪指令Dir.2011/62/EU将辅料质量和安全性纳入了考虑。因此，欧盟委员会于2008年12月开发一揽子法规和指南计划。

　　（1）药物防伪指令[1]

　　Dir.2011/62/EU是一揽子计划中最关键的组成，是欧盟委员会首次就防止假药进入合法的供应链而修订Dir.2001/83/EC。在这次修订中，第一次明确地给出了辅料的定义，并且增加了申请辅料GMP和GDP的条款。

　　（2）GMP

　　长期以来，辅料仅作为制剂中的组分，并没有为辅料设置一系列的法定GMP标准。自2006年在药品质量工作组的帮助下推出其辅料GMP指南以来，IPEC欧洲分会认为应确立正式的GMP用于辅料控制。

　　（3）辅料第三方认证体系[2]

　　在缺乏GMP监管框架的情况下，IPEC欧洲分会正在开发第三方认证体系。独立的第三方审计和辅料供应商认证可以协助开发、生产和供应安全有效

[1]　IPEC Europe. Excipients Facing New Regulations in EU[EB/OL]. 2010-06[2016-10]. http://ipec-europe.org/UPLOADS/2010June_CHEM_Manager.pdf.

[2]　IPEC Europe. Third Party Audit and Certification Programmes[EB/OL].（2015-09）[2016-11]. http://ipecamericas.org/system/files/150526%20Certification%20position%20statement%20-Final%2015092015.pdf.

的药品。第三方审计和认证程序可以降低费用支出、缩短时间并减少辅料供应商和用户的资源消耗。第三方审计和认证体系的核心优点如下：①减轻供应商的负担。当辅料供应商获得监管当局认证后，GMP证书和审计报告足够满足用户的需求；②减轻用户的负担。当供应商第三方审计资源可用时，用户可能将审计资源转向其他供应商。第三方认证延长了审计的持续时间，从而更全面地评估GMP合规性。

# 4 欧盟对包装材料的监管

## 4.1 申报方式

2003年10月EMA起草了《直接接触塑料包装材料指南》（GUIDELINE ON PLASTIC IMMEDIATE PACKAGING MATERIALS）[1]。该指南于2005年12月1日发布，指南旨在替代《医药产品管理办法》3AQ10a《直接接触塑料包装材料指导原则》，同时进一步强调在原料药和制剂申请上市时，应针对其直接接触药品的塑料包装材料提供相关信息。

该指南涉及人用药品和兽药所用的直接接触药品的塑料包装材料的申请。对于人用药品，本指导原则涉及指令Dir.2003/63/EC（Dir.2001/83/EC的修正版）附录I第一部分第3单元的章节3.2.1.6、3.2.2.2和3.2.2.7；对于兽药，则涉及Dir.2001/82/EC的附录I第二部分的章节A、C和G。

该指南根据风险级别，对于直接接触原料药或制剂的塑料包材应进行哪些研究，如何在上市许可申请文件中呈现，提供了指导意见。该指南进一步强调了在申请上市时，应针对其直接接触药品的塑料包装材料提供相关信息，相应部分在CTD格式模块3中的3.2.1.6、3.2.2.2和3.2.2.7呈现。

对于塑料包装材料申请人应提供什么样的数据视具体情况而定，对于原料药，取决于其物理状态（具体参见图4-5决策树）；对于制剂，则取决于剂型和给药途径（具体参见图4-6决策树）。提交数据的格式也视具体情况而定；

1  EMA. GUIDELINE ON PLASTIC IMMEDIATE PACKAGING MATERIALS[EB/OL]. 2005-05[2016-10]. http://www.ema.europa.eu/docs/en_GB/document_library/Scientific_guideline/2009/09/WC500003448.pdf.

对于人用药品，应根据Eudralex第2B卷《申请人须知》中CTD第3模块的章节3.2.S.6、3.2.P.2.4和3.2.P.7规定的标准格式提供数据。

## 4.2 申报文件中包装材料

（1）原料药的容器密封系统（3.2.S.6）

应提供原料药的容器密封系统所用的塑料材料的信息，包括：

①材料类型和性质的总体信息；

②塑料材料的质量标准；

③根据情况需要，提供提取研究和相互作用（extraction and interaction studies）研究结果，和/或毒理学资料。

（2）药物制剂研发（3.2.P.2.4）

应提供药品研发过程中的相关研究数据，以证明所选择的塑料材料支持药品的稳定性、质量一致性和相容性，并与给药方法相适应，如果生产过程中有灭菌步骤，还应与灭菌工艺相适应。具体研究数据应包括：

①根据情况需要，提供提取研究和相互作用研究，和/或毒理学资料，以证明塑料材料与药品的相容性；

②应对塑料材料的光敏感性进行研究，以判断材料因光照产生的降解产物是否对包装材料与药品的相容性产生显著影响；

③根据情况，提供塑料材料受药品生产工艺的影响，如灭菌条件。

（3）药物制剂的容器密封系统（3.2.P.7）

在CTD格式中模块3所需提供的信息应包括如下内容：

①描述所采用的容器密封系统，明确所有的塑料组件；

②提供所选择的塑料材料的总体信息；

③每一塑料材料的质量标准。

## 4.3 上市许可文件中应提交的塑料包材数据

（1）基本信息

与原料药或制剂直接接触的包装中所有的塑料材料，都应提供以下信息：

①材料的化学名称；

②所有单体的化学名称。

除此之外，对于与非固体原料药或非固体制剂直接接触的塑料材料，还应提供以下信息：

①用于非固体原料药包装的塑料材料：

如果包装材料未被欧洲药典或其成员国药典收载，并且供应商也无法证明包材符合相关食品法规，那么就需要提供塑料材料中所有的定性组成，包括各种添加剂，例如抗氧剂、稳定性、增塑剂、润滑剂、溶剂和/或干燥剂。

②用于非固体制剂包装的塑料材料：

a. 当制剂属于吸入制剂、注射剂或眼用制剂时，应提供包装材料的供应商。

b. 当制剂属于吸入制剂、注射剂或眼用制剂时，如果包材未被欧洲药典或其成员国药典收载，并且即便所用添加剂由药典专论中批准的添加剂中选取且用量在其规定限度之内，都应提供塑料材料中所有的定性组成，如上所述，包括各种添加剂，例如抗氧剂、稳定性、增塑剂、润滑剂、溶剂和/或干燥剂。如果非固体制剂用于口服或局部给药（不包括眼用），当采用非药典收载的包装材料时，如果供应商无法证明包材符合相关食品法规，那么也需要提供材料的定性组成。

（2）质量标准

对于直接接触原料药或制剂的塑料包装材料，当为其制定质量标准时，应参照欧洲药典或其成员国药典的相关专论。当参照药典专论制定质量标准时，应证明其方法的适用性。

如果所用塑料材料未被欧洲药典或其成员国药典收载，那么应考虑采用药典收载的一般方法，按照下列要求为其制定一份内部专论：

①材料描述；

②材料鉴别；

③特性说明，如力学参数、物理参数等：对于直接接触非固体原料药或非固体制剂的塑料包装材料，其内部专论需要在上述基础上进一步丰富，例如增加以下信息；

④主要添加剂的鉴别，特别是容易迁移入内容物的添加剂，例如抗氧剂、增塑剂、催化剂、引发剂等；

⑤着色剂鉴别；

⑥基于提取研究的结果，说明可提取物的性质和数量。

当非固体制剂用于口服或局部给药（不包括眼用），或者非固体原料药的材料供应商可以证明其包材符合相关食品法规时，那么上述信息可不列入内部质量标准。为证明材料是否符合其内部质量标准，应提供一批具有代表性的样品的检验报告。

"原料药的塑料包装材料申报资料决策树和制剂的塑料包材申报资料决策树"详见图4-5和图4-6。

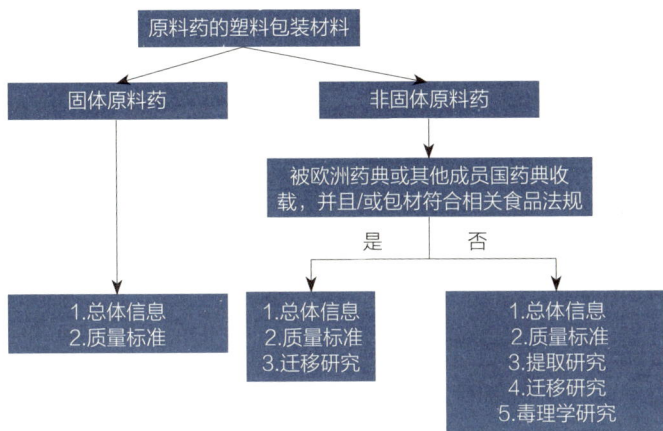

图 4-5　原料药的塑料包材申报资料决策树

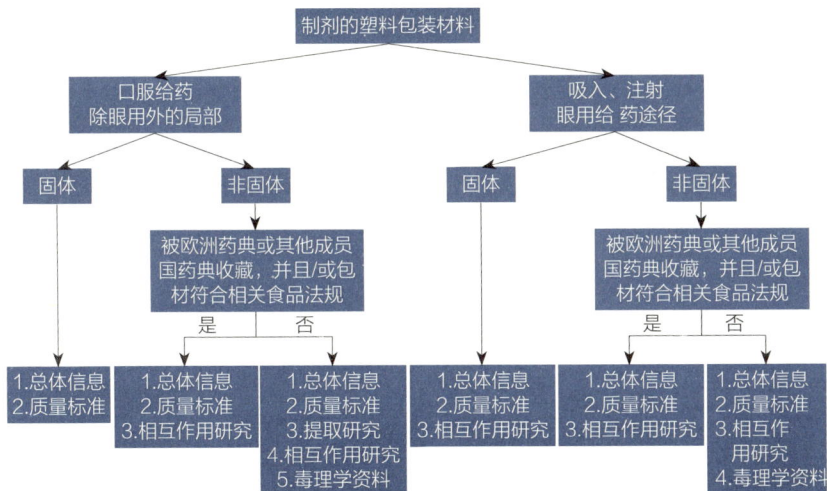

图 4-6　制剂的塑料包材申报资料决策树

# 5 CEP 证书

## 5.1 CEP证书简介

　　欧洲药典适应性证书（Certificate of Suitability of Monographs of the European Pharmacopoeia，CEP）是EDQM对申请人提交的申请文件进行审评后颁发的证书，证明欧洲药典专论及CEP证书上的附加条件可以完全控制该物质的质量。Dir.2001/83/EC第3条款中规定，物质包括原料药和辅料。根据欧洲理事会公众健康委员会决议AP-CSP（07）1（2007年修订版）（简称"决议"）中规定，CEP证书是指执行欧洲药典专论规范及附录要求，可控制用于药品的物质质量。申请CEP证书时，物质生产企业应提交申请文件至EDQM，并承诺药品生产严格遵循EU GMP原则和指南，经文件审查和必要的现场检查后，由EDQM认证秘书处颁发CEP证书。

　　决议规定，CEP证书优先颁发给物质生产企业，如果持有人不是生产企业而是指定代理人，则必须有正式协议。当作为最终用户的欧盟成员国药品生产企业使用国外生产的物质时，只要在申请文件或变更申请文件中附上该物质的CEP证书的复印件，即可获得审批。

## 5.2 CEP认证类别及适用范围

　　CEP证书可分为化学类、化学+无菌类、TSE类、双证类（化学+TSE类）、双证类+无菌类、草药类。

　　决议中规定，CEP认证程序适用于欧洲药典（总论或专论）收载的以下物质：

　　（1）生产或萃取的有机物或无机物（原料药或辅料）；

　　（2）发酵的微生物代谢产生的间接基因产物，无论该微生物菌种是否已被传统方法还是γ_DNA技术进行修饰；

　　（3）有TSE（可传播性海绵状脑病）传播风险的产品。

　　CEP认证程序不适用于直接基因产品（蛋白质）、来源于人体组织的产品、疫苗及血液制品。动物源产品是否适用，将由相关委员会根据具体情况决定。

## 5.3 参与CEP认证程序的组织机构[1]

### 5.3.1 指导委员会

（1）指导委员会（Steering Committee，SC）的组成

指导委员会成员包括来自欧洲审评当局和检查部门的代表，还包括欧洲药典协议公约各成员国的代表。具体来说，指导委员会由以下成员组成：

①CHMP质量工作组（Quality Working Party，QWP）主席；

②CHMP生物制品工作组（Biologics Working Party，BWP）主席；

③草药产品委员会（Herbal Medicinal Products Committee，HMPC）主席；

④GMP/GDP检查员工作组（GMP/GDP Inspectors Working Group，GMDP IWG）成员；

⑤一名来自非EU/EEA国家药品审评当局的代表，但该国必须是欧洲药典协议公约成员国，并积极参与CEP认证活动；

⑥一名来自非EU/EEA国家的药品检查员代表，但该国必须是欧洲药典协议公约成员国，并积极参与EDQM组织的检查活动；

⑦欧洲药典委员会主席；

⑧技术顾问委员会主席；

⑨EMA的一位代表；

⑩欧盟委员会的一位代表；

⑪EDQM的局长；

⑫必要时，指导委员会可增补来自相关监管部门的专家。

（2）指导委员会的主要职责

具体来说，指导委员主要职责如下：

①监管CEP认证程序；

②对认证程序中所涉及的监管问题给出合理化建议；

③保证满足审评当局、欧洲药典委员会和CEP认证申请人的需求，如果有需要，对现行规章制度、指导原则、药典标准和药典附录进行修改并提出意见；

[1] EDQM. TERMS OF REFERENCE[EB/OL]. (2014-06). [2016-08] https://www.edqm.eu/medias/fichiers/cep_terms_of_reference_for_certification_pdf.

④选派审评员；

⑤任命技术顾问小组成员和主席；

⑥就相关事宜向欧洲药典委员会、EMA和相关的CHMP/CVMP/HMPC工作小组进行通报；

⑦根据具体要求向EDQM提出建议；

⑧制定认证程序相关的指导原则和规章制度；

⑨制定EDQM生产场地现场检查程序。

指导委员会可以建立自己的原则和程序。

## 5.3.2 CEP审评员

CEP审评员（assessors）是具有专业背景知识的技术人员，在审评上市许可申请和CEP申请方面经验丰富。审评员是来自负责评估上市许可申请的主管机构或者官方药品质控实验室，或是来自EDQM物质认证部（EDQM Certification of Substances Division，DCEP）的科学技术人员。审评员对CEP认证程序涉及的一个或多个专业领域的申请资料有审评资质。

（1）审评员的任命

指导委员会负责审评员的任命和再任命。主管当局拟定审评员时，需要向EDQM提交拟定审评员的个人简历，重点强调该审评员在申请资料评审时的经验和公正性，同时必须要有书面的无利益冲突声明。EDQM拟定物质认证部的科学技术人员也遵循上述程序。EDQM定期公布并更新审评员名单。

（2）审评员的职责

审评员对生产企业提交的文件进行专业审评，并根据决议和CEP认证审评报告指导原则做出科学的报告。

## 5.3.3 CEP检查员

CEP检查员（inspectors）由参与EDQM 认证程序的主管机构/组织推荐产生，推荐时需要向EDQM提交拟定检查员的个人简历，重点强调该检查员的经验和公正性，同时必须要有书面的无利益冲突声明。

（1）CEP认证程序中的检查员组成

①EU/EEA成员国或者与欧盟在GMP方面有互认可协议（MRA）的国家

药品主管机构指定的检查员，检查员按Dir.2001/83/EC第111条第1g款进行GMP检查；

②对于与EDQM签订适当协议的国家/组织，检查员由各自的监管机构任命，并按照各国立法和标准进行检查。

（2）职责

检查员执行EDQM的现场检查程序。Dir.2001/83/EC规定，欧盟委员会授予EDQM现场检查的权力。检查员对申请CEP证书或已颁发CEP证书的物质生产场地进行现场检查，并出具检查报告，检查员还负责必要的跟踪措施，包括：①颁发GMP证书或者发布GMP不符合报告；②发布检查证明，或发布搁置或撤销CEP证书或者关闭CEP申请的信息。

### 5.3.4 技术顾问委员会

对于CEP认证涉及的每个学科或专业领域，指定一个技术顾问委员会（Technical Advisory Boards，TAB）。必要时，指导委员会批准同意后可成立新的技术顾问委员会。

（1）技术顾问委员会的组成

技术顾问委员会由审评员组成，代表了各成员国药品许可当局（licensing authorities）和欧洲药典委员会的需求。一个技术顾问委员会由3~10个审评员组成，他们来自不同的成员国/组织。技术顾问委员会成员由主管机构拟定、指导委员会任命。

（2）技术顾问委员会的职责

每个技术顾问委员会的首要职责就是协助CEP审评员和EDQM物质认证部解决在工作时遇到的技术问题，以及处理审评员之间的分歧。每个技术顾问小组成员应该要确保审评员和EDQM物质认证部的结果一致。如果不能达成一致，此时技术顾问委员会应做出书面形式最终决定，并说明理由。如果物质认证部及/或技术顾问委员会在工作中遇到决议AP-CSP（07）1或评估指南中未提及到的问题，应当编写一份突出重点问题的纪要，并从指导委员会处寻求进一步的建议，必要时，咨询许可当局及/或药典当局。

### 5.3.5 内部决策委员会

（1）内部决策委员会（Internal Decision Board，IDB）的组成

内部决定委员会是EDQM认证部（DCEP）内的一个机构，由至少一位EDQM检查员、一位参与过CEP申请评估的官员及EDQM认证部的负责人组成。

（2）内部决策委员会的职责

若发生CEP申请不符合程序要求或其GMP检查结果为否定时的情况，拟定提案（proposals）递交特设委员会，提出对所审批的CEP或CEP申请需要采取的措施。

### 5.3.6 特设委员会

（1）特设委员会（Ad Hoc Committee，AHC）的组成

①EDQM的局长；

②DECP的主席；

③来自审评当局工作出色的审评员，并参与过CEP认证程序；

④来自审评当局工作出色的检查员，并参与过EDQM实施的检查。

参与过CEP申请检查的EDQM工作人员或者参与过现场检查的EDQM检查员都应出席特别委员会的会议并协助解决一些案例。

（2）特设委员会的职责

在CEP认证程序的框架内，包括EDQM的检查项目，特设委员会对颁发CEP证书或审评CEP申请时需要采取的行动做出决定，并且决定将哪部分文件传递至有关机构（relevant authorities）。另外，当申请人请求召开听证会时，根据决议的相关规定，特设委员会在审查申请及理由后做出最终决定。

### 5.3.7 EDQM认证部

EDQM认证部（Certification Division of the EDQM，DCEP）承担EDQM认证秘书处的角色，为CEP认证提供行政支持，主要负责CEP认证程序的组织管理和协调工作。

## 5.4 CEP认证程序流程[1]

### 5.4.1 提交申请文件

生产企业申请CEP证书时需提交以下文件：按通用技术文件（Common Technical Document，CTD）格式起草的申请文件和质量综述（Quality Overall Summary，QOS），一式两份，申请表、商业批样品的申请费用。EDQM出版的文件规定生产企业申请文件内容要求，如化学纯度、TSE风险评估、草药制剂。在申请文件中，生产企业应声明所申请物质的生产符合EU GMP的原则和指南，并且实际生产工艺与申请文件一致。对有TSE传播风险的产品，由于目前还没有相关的GMP标准，企业应声明此类产品符合相应的质量体系（如ISO9000），以保证产品的溯源性和批间一致性。当主管机构要求进行现场检查时，生产企业应声明愿意接受检查。如果由代理人提交申请，代理人同样也应声明愿意接受检查。

### 5.4.2 发送收函通知

认证秘书处收到CEP申请文件后进行形式审查，核实资料的完整性后于8天内寄出收函通知，CEP申请的正式受理。

### 5.4.3 指定CEP审评员

认证秘书处在收到资料并确认符合要求后，在4个月之内指定2位来自指导委员会的审评员进行申请文件审评，1个月内形成审评结论并颁发CEP证书。同时，审评员需签署保密协议和无利益冲突声明。

### 5.4.4 CEP审评员审评

审评员在认证秘书处协助下对申请文件进行审评。在审评过程中有任何疑问，审评员或认证秘书处可要求向相关的技术顾问委员会咨询。若需要论证毒理学合理性，将由毒理学审评员给出审评意见。必要时，审评员或相关的技术顾问委员会可要求OMCL对申请提交的样品进行检验。

---

[1] EDQM.RESOLUTION AP-CSP （07） 1[EB/OL].(2007-02-21).[2016-08] https://www.edqm.eu/medias/fichiers/cep_procedure_revised_version.pdf.

对新CEP申请的审评有两个阶段：（1）对原始申请文件的审评；（2）对EDQM要求的补充资料的审评对补充资料审评时，如果申请人的回复未能提供要求的资料，则关闭该申请。在极少数情况下，才会签发第二份要求补充资料的信函。CEP两轮审批程序流程图见图4-7。

（1）EDQM对申请文件初次评估完成后，可能得出以下4种结论

①文件资料完整，颁发CEP证书或批准CEP修订申请。

②对文件资料不满意，不能颁发CEP证书或需澄清问题后才能批准CEP修订申请。

③对文件资料大致满意，但需更多资料才能颁发CEP证书或批准CEP证书修订申请。

④对文件资料大致满意，但模块3（CTD格式中的模块三，指描述物质生产质量控制的技术文件）仍需更新才能颁发CEP证书或批准CEP修订申请。

（2）EDQM对补充资料审评后可能会有四种结论

①文件资料完整，可颁发CEP证书，或批准CEP修订申请。

②提供的文件资料完整，但不能颁发CEP证书或拒绝CEP证书修订申请。

③对文件资料大致满意，但需要更多资料才能颁发证书或批准修订申请。

④对文件资料大致满意，但模块3需要更新，方可颁发证书或批准修订申请。

（3）发送补充资料的后续要求

特殊情况下，EDQM在对回复的资料进行审评后，会要求申请人再次提交补充资料。EDQM会给CEP申请人/持有人发送题为"要求补充资料"的信函，其中列出不能颁发CEP证书或批准申请的重要问题。

对于新CEP证书申请，申请人/持有人在3个月内回复并提供要求的资料；对于CEP证书修订申请，申请人/持有人在1个月内回复并提供要求的资料。若未能在最后期限内回复并提供全部资料，则审评终止。

EDQM收到回复立即给申请人发送收到告知函。EDQM审评收到的补充资料，在收到告知函中给出审评及回复的时限。

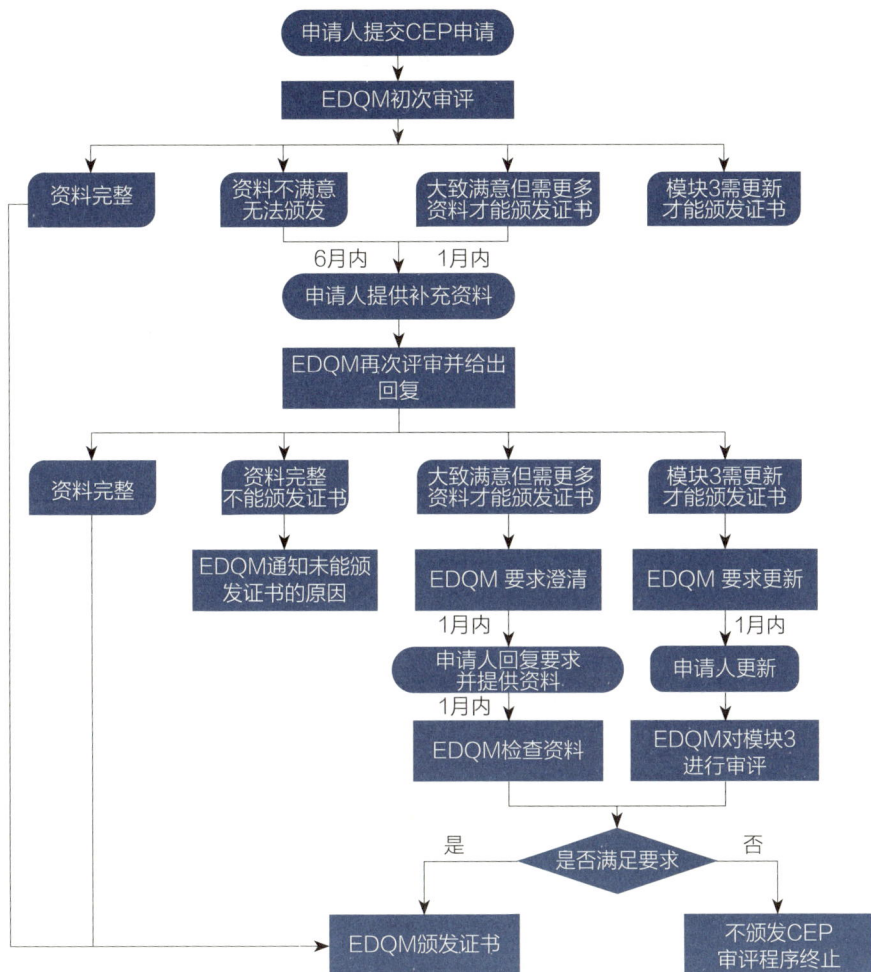

图 4-7　CEP 两轮审评程序流程图

## 5.4.5　现场检查

### （1）检查内容

　　EDQM的现场检查是CEP认证程序中不可分割的一部分。上市许可申请人对药品质量负责，并审计原料药供应商在上市许可申请或变更时，制剂生产企业质量授权人有责任确保原料药的GMP合规性。Dir.2001/83/EC第111条规定欧盟委员会授予EDQM检查的权利。EDQM可以在决定颁发CEP证书之前或之后的任何时间点都可进行现场检查，主要检查欧洲以外地区，例如中国和印度[1]。

现场检查的目的是检查CEP证书所包含的生产/分销现场的GMP合规性以及CEP申请文件合规性。EDQM物质认证部负责组织检查及跟踪，包括对所有相关CEP证书采取行动及与有关当局进行沟通。根据欧盟的建议，每年都会基于风险原则制定检查计划[2,3]。

检查由有资质的EU/EEA国家主管机构执行，或由与欧盟在GMP方面有MRA协议的国家官方检查员执行，这些官方检查员与EDQM检查员具有相同资质。如果是对非EU/EMA/MRA成员国的国家生产企业进行检查，当地主管机构检查员将被邀请作为观察员。在对其他国家（如中国）进行检查时，可能需要翻译人员陪同，以保证与被检查企业人员的沟通的准确性。

（2）检查结果

在实施检查之后，如果检查结果是否定的，或者制药企业在收到检查通知后，没有合适的理由而拒绝检查，则该CEP持有人和/或生产场地相关的（一个或多个）CEP将会被搁置。

①如果检查结论是肯定的，EDQM将签发一份证明，证明制药企业经过检查并且符合GMP和CEP要求。另外，由检查员所在具备资质的EU或EEA成员国主管机构签发一份GMP证书，证明已经过检查。

②不符合：在检查期间如果发现重大/关键缺陷，或者制药企业拒绝进行检查，则可能对相应的CEP证书或CEP申请采取措施（搁置、撤销或关闭）。另外，由检查员所在的EU或EEA成员国主管机构签发不符合信息（information of noncompliance）。EDQM将在官网上公布CEP证书搁置或撤销，并通知到所有相关主管机构，以便其对相关上市许可采取必要措施。同样CEP持有人有义务通知其客户CEP证书搁置或撤销的信息。如果CEP证书被搁置，则只有当该制药企业采取令人满意的纠正措施并通过重新检查后，其CEP证书的有

[1] EDQM. The Inspection Programme [EB/OL][2016-09] https://www.edqm.eu/en/Certification-Policy-documents-Guidelines-1658.html.

[2] EDQM. Overview of our products and services[EB/OL]. [2016-09] https://www.edqm.eu/sites/default/files/edqm_catalogue_2016.pdf.

[3] EDQM. The procedure of Certification of Suitability to the Monographs of the European Pharmacopoeia (CEP) and the EDQM Inspection Programme[EB/OL]. 2016-10[2016-10]. https://www.edqm.eu/sites/default/files/1710_1525_fml_certification_of_suitability_procedure_the_edqm_inscription_programme.pdf.

效性方可恢复。

## 5.4.6　通知审评结果

审评员和有关技术顾问委员会做出审评结果后，认证秘书处将在4周之内向有关各方通知该审评结果并出具审评报告。CEP审评员对申请文件进行审核后分3部分出具审评报告：

（1）报告A或"保密报告"：包括对文件审评的详细意见，以密件形式存放于EDQM认证秘书处。当使用该原料药生产的药品在申请上市许可同时审评部门有需要时，可出具该报告并通知原料药生产企业。

（2）报告B或"修订药典专论请求"：申请修订药典专论时，该报告包括欧洲药典委员会专家组更新药典所需要的信息，必须说明现行药典不足之处。报告不得泄露CEP申请文件中保密内容，并在提交专家组之前提交至生产企业。

（3）报告C或"给检查员的建议"：包括现场检查的有关文件或要求进行检查的内容，如果EU GMP不适用时，说明CEP申请文件可适用哪一个GMP。

## 5.4.7　CEP证书有效性的维护

（1）CEP证书颁发后，如果不能满足下列要求，CEP证书将失效：

①关于物质的任何变更（行政变更或技术变更），不论是否影响产品质量、安全性或有效性，都必须向EDQM 认证秘书处报告，便于对申请文件再审评和更新申请文件。根据对物质质量、安全性和有效性影响的程度大小，变更分为通知、微小变更和重要变更。对于有TSE传播风险的产品还应有特别考虑。变更程序和申请资料要求在EDQM的文件中作了规定（CEP证书修订/更新规定指南和CEP证书修订/更新程序）。

②申请文件应每5年更新一次，如果发生变更，则至少应提供声明，说明没有可能影响产品质量、安全性和有效性的变更。申请文件更新后，其有效性一般是无限期，但必须符合其有效性条件，特别是必须符合第①条下规定的条件。

③如果欧洲药典专论做了修订，生产企业必须证明其物质符合新的药典标准要求。认证秘书处负责确认其物质仍然符合修订后药典标准要求，确认后会将修订后的CEP证书寄给原证书持有人，或要求他们根据修订后的药典标准更新其申请资料。

④当涉及到公众健康的新法规、新科学技术出现时，认证秘书处要确认该物质仍符合新的标准，否则将搁置证书。

（2）不满足上述条件或者现场检查发现主要/关键缺陷时，根据有关委员会的建议，EDQM会立即搁置CEP证书。CEP证书持有人会立即收到官方正式通知函，说明搁置原因及恢复CEP证书的条件。CEP证书持有人可以凭此通知函在听证会上向有关委员会成员陈述其意见。欧洲药典协定成员国的上市许可审评部门会立即以保密方式得到搁置CEP证书的决定。

## 5.5 CEP证书的搁置、撤销和CEP申请的关闭[1]

搁置或撤消CEP证书后，CEP持有人必须立即通知其用户，以便用户对涉及的物质、上市许可或上市许可申请采取必要措施，同时，将在EDQM官网上公布CEP证书的状态。关于CEP搁置、CEP申请关闭的决定细节将以保密方式送到欧洲药典起草委员会成员国主管机构、签署特殊协议（special agreements）的国家/组织，以使其对相关上市许可或上市许可申请采取适当措施。

### 5.5.1 CEP证书的搁置（Suspension of a CEP）

搁置是指一个CEP临时取消或失效。在特定情况下，CEP可能会被恢复。

（1）下列情况下EDQM可能决定搁置一个CEP

①根据EDQM认证计划的要求对制药企业实施现场检查中发现关键和/或主要缺陷，发现制药企业未执行EU GMP，和/或表明未按CEP文件内容进行生产；

②由EEA成员国，或与欧盟具有GMP有MRA协议的国家对生产企业实施检查，发现制药企业未执行EU GMP，并且制药企业向该国提交了CEP，则该CEP的有效性可能会受到检查结果的影响；

③申请过程不符合CEP认证程序要求，并且持有人未能提交适当的资料。

（2）CEP持有人申请搁置（the suspension of a CEP may also be requested by the holder of a CEP）

如果CEP持有人不能履行CEP文件中的承诺，则申请人可以申请搁置。

[1] EDQM.SUSPENSION OR WITHDRAWAL OF A CERTIFICATE OF SUITABILITY, CLOSURE OF AN APPLICATION [EB/OL].(2014-06).[2016-09] https://www.edqm.eu/medias/fichiers/cep_suspension_or_withdrawal_of_a_cep_paphcep_08_17_r4.pdf.

例如：生产暂停、升级，或生产场地部分改造，或暂时不能满足修订后的欧洲药典专论。搁置期2年，如果2年内CEP持有人未向EDQM提出合理的延期申请并由EDQM接受，且2年内不能满足条件取消搁置的，CEP将会被撤销。

### 5.5.2  CEP证书的撤销（Withdrawal of a CEP）

（1）在下列情况下，CEP可能会由EDQM特设委员会撤销

①在EDQM检查后，考虑到公众健康的原因有必要采取紧急措施，或者不可能有适当的整改措施；

②EDQM检查中发现CEP文件包括造假数据，或有证据显示生产场地文件大量系统性造假；

③在CEP搁置后，制药企业未能满足认证程序的要求进行CEP文件更新，及符合GMP要求（例如，重复GMP缺陷）；

④CEP持有人不再存在，或完全停止生产该产品而未通知EDQM；

⑤CEP文件不符合认证程序要求，并且持有人无法提供适当的资料；

⑥制药企业在收到EDQM通知时，或在检查员到达现场时，或在检查期间拒绝接受检查，其中包括制药企业以口头或书面方式要求中断检查，或延误或拒绝提供文件或拒绝让检察官进入检查覆盖范围的区域。

（2）在以下情况下，CEP可以由CEP的持有人主动撤销

例如，生产停止、生产场地关闭、持有人不再希望持有该CEP。CEP一经撤销，无法恢复。只能通过程序申请新的CEP。

### 5.5.3  CEP申请的关闭（Closure of an Application）

（1）在下述情况下，EDQM特设委员会可能会关闭CEP申请

①EDQM根据认证计划对制药企业进行检查过程中发现，生产场地存在关键和/主要缺陷，结论为制药企业未遵循EU GMP原则和指南，对公众健康形成潜在风险，和/或检查显示生产工艺与提交的CEP文件不一致；

②EEA的任一成员国，或与欧盟存在原料药GMP有MRA协议的国家对制药企业的检查表明制药企业操作不符合GMP，如果制药企业已提交CEP申请，其有效性可能会受到检查结果的影响；

　　③EDQM根据认证计划对制药企业发出的检查要求被拒绝，即CEP申请人不履行其愿意接受检查的承诺。

　　（2）在下列情形下，审评员可能关闭CEP申请

　　①经过初次审评后，CEP申请人所提供的资料未能证明其符合CEP认证程序的要求，则不能颁发CEP证书；

　　②CEP申请人未能及时提供所要求的资料。

　　（3）CEP申请人要求关闭CEP申请

　　申请人应向EDQM提交关闭申请信，已缴费用不退。

注：CEP有效期为5年，如果持有人未能提交更新申请，则到期自动失效。如果一个CEP中涉及到几个生产场地，对其中一个场地的检查发现关键和/或主要缺陷，检查结论为不符合EU GMP，或与CEP申请文件不一致，则EDQM会要求该CEP持有人对相应的CEP进行修订，从CEP的文件中删除该生产场地。

## 5.6 CEP证书的变更和更新[1]

　　CEP持有人应通过适当的变更申请将申请文件中的变更通知到EDQM。

### 5.6.1 CEP证书的变更分级

　　根据对药品质量的潜在影响变更可分为不同等级：通知（AN）、立即通知（IN）、微小变更（MIN）、重大变更（MAJ），该级别划分是根据Reg.（EC）NO. 1234/2008中的变更分类进行定义。所有不属于通知或重大变更中的变更，均归类为微小变更，但在以下情况时，应提交新的CEP申请：①增加新的合成路线和/或新的生产场地，且药品质量与已许可的不同；②持有人转让，转让理由不是并购或制药企业被出售，而是生产企业的名称变化。

### 5.6.2 变更时需提交的资料

　　变更可以分为四部分：行政类变更；质量类变更；TSE变更；在一个CEP中

[1] EDQM.GUIDELINE ON REQUIREMENTS FOR REVISION/RENEWAL OF CERTIFICATES OF SUITABILITY TO THE EUROPEAN PHARMACOPOEIA MONOGRAPHS[EB/OL].[2014-07]. https://www.edqm.eu/medias/fichiers/cep_guideline_on_revisionrenewal_of_certificates_of_suitability_to_the_monographs_of_the_european_ph.pdf.

使用另一个CEP。为方便申请人，一些常见的轻微变更在《CEP证书变更/更新要求指南》的变更清单中列出，但并未包括所有变更，变更清单见本报告附件。

所有申请修订（revision）的文件均应由CTD格式中模块1和3组成。

（1）模块1需提供以下信息

①封面函（cover letter）；

②完整的申请表（说明是变更申请）并描述变更类型，列出所有变更；

③对每个变更进行说明，同时说明理由并提供支持性资料；

④模块3中必须以比较表格形式呈现已许可的文件和拟定的文件的差异；

⑤对于通知型变更，必须说明是如何满足所要求的条件。

（2）模块3需提供以下信息

①受变更影响的完整的更新部分；

②所有的变更需要高亮显示。

（3）需要批数据的情况下

①批分析结果应符合现行欧洲药典专论的质量标准及CEP文件的附加相关要求；

②需要载明生产场地、生产日期、生产批次；

③定量性结果应使用数字表达，不可以用概括性术语如"符合规定"来表述。

必要时，应考虑《上市许可变更申请中稳定性试验指南》的要求，并提交相关文件。

### 5.6.3　变更与更新管理程序[1]

（1）通知

除需要立即申请的"立即通知"外，可以年度报告的形式报告过去12个月中所有通知型变更。EDQM在收到有效申请后给申请人发送一份收到告知函，并且在30天内对通知或小组通知的有效性进行评估。如果收到的通知不完整，EDQM在发送收到告知函或拒收通知函之前，可能会要求申请人澄清。如果不满足通知的条件，或者申请有严重缺陷，则向申请人发送拒收通知函，

[1]　EDQM. Procedures for management of revisions/renewals of certificates of suitability to the European Pharmacopoeia monographs[EB/OL]. （2016-08）[2016-09]. https://www.edqm.eu/medias/fichiers/cep_procedures_for_management_of_revisionsrenewals_of_certificates_of_suitability_to_the_monographs_pdf.

此时申请人必须重新发送适当的数据，并重新支付相关费用。

（2）微小变更

收到有效申请5天内EDQM认证秘书处发送收函通知至申请人，30天后批准变更申请或要求补充资料，此时计时停止。申请人应在30天内准备回复。收到回复的补充资料5天内EDQM认证秘书处发送收函通知，30天后批准变更申请或者拒绝。

（3）重大变更

申请人可以提交申请，包括一个重大变更，同时包括或不包括几个不相关微小变更和通知。收到有效申请5天内EDQM认证秘书处发送收函通知，60天后批准变更申请或要求补充资料，此时计时停止。申请人应在30天内准备回复。收到回复的补充资料5天内EDQM认证秘书处发送收函通知，30天后批准变更申请或者拒绝。

（4）更新申请

CEP持有人在证书有效期满前至少6个月应提交更新申请，未能提前提交更新可能会导致有效期和更新证书之间有时间差。更新同时可以提交微小变更或通知，但不可以提交重大变更。收到有效申请5天内EDQM认证秘书处发送收函通知，90天后批准变更申请或要求补充资料，此时计时停止。申请人应在30天内准备回复（TSE类证书为60天）。收到回复的补充资料5天内EDQM认证秘书处发送收函通知，30天后批准变更申请或要求申请人提供补充资料。

（5）药典专论修订

如果在增补版或新版的药典中对某些专论进行了修订，EDQM认证秘书处会向每一个证书持有人发送通知函，要求持有人对CEP文件进行相应的修订。CEP证书持有人应在90天内提供相关资料。收到有效申请5天内EDQM认证秘书处发送收函通知，90天后批准修订申请或要求补充资料，此时计时停止。收到回复的补充资料5天内EDQM认证秘书处发送收函通知，30天后批准变更申请或要求申请人提供补充资料，若批准修订申请，则颁发新的CEP证书。

（6）小组提交影响多个CEP文件的同一变更（grouped submission for the same change affecting several dossiers）

若同一个变更或同一组变更适用于多个CEP证书，这些证书归同一个持有人所有，则可以申请小组提交。小组提交的条件为：①受变更影响的几个不同的CEP文件归同一持有人所有；②不需要或很少需要对产品特殊影响进行评估；③每个受影响的CEP申请所需要的文件资料必须在同一时间提交。

对于小组提交的时间期限及费用要视变更的类型而定，提交的申请将根据上面所述的每项具体规定具体对待（例如，影响到多个CEP证书的单个通知性变更将视为一组通知性变更进行处理）。

（7）持有人转让

EDQM认证秘书处在收到完整的持有人转让申请后，会在30天内进行有效性评估，并签发修订后的CEP。若申请文件不完整，则不会要求补充资料，仅向持有人发送一封拒收信函。此时需要重新提交申请资料，支付相应费用。

各个变更/修订类型审评时间见表4-2。

表4-2　各个变更/修订类型审评时间汇总

| 修订类型 | EDQM时限（初始审评） | EDQM时限（审评补充资料） |
| --- | --- | --- |
| 通知（立即或年度） | 30天 | |
| 微小变更（可包括通知） | 30天 | 30天 |
| 重大变更（可包括微小变更和通知） | 60天 | 30天（TSE60天） |
| 更新 | 90天 | 30天（TSE60天） |
| 持有人转让 | 30天 | |

## 5.7　CEP认证收费标准

EDQM物质认证部2016年2月发布的CEP各类项目收费标准见表4-3。

表4-3　CEP各类项目收费标准

| 索引号 | 项目 | 费用（单位：欧元） |
| --- | --- | --- |
| | 新申请 | |
| CEP 028 | 单个化学类证书 | 5 000 |
| CEP 027 | 单个TSE或草药类证书 | 3 000 |
| CEP 026 | 双证书（化学类+TSE类）1 | 8 000 |
| CEP 025 | 化学纯度无菌类证书 | 8 000 |
| CEP 024 | 化学纯度无菌类证书+TSE类证书2 | 9 000 |

| 索引号 | 项目 | 费用（单位：欧元） |
|---|---|---|
| 备注：1. 如果只是TSE，费用为5 000欧元<br>　　　2. 如果只是TSE，费用为8 000欧元 | | |
| **证书变更** | | |
| CEP 009 | 通知 | 500 |
| CEP 005 | 微小修订 | 1 500 |
| CEP 019 | 组合修订（影响一些CEP文件） | 2 000 |
| CEP 006 | 持有人转让 | 1 500 |
| CEP 020 | 重大修订（可能包括微小变更及通知） | 2 000 |
| CEP 004 | 更新 | 1 500 |
| CEP 015 | 无菌数据评估 | 3 000 |
| **技术建议** | | |
| CEP 011 | 技术建议 | 1 000 |
| **现场检查** | | |
| CEP 016 | 企业申请并由EDQM批准的现场检查 | 9 000 |
| CEP 023 | 由EDQM决定的现场检查和再检查（4天） | 6 500 |
| CEP 002 | 由EDQM决定的现场检查和再检查（3天） | 5 000 |
| CEP 021 | 由EDQM决定的现场检查和再检查（2天） | 3 500 |
| CEP 022 | 由EDQM决定的现场检查和再检查（1天） | 2 000 |
| INS 003 | 亚洲地区检查期间的差旅费和生活费 | 6 000 |
| INS 004 | 欧洲地区检查期间的差旅费和生活费 | 800 |
| INS 005 | 其他地区检查期间的差旅费和生活费 | 4 500 |

## 5.8　CEP证书与GMP证书的区别[1]

　　CEP申请的一项主要内容是，制药企业必须承诺该物质的生产符合GMP原则和指南，但是对申请文件的评估并不包括GMP符合性的评估，因此CEP证书并不能证明其符合GMP，CEP证书既不等同于GMP证书，也不能代替GMP证书。作为文件评估的补充部分，CEP认证时可能会发起GMP现场检

[1] EDQM. Is a certificate of suitability equivalent to a GMP certificate?[EB/OL]. [2016-09]. https://www.edqm.eu/medias/fichiers/cep_reminder_a_cep_is_not_a_gmp_certificate.pdf.

查。欧盟法律规定，依据风险大小选定检查生产场地，也就是说EDQM并没有常规性检查。因此，不管生产场地是否被检查，CEP证书申请都可被批准。GMP证书由EU/EEA国家主管机构经检查后颁发（不管EDQM是否参与检查）。检查后EDQM不颁发GMP证书，但是会出具一份检查证明。

## 5.9 CEP认证的优点和特性

（1）促进并简化了国家药品主管机构和原料药生产企业之间的交流和沟通，保证了原料符合欧洲药典质量标准和欧盟其他相关法规的要求；

（2）CEP申请人直接提交CEP申请至EDQM，若要求补充资料，也只能由申请人提供，并且CEP申请文件存档于EDQM，因此CEP认证具有资料保密性；

（3）在不同的主管机构之间优化资源并节省时间；

（4）优化上市许可申请与变更的管理，独立于药品上市许可申请。CEP复印件可作为质量证明文件，通常不再进行额外的技术评价；

（5）采用集中审评方式，审评员由各国主管机构任命；

（6）生产企业可获得EDQM颁发的CEP证书作为质量证明性文件；

（7）CEP证书适用于欧洲药典协议公约成员国（36个）及其他国家和地区（如加拿大、澳大利亚、新西兰等）。

## 5.10 2013年~2015年CEP认证绩效

EDQM官网每年发布上一年度年度报告，以总结过去一年EDQM的相关活动。选取2013至2015年年度报告，整理的关键数据如表4-4所示，随着世界经济的不断发展，越来越多的原料药生产企业申请CEP证书；现场检查主要以亚洲地区为主；GMP不符合情况在逐年下降[1, 2, 3]。

---

[1] EDQM. ANNUAL REPORT 2013[EB/OL]. 2014-06[2016-09]. https://www.edqm.eu/sites/default/files/medias/fichiers/edqm_annual_report_2013.pdf.

[2] EDQM. ANNUAL REPORT 2014[EB/OL]. 2015-04[2016-09]. http://www.edqm.eu/sites/default/files/annual_report_edqm_2014.pdf.

[3] EDQM. ANNUAL REPORT 2015[EB/OL]. 2016-04[2016-09]. https://www.edqm.eu/sites/default/files/edqm_annual_report.pdf.

表4-4    2013~2015年CEP认证绩效

|  | 2015年 | 2014年 | 2013年 |
|---|---|---|---|
| 有效CEP总数 | 约4 200 | 约3 800 | 约3 700 |
| 新颁发的CEP | 291 | 355 | 307 |
| 新申请的CEP | 391 | 347 | 338 |
| 修订后颁发的CEP | 1 565 | 1 374 | 1 142 |
| CEP修订申请 | 1 900 | 1 632 | 1 390 |
| 现场检查次数<br>（主要检查亚洲地区） | 38 | 34 | 34 |
| 现场检查结果 | GMP不符合<br>约占18% | GMP检查不符合数量稍下降<br>（下降12%） | GMP不符合<br>约占38% |

# 6  ASMF 制度

## 6.1  法律依据

表4-5    欧盟关于ASMF管理的相关法律法规及条款

| 法律法规名称及内容 | 性质 | 涉及条款 | 颁布/修订时间 |
|---|---|---|---|
| Dir.2001/83/EC | 指令 | 第八款第三条：对采用何种申请方式做出了规定 | 2001年11月6日颁布并实施并于2003年做出修改形成Dir.2003/63/EC |
| 《ASMF程序指南》 | 指南 | 规定ASMF的定义、ASMF中的AP和RP及一些文件格式做出了规定 | 2013年5月31日颁布并实施 |
| Reg.（EC）NO.726/2004 | 规则 | 第三款：对集中审评程序及方式做出了规定；第六款和第七款：对加速审评程序做出了规定 | 2004年3月31日颁布并实施 |
| Dir.2003/94/EC | 指令 | 对GMP的检查做出了规定 | 2003年10月8日颁布并实施 |
| 关于ASMF的其他指南文件 | 指南 | 附件4：对ASMF的撤回做出了规定 | 2012年9月20日颁布 |

## 6.2 ASMF简介

欧洲药物管理档案（European Drug Master File，EDMF）也称为ASMF（Active Substance Master File），常译为"欧洲药品主文件"，是制剂的生产企业为取得上市许可而必须向注册当局提交的关于在制剂产品中所使用的原料药的基本情况的支持性技术文件[1]。欧盟的第一个药品指令颁布于1965年欧共体成立之初，20世纪50年代末60年代初的"反应停"事件，使当时的欧盟理事会意识到药品作为一类特殊商品其安全性评价极为重要。因此，欧盟理事会根据保证公众健康的原则，于1965年颁布实施了65/65/EEC指令，对欧共同体内药品的生产和流通进行了一系列规定。其中最重要的内容就是对药品的上市许可进行了明确规定——药品在上市前必须经过成员国主管当局的批准方能上市销售。该指令开创了欧盟关于人用药品法律指令的先河，为后来指令的不断完善奠定了基础，确立了欧盟药品法律法规"使用安全、产品有效、品质可靠"3个核心原则。随着65/65/EEC指令的实施，欧盟理事会认为需要颁布一系列统一的标准以规范药品的检验和试验，逐步解决不同成员国主管当局评价药品过程中的不一致现象。为此，1975年，关于药品的分析、毒理以及临床标准和计划书的75/318/EEC指令正式颁布实施。以此作为法律基础，1993年发布欧洲原料药EDMF指南，欧洲原料药EDMF备案管理进入规范化发展阶段。1993年11月1日，《马斯特里赫条约》正式生效，欧共体更名为欧盟，欧洲政治经济一体化进程快速发展。1995年阿姆斯特丹条约（Treaty of Amsterdam）生效后，欧盟成立了专门的药物评审机构——欧盟药品管理局（EMA）。为促进欧盟成员国统一药品市场的形成，EMA在统一药品上市许可申请的程序和标准方面做了大量工作。原料药管理继续沿用EDMF的管理形式，并于2004年根据药品法律法规新的发展情况，局部修订1993年颁布的原料药EDMF指南，但EDMF的基本程序和管理思想未变，该份指南沿用至今。

从以上发展历史可以看出，欧洲EDMF的产生和发展同样基于药品上市许可管理制度的发展，用于支持药品上市许可申请，同时保护原料药企业的技术机密。它的申请必须与使用该原料药的药品上市许可申请同时进行。当原料

[1] EMA. Guideline on Active Substance Master File Procedure. [EB/OL]. (2013-5-3). [2016-7-15] http://www.ema.europa.eu/docs/en_GB/document_library/Scientific_guideline/2012/07/WC500129994.pdf.

药的生产企业不是制剂上市许可的申请人时，也就是说当药品生产企业使用其他厂家生产的原料药生产制剂时，为了保护原料药的生产及质量管理等方面有价值的技术机密而由原料药的生产企业提交给欧洲主管机构的文件，分为公开部分（Application Part，AP）和保密部分（Restricted Part，RP）（公开部分和保密部分具体内容见ASMF指南ANNEX 3）。与美国FDA DMF涵盖药品生产的全过程CMC不同，欧洲ASMF则主要强调第一个C，即Chemistry。具体的说，ASMF的主要内容是药物及其相关杂质的化学，包括化学结构及结构解析、化学性质、杂质及其限度、杂质检查等等。

对同一原料药，ASMF持有人可能既有ASMF又有CEP。对于某一特定药品上市许可申请，药品上市许可申请人或药品上市许可持有人同时引用ASMF和CEP通常是不允许的。但如果CEP包含的信息过少（如稳定性），药监部门/EMA会要求在申请文件中提供补充资料。在这种情况下，同时引用ASMF和CEP是可行的。

欧盟成员国内的制剂生产企业要变更原料药生产厂家，就必须要向主管机构提交变更原料药的申请，并提交相应的支持性技术文件ASMF，这时通常要向原料药生产企业或贸易中间商索取ASMF文件，得到主管机构批准之后才可以使用。ASMF作为原料药有关信息的提交文件，在欧盟药品上市许可人制度下同样不被单独审查和批准，而是作为药品上市许可申请（MAA）或上市许可变更（MAV）文件的支持性文件，因而也是一种备案管理。

最近，ASMF程序指南要求任何时候只能使用一个版本的ASMF。如果一个申请人/MAH对原料药有特定制剂属性要求时，可以包括在上市申请的相关文件中。ASMF程序指南已经允许在原料药质量标准中包括与制剂相关的技术性要求，一般并不是ASMF中质量标准的一部分（例如粒径），但作为有特定的申报者/MAH的上市许可原料药质量标准的一部分。

## 6.3 ASMF的适用范围

根据ASMF指南内容，ASMF程序适用于以下原料药[1]：

---

[1] EMA.Guideline on Active Substance Master File Procedure. [EB/OL].(2013-5-3). [2016-08-01] http://www.ema.europa.eu/docs/en_GB/document_library/Scientific_guideline/2012/07/WC500129994.pdf.

①新原料药；

②已经存在的原料药，但还未被欧洲药典或欧盟成员国药典收录；

③已被欧洲药典或欧盟成员国药典收录的原料药；

④该程序不适用于生物原料药。

根据欧盟委员会Dir.2001/83/EC和CHMP 2004年10月月度报告，ASMF不适用于生物活性物质[1]，原因如下：首先，生物制品的特性和本质决定了对其进行检验不仅需要将物理化学和生物测试相结合，并且还需要广泛的生产过程和控制方面的知识；其次，生物制品的MAH/申请人可能在无法完全和公开地了解相关质量数据的情况下，不符合对其医药产品有能力承担责任的要求。因此ASMF不包含生物制品的申请。另外，一些可作为药品直接使用的生物原料药，如疫苗等，也不符合"定义明确"的原料药范畴。

对于血液制品要遵循血浆主文件（Plasma Master File，PMF）。PMF是一个独立的文件，有别于上市许可文件。不同于ASMF文件的是，PMF的申请人既可以是血液或血清的生产企业也可以是MAH，这样血清或血液的生产企业和MAH都要对最终的医药产品负责。对于在上市许可申请中涉及血液或血清制品的都应参照PMF中的有关规定。

对于疫苗抗原要遵循疫苗抗原主文件（Vaccine Antigen Master File，VAMF）。VAMF的申请是由MAH向EMA提出，并且经审查通过之后，由EMA颁发VAMF证书。对于一个疫苗来说，VAMF作为上市许可记录文件的一部分，一个疫苗可能包含关于生物的、药物的和化学的所有信息。同时一个疫苗可能含有一种、两种甚至几种疫苗抗原。对于新的疫苗，申请人必须提交给当局一个完整的包含所有疫苗抗原的申请文件。有关当局会对每一种疫苗抗原进行评估，并形成评估报告[2]。

对于ASMF、PMF、VAMF的简单对比如表4-6。

---

[1] EMA.http//www.ema.europa.eu/ema/index.jsp?curl=pages/regulation/q_and_a/q_and_a_detail_000020.jsp&mid=WC0b01ac0580022713.[EB/OL].[2016-8-5].

[2] EMA.GUIDELINE ON REQUIREMENTS FOR VACCINE ANTIGEN MASTER FILE CERTIFICATION.[EB/OL].(2005-3-17).[2016-08-03].

表4-6　欧盟ASMF、PMF、VAMF的简单对比

| DMF类型 | 监管机构 | 适用范围 | 申请人 | 内容保密性 | 证书形式 |
|---------|----------|----------|--------|------------|----------|
| ASMF | EMA | 除生物原料药外的所有原料药 | MAH | 有 | ASMF参考号 |
| PMF | EMA | 血液制品 | MAH或血液制品生产企业 | 无 | PMF证书 |
| VAMF | EMA | 疫苗抗原 | 疫苗生产企业 | 无 | VAMF证书 |

## 6.4 ASMF相关机构[1]

CHMP是EMA处理人用药品注册审评中各种科学及技术方面的专门机构，其职责是：对药品进行审评；药品上市后对药品进行监管；对各成员国对药品的不同审评意见做出公共评论。CHMP根据欧盟Dir.2001/83/EC，保证药品的质量安全有效。CHMP在欧盟范围内药物的合作监管方面起着重要的作用，如果需要，也会向欧盟委员会报告产品的暂停或撤市。CHMP对每个进入集中审评程序的药品出版欧洲公共评估报告（EPAR），为药品增加"药品特征概要（SPC）"、标签和包装要求，以及评估程序上的细节问题。CHMP还为制药公司研究开发新药提供帮助；为制药行业制定技术性及管理性的指南提供指导；通过国际合作保证药品的规范化[2]。

### 6.4.1 ASMF工作组建立的背景

根据ASMF工作共享程序指南，自2016年7月1日起，ASMF文件形式将取代以前对药物记录的NtA形式。ASMF可以用于一个或多个欧盟成员国的多个上市许可申请。同时，相同的ASMF可以被不同的成员国或不同的审评负责人（rapporteurs）评估，导致工作重复、审评资源浪费和对相同数据的不一致性审评。在这种背景下，为了提高ASMF审评的效率，并对ASMF审评工作

---

[1]　EMA.Mandate of the Working Group on Active Substance Master File Procedures. [EB/OL]. (2011-5-19).[2016-9-20] http://www.ema.europa.eu/docs/en_GB/document_library/Other/2011/07/WC500108525.pdf.

[2]　EMA. European Medicines Agency - CHMP - CHMP：Overview .[EB/OL].[2016-07-27] http//www.ema.europa.eu/ema/index.jsp?curl=pages/about_us/general/general_content_000095.jsp&mid=WC0b01ac0580028c7a.

共享，欧盟ASMF工作组成立。

## 6.4.2 ASMF工作组的构成

ASMF工作组由以下五部分构成：

①主席；

②人用药品相互认可和非集中审评程序联合协调工作组（CMDh）和兽用药品相互认可和非集中审评程序联合协调工作组（CMDv）；

③CHMP和CVMP，包括质量工作组的主席；

④EMA；

⑤EQDM。

另外，成员国引进其他的专家需要提前通知CMDh秘书处，并征得ASMF WGs主席的同意。

## 6.4.3 ASMF工作组的任务

这些工作组的主要任务包括：

①在现有法律框架内，考虑ASMF审评程序的可行性；

②制定协调一使用的ASMF评估程序，并编写一份关于程序规则的使用指南；

③开发ASMF欧盟编号系统；

④建立所有ASMF审评报告的中央数据库；

⑤考虑ASMF审评程序如何改进和优化。

## 6.4.4 ASMF工作组的会议频次

如果需要的话，会在一个月开一次CHMP、CMDh面对面的全体会议。在其他情况下可以开远程视频会议，应该确保全体ASMF工作组成员的参加。

## 6.5 ASMF工作组共享程序[1]

### 6.5.1 共享程序的介绍

ASMF工作共享能够使各成员国的主管机构确认相同的ASMF已经在不同的欧盟MAA申请程序中被提交。同样也允许主管机构共享原材料质量的相同数据的审评结果。对于共享程序的基本要求就是确认相同的ASMF已在不同的MAA申请程序中提交。因此以下几个系统必须建立的：（1）EU/ASMF 编号系统；（2）提交细节格式系统；（3）ASMF评估报告存储系统。这些系统被希望能够确认相同的ASMF在不同的MAA程序中已被提交。

### 6.5.2 ASMF评估报告

用ASMF-AR存储系统来共享评估报告。在ASMF的授权信中，ASMF持有人会告知EEA、EMA和EQDM已在ASMF-AR系统中分享了评估报告。ASMF评估报告会被相关当局在MAA申请的不同阶段被上传到ASMF-AR存储库中。当然在ASMF评估报告中关于产品的一些特殊的信息不会被上传，以确保机密信息不会被其他的MAH得知。

### 6.5.3 对于新ASMF的工作共享程序

新ASMF是指一个ASMF还没有被当局作为新的MAA评估过。当一个新的ASMF 被超过一个集中或非集中程序的上市许可申请进行审评时，工作共享程序的优势便被显现出来，即可以阻止ASMF持有人储备ASMF参考号。ASMF参考号的分配需要以下信息：①原料药以盐的形式存在的名称；②ASMF持有人的名称；③AP和RP部分的版本号。

为了维护ASMF单一版本的原则，已有参考号的ASMF发生变更时，一般不会形成一个新的ASMF，以下情况有可能形成新的ASMF[2]：

---

[1]  EMA. The work sharing procedure for the assessment of Active Substance Master File.[EB/OL].(2013-5-30).[2016-9-21] http://www.hma.eu/fileadmin/dateien/Human_Medicines/CMD_h_/CMD_subgroups_working_groups/ASMF_WG/ASMF_Pilot_Phase_Procedural_Announcement.pdf.

[2]  CMDh. presentatives_Organisations/Meetings_with_IPs_Nov_2014/3-Submission_Criteria_for_ASMF.pdf.

①不同的原料药；

②以不同盐形式存在的原料药；

③不同复合体的原料药；

④不同溶剂合物或溶剂合物混合物的原料药；

⑤不同同分异构的原料药；

⑥有反式异构体的原料药；

⑦光学纯物质的外消旋体；

⑧有新的合成路线的引入；

⑨相同的原料药采用不同的质量标准时。

## 6.5.4 ASMF的评估

第一步：ASMF的初步评估。一旦ASMF的初步评估完成，将会在70天（非集中审评程序）或80天时（集中审评程序）由EMA上传到ASMF-AR储存库中。105天或120天时来自CxMP形成的报告同第一份问题列表一同上传至存储库中。

第二步：初步评估的ASMF在子程序中循环。子程序中的EMA应该循环ASMF初步评估报告，目的是为了能让ASMF的申请人注意到消息，及时对初步评估报告中的问题进行解决。

第三步：对已经解决的初步评估报告中的问题的再评估。母程序中的审评员会对第二阶段中已解决的问题进行再次评估并形成评估报告，并于第120天或150天与形成的第二份问题列表上传到储存库中。

第四步：评估报告再次在子程序中循环。ASMF申请人对第二份问题列表中的问题进行再次的解决或回应。

第五步：对第二份问题列表回应的再评估，同第三步。

第六步：ASMF评估的结果。当对ASMF的评估完成时，并形成最后的评估报告上传至ASMF-AR储存库中。

在以上的系统中，首先需要将ASMF参考号（EU/ASMF/XXXXX）首次输入存储系统中，在进入评估程序即产生评估报告后，会得到一个报告评估号（YYYY），若ASMF通过整个评估，即会得到一个ASMF存储号（EU/ASMF/XXXXX/YYYY）。此过程与制剂的审评同时进行。

## 6.6 ASMF实施过程

### 6.6.1 ASMF的申请

（1）ASMF的申请主体

ASMF与使用该原料药的药品上市许可申请不可分离，必须由使用该原料药的欧洲药品制剂生产企业申请。即采用ASMF申请上市，就必须事先在欧盟找到使用该原料药的制剂生产厂商或代理商，由生产厂商或代理商提出申请。如果国外生产商在欧洲申请ASMF，则需要一个欧洲的客户负责药品上市许可申请程序。如果没有一个等待上市许可的药品，就没机会提出ASMF申请。

（2）ASMF申请提交材料[1]

在ASMF申请的过程中，ASMF持有人和上市许可申请人均需主动及时地提供相应的材料以保证申请工作的顺利开展。

①ASMF持有人应提交的数据：使用ASMF参考号（reference number）进行ASMF相关资料首次递交时，ASMF持有人提交的资料如下：

a. ASMF档案［公开部分、保密部分、质量综述（CTD格式）或详细的和批判性的总结（NtA格式）和专家的简历］；

b. ASMF授权信（附件4）；

c. ASMF提交信和行政细节（附件5）；

d. 做出以下承诺：如果ASMF有任何变更，将通过单独的信件或在授权信中告知申请人或EMA。

在之后有制剂进行上市许可申请或上市许可申请变更时如需引用已获得查询码的ASMF，此时ASMF持有人需递交以下资料：

a. ASMF授权信；

b. ASMF提交信和行政细节；

c. 在可接受范围内，反映与之前递交资料不同的部分所发生的具体变化；

---

[1] EMA. European Medicines Agency - Q&A：Innovative products - Q&A：21-37.[EB/OL].[2016-08-03] http//www.ema.europa.eu/ema/index.jsp?curl=pages/regulation/q_and_a/q_and_a_detail_000059.jsp&murl=menus/vet_regulatory/vet_regulatory.jsp&mid=WC0b01ac058002d9ad#.

做出以下承诺：如果ASMF有任何变更，将通过单独的信件或在授权信中告知申请者或EMA。

②上市许可申请人应提交的数据：ASMF指南附件1中所描述的"对于定义准确的原料药，生产商或申请人可直接将包括以下信息的独立文档上交至主管机关作为ASMF的注册文件"：

a. MAA申请表格、正确的EMA/ASMF参考码；

b. 授权信的复印件；

c. ASMF AP部分现行完整版的复印件；

d. ASMF持有人对在ASMF中有任何变化通知申请人和EMA的承诺的复印件，并将其作为单独的一封信件或者包含在授权信中。

注意：另外如果MA的相关规定发生变化，则MAH应该提交：

a. 根据变更的类型提交正确的EU/ASMF的变更申请表格；

b. ASMF AP部分修改部分复印件。

另外，在Ⅱ类变更中引入的新的ASMF时，MAH也应该提交以下资料：

a. 授权信的复印件；

b. ASMF AP部分现行完整版的复印件；

c. ASMF持有人承诺对ASMF中有任何变化通知申请人和EMA复印件，并将其作为单独的信件或者包含在授权信中。

此时，药品生产企业有必要为上市许可申请人提供所有数据，以确保申请人对药品承担责任。另外，在提交ASMF资料时应采用ASMF最新版本。

③ASMF文件组成部分：如果ASMF涉及集中申请程序药品，那么申请人应该意识到，正如ASMF指南中提到的ASMF文件应包括两部分：即公开部分和保密部分（RP，主要指原料药详细的生产过程。例如反应条件、温度、关键步骤的验证及评价数据等，以及生产过程中的质量控制）。在递交ASMF材料时要分开递交，因为药品上市许可申请人是不可以看到ASMF 保密部分的。ASMF的公开部分和保密部分组成的完整文件由原料药生产企业直接寄给EMA。公开部分由原料药生产企业提前寄给申请人，并由申请人将此部分包括在上市许可的申请文件中。除了公开部分和保密部分之外，ASMF还需要有一份目录，并对公开部分和保密部分分别编写一份概述（summary）。

④ASMF文件格式要求：若ASMF是eCTD格式，则这两个概述（指上述

③中提到的两个概述）应当写成一个质量综述。如果使用的是老欧洲格式或现行兽药NtA（notice to applicants）格式，则每个概述都应当采用表格型的专家报告格式。并且，公开部分和保密分别要有一个版本号，版本号的结构应当是唯一的，并有一定的逻辑顺序。最好采用如下格式：ASMF持有人/原料药/AP或RP/版本号/日期（yyyy-mm-dd）。ASMF 程序决定了原料药生产企业必须向每一个用户提供 ASMF。并且从2016年7月1日开始，对于集中审评程序的药品，在提交ASMF资料时必须采用eCTD格式。

申请人有必要和ASMF持有人保持联系，以确保在允许存在几天延误的情况下，ASMF所包括的必要文件都能尽量及时、准确并且和上市许可申请同时提交（在所有文件没有以满意形式提交之前，上市许可不被接收）。这也同样适用于与ASMF相关的120天内解决的问题列表和180天内解决的严重问题列表的答复。申请人应该知道直到相关机构收到ASMF持有人的问题答复，审查程序才能重新被启动。

（3）ASMF登记的结果

①原料药首次进行ASMF登记：原料药首次被制剂企业提出ASMF申请时，登记的结果是EMA告知药物制剂生产企业一个ASMF文件的参考号，原料药生产企业可以从首次申请登记的药物制剂生产企业处查询参考号，也可以在之后提交ASMF申请的前两周向EMA提交查询参考号的请求，一般将在三天内收到答复。

从2013年9月1日起，ASMF持有者只需向审批机构和CHMP成员提交一次有关集中审评产品（CAPs）的ASMF档案。根据新的ASMF提交规则，EMA将给之前最先提交的ASMF申请的申请人分配一个参考号，该号码可以包括多个CAP。EMEA/ASMF/xxxxx编号是一个按顺序分配的通过EMA能够在一个有效生命周期内供一个或多个申请者引用ASMF的内部参考号[1]。

在申请ASMF参考号时需提交以下材料：

a. MAA或者变更申请表格；

b. 授权信；

1 European Medicines Agency - Q&A: Innovative products - Q&A: 21-37.[EB/OL].[2016-08-06]http//www.ema.europa.eu/ema/index.jsp?curl=pages/regulation/q_and_a/q_and_a_detail_000059.jsp&murl=menus/vet_regulatory/vet_regulatory.jsp&mid=WC0b01ac058002d9ad#.

c. 提交信和行政详情表；

如果给定ASMF持有人的产品已经超过ASMF的一个生命周期（一个ASMF的使用周期是5年，满5年即为一个生命周期），ASMF持有人将需要从CAPs选择一个产品，提交更新后将获得一个包括所有CAP的新的EMEA/ASMF/01xxx编号。

②ASMF非首次被制剂企业引用：如果ASMF不是首次被制剂企业引用，那么在制剂企业提交上市许可申请时需要提供ASMF参考号。因此，ASMF持有人有责任将ASMF参考号告知制剂的申请人，如果在上市许可申请中没有ASMF参考号，将会引发验证问题以及推迟审评开始的时间。

但须注意的是，ASMF参考号不能替代ASMF编号系统（EU ASMF number），也不能替代ASMF持有人按GMP对其ASMF的质量控制责任。

EMA编号系统（ASMF参考号属于EMA编号系统）旨在对在其生命周期内产品的许可、扩展、变化、转移或更新赋予一个清晰识别。出于行政目的的考虑，每个申请都给予其一个由四部分组成的核心编号：EMA/V/C/…，V代表兽药，C代表集中程序，并且每个产品的识别均有其唯一的编码。EMA编号用来供EMA进行查询，并且也应被用来作为申请人在之后相关程序中使用。

## 6.6.2 ASMF的审评

（1）审评机构及方式

①审评机构：欧盟药品上市审批程序可概括为"两层机构、三种程序"，即欧盟和各成员国的药品监管机构；欧盟的集中审评程序、多个成员国之间互认请程序（即互认程序，MRP）和在单个成员国申请上市的申请程序。如果原料药的ASMF用于支持集中审评程序的药品上市许可申请，其审评机构为EMA；支持非集中审评程序（分散程序或互认程序）的药品上市许可申请，则其审评机构为申请上市国家的药品监管机构。在非集中审评程序过程中，如果成员国之间出现意见分歧时，由EMA负责予以仲裁[1]。

②审评方式：集中程序是一种统一、简捷的审批程序。遵循这一程序，

---

[1] 张象麟. EDMF 欧洲 "史记" [N]. 医药经济报，2012-02-20.[2016-08-07].

一个新药产品仅需一次申请、一次审评、一次批准即可在欧盟所有成员国销售。凡采用重组DNA、基因表达和单克隆抗体等生物技术生产的产品，必须遵循集中程序。其他如采用了新技术生产的药品、新化学实体或在作用机制、适应证方面具有新颖性的产品，其生产企业也可以选择这一程序。非成员国向欧盟申请上市的上述药品亦按此程序向EMA申请。

对于集中审评程序的药品上市许可申请，EMA发出通知：从2013年9月1日开始，ASMF持有人将只需与集中审评产品上市申请一起向有关机构（包括CHMP和CVMP）递交一次ASMF档案，之后再需引用该ASMF的集中上市产品只需引用其参考号即可[1]。

除必须采用集中审评程序的生物技术产品外，自1995年1月1日起，制药企业希望自己生产的药品能在多个成员国上市，因此制定了非集中申请程序。其具体过程为：生产企业首先向第一个成员国当局提交上市申请及技术资料。经审评，如果该局同意上市，应在210天内给出评价报告。若申请者同时或过后向其他成员国当局申请上市，这些成员国可暂停审评。待第一成员国批准该药上市后，申请者可以请求第一成员国给出有关该药的最新评价报告（包括上市后评价）送至其他成员国，进入互认过程。其他成员国在接到申请及评价报告后90天内必须做出反应，如果意见一致，则可予以上市许可，如果有严重的意见分歧，则提交至EMA的CPMP（人用药品委员会）予以仲裁[2]。

对于非集中申请程序的药品，ASMF由单个国家监管机构审评，所以针对不同的药物制剂，不同的评审机构有不同的侧重，因而会对文件有不同的要求，提出不同的问题。无论原料药用于哪个药物制剂的生产，也无论该ASMF是否已进行过登记，一般都要进行重新评审，因而对原料药生产企业来说是多次申请登记，要花费更多的时间和精力[3]。

———————————

[1]  European Medicines Agency - News and Events - Regulatory information - Revised dossier-submission requirements for active-substance master files.[EB/OL].(2013-08).[2016-08-06]. http: //www.ema.europa.eu/ema/index.jsp?curl=pages/news_and_events/news/2013/08/news_detail_001870.js.

[2]  张象麟. EDMF 欧洲 "史记" [N]. 医药经济报 .(2012-02-20).[2016-08-06].

[3]  EDMF 登记和 COS 证书的比较 _ 百度文库 .(2012-08-21)[2016-08-06]. http//wenku.baidu.com/link?url=Tdru0weD5OYUDyGE_PVQivXumXslnL6lSuOBJDYzqpwGVV3NPA6G0SAn19J5mBCNRsu0-_7OIKXGIU4LCxdMnFZu74Rt5eM01whtEATAJZS.

（2）审评内容

在申请ASMF时，官方有可能执行GMP检查，也可能不执行GMP检查。根据Dir.2001/83/EC第46条第f款，监管当局有理由怀疑存在不符合本指令规定的法律要求（如GMP）时，监管当局对原料药生产商或销售商的场地进行检查。作为制剂上市申请许可的一部分而与整个制剂上市申请许可文件一起进行审评，对于原料药的审评主要进行GMP合规性检查。根据Reg.（EC）726/中的第（8）条，原料药GMP检查的主要内容为：原料药生产场地、厂房设施、文件记录等[1]。

（3）ASMF审评结果（GMP检查是否合格）

①审评合格：原料药合格、制剂企业合格——ASMF编号被ASMF存储号替换，上市许可获批，即原料药和制剂企业的检查均合格才可获得上市许可申请批准。

②审评不合格：三种情况：

a. 原料药合格、制剂企业不合格——保留EMA系统ASMF编号；

b. 原料药不合格、制剂企业合格——终止上市许可审评；

c. 原料药不合格、制剂企业不合格——终止上市许可审评。

## 6.6.3 ASMF的变更和更新

如果ASMF持有人需要对ASMF的AP和RP做出变动，任何变动均要向主管当局上报，并通知所有制剂申请人。若仅修改ASMF的保密部分，且生产采用的质量标准和杂质范围均未发生改变，修改信息只需提供给主管当局；如果需要修改ASMF公开部分，此信息必须提供给其他制剂申请人，申请人应通过适当的变更程序修改相应上市许可证申请文件。如果ASMF内容无任何改变，在制剂申请人使用此ASMF的第一个五年后，ASMF持有人应正式声明ASMF的内容是不变和适用的，并提交一份更新的申请人或制剂生产企业的名单[2]。

---

[1]　EMA.http://www.ema.europa.eu/ema/index.jsp?curl=pages/regulation/q_and_a/q_and_a_detail_000167.jsp&mid=WC0b01ac0580b18196.

[2]　EDMF登记和COS证书的比较_百度文库. [EB/OL].(2012-08-21). [2016-08-07]. http://wenku.baidu.com/link?url=Tdru0weD5OYUDyGE_PVQivXumXslnL6lSuOBJDYzqpwGVV3NPA6G0SAn19J5mBCNRsu0-_7OIKXGIU4LCxdMnFZu74Rt5eM01whtEATAJZS.

由于欧盟药品上市管理的特殊性，当某个药品监管机构要求针对某一个药品上市许可申请对ASMF进行修订时，通常适用于已提交的所有ASMF[1]。另外，当ASMF持有人需要对ASMF的有关内容进行修订时，必须及时通知药品制剂上市许可持有人和药品监管部门，以便上市许可持有人及时评估变更情况，并对受到影响的上市许可申请进行相应修订。

ASMF持有人不应擅自变更ASMF的内容（如生产工艺、质量标准），在正式执行变更前，必须通过相关药品制剂的上市许可持有人上报监管机构，并提供ASMF持有人说明信。在一些特殊情况下，由于其他程序的规定（如正在进行的互认程序），ASMF内容在一段时间内不能变更，ASMF持有人应向上市许可所有人和EMA说明情况，并申请推迟变更执行日期。

ASMF持有人交给药品监管机构/EMA的说明信应当要包括如下内容（如果需要递交说明信时）：

①用列表形式说明自ASMF申请以来所发生的所有变更；

②对新老ASMF进行比较，并提供一个概述；

③说明该变更是否已被其他欧盟成员国认可、拒绝或被退回；

④相关申请人，MAH持有人和MA的名称；

⑤新的AP/RP，并分别要有新的版本号；

⑥如果与QOS/ER有关联，需说明更新后的QOS/ER。

药品上市许可进行更新时，MAH需要声明其产品生产制备和质量控制方法，已经紧跟科技进步，通过变更程序进行了规范的修订，产品符合现行CHMP或CVMP的质量指南。还需声明，除药品监管机构批准的变更外，未对产品进行其他变更。在此过程中，无论以上声明是否涉及原料药，上市许可持有人都应与ASMF持有人进行确认，确保药品上市许可申请所参考的ASMF内容符合原料药生产及质量控制的实际状况。一旦ASMF存在没有告知上市许可所有人和药品监管部门的变更，应立即启动必要的变更程序。

因此ASMF的变更包括两种情况：第一种情况ASMF持有人对AP和RP部分做出变更时，当只有AP部分发生变更时，ASMF持有人需通知所有引用此

---

[1] HMA.CMDh and CMDv QUESTIONS & ANSWERS ACTIVE SUBSTANCE MASTER FILE (ASMF).[EB/OL].(2016-04).[2016-11.25] http://www.hma.eu/fileadmin/dateien/Human_Medicines/CMD_h_/Questions_Answers/CMDh_280_2012_Rev07_2016_04_-_clean_-_ASMF_Q_A.pdf.

MAH和EMA或主管监管机构，此时需要MAH提交相应的变更资料；第二种情况MAH要求ASMF持有人对ASMF进行相应的变更。

## 6.6.4 ASMF授权的撤销[1]

ASMF不再提供给MAH或者ASMF被CEP所取代，那么ASMF持有人应该向EMA提供ASMF授权的撤销信。

ASMF持有人决定撤回ASMF时，应向相关当局给出充分的理由。并且应该及时通知MAH，双方做出停止原料药供应的书面协议。同时MAH应该提交恰当的MAV申请并获得EMA或主管机构对这些变化的批准。

# 7 欧洲药品上市许可[2]

## 7.1 上市许可申请文件应提交的内容

Dir2001/83/EC第8（3）条款中规定上市申请中应包含以下内容：

上市许可持有人（MAH）及生产企业的名称和永久地址，产品基本信息，产品特征、包装、说明书，临床前试验以及临床试验数据，环境影响评估等基本信息，生产企业的生产方法、生产控制等信息。

此外，还应包含以下信息：

①制剂生产企业出具的原料药书面确认函，表明制剂生产企业已经对原料药生产企业遵守GMP指南生产原料药进行审计；

②申请人的药物警戒系统描述，包括药物警戒负责人的详细信息，由申请人签署的能够执行药物警戒要求和责任的声明，以及药物警戒系统主文件保存的地点；

③与该药品有关的风险管理计划；

---

[1] EMA.Additional guidance on documents relating to an active substance master file.[EB/OL].(2012-9-20).[2016-08-07]. http://www.ema.europa.eu/docs/en_GB/document_library/Scientific_guideline/2012/10/WC500133204.pdf.

[2] EMA.VOLUME 2AProcedures for marketing authorizationCHAPTER 1MARKETING AUTHORISATION [2016-09]http://ec.europa.eu/health/files/eudralex/vol-2/a/vol2a_chap1_201507.pdf.

④在国外进行的临床试验符合2001/20/EC中的伦理要求；

⑤证明生产企业在所在国家获得药品制剂生产的授权文件；

⑥以下文件的复印件：在其他成员国或者第三国家获得药品上市许可、安全性数据概述、药品特征概述、说明书、被拒绝授予上市许可的详细原因。

## 7.2　上市许可与生产许可相分离的规定

药品上市申请人（MAA）在提交上市申请前，必须确定药品生产企业，上市申请中必须写明参与药品生产、检验、包装的企业信息，包括药品的生产、包装、检测等场地，包括受托生产企业的信息。

上市许可申请中的生产企业与MAH可不是同一企业，申请人可以把药品生产委托给任何一个或多个符合GMP的企业。但是，药品上市后的药品质量、安全性保证义务由MAH负责，受托方与委托方通过质量合同约定双方责任义务，必须完全按照委托方要求的工艺条件和质量标准进行生产，并承担产品追溯义务。

## 7.3　生产企业许可

MAH在提交药品上市许可申请时，必须确认申请中涉及的生产企业已经获得相应主管机构颁发的生产许可证，或者该企业正在接受主管机构的生产许可检查。若生产企业未获得主管机构颁发的生产许可证或者国外生产企业认证/进口商生产许可，则主管机构不予批准该上市申请。

EMA在审评上市许可申请时，会对生产企业的信息进行审查，包括受托生产企业。生产企业必须在欧盟境内注册，并获得成员国颁发的生产许可。Dir.2001/83/EC第118条款规定，如果生产企业不能满足相关条款规定的义务，主管机构可暂停、撤销生产许可。欧盟境内的药品生产企业和药品进口商都必须获得相应成员国颁发的生产许可，并接受该成员国的监管。拟从第三国（EEA外的国家）进口药品，并提供给EEA内任何一个国家，进口商必须获得成员国监管当局下发的生产许可，且进口商要确保第三国生产企业符合欧盟的

GMP[1]。

## 7.4 上市许可程序

Dir.2001/83/EC第6条款规定任何在欧盟成员国上市的药品都必须获得相关主管机构批准的上市许可，并且Dir.2001/83/EC第8（2）条款规定，上市许可只授权给在欧盟境内的申请人。申请人不论以何种审批程序获得上市许可都必须依照Dir.2001/83/EC第8（3）条款的规定提交上市申请。

通过集中审评程序申请上市许可的药品，CHMP应在210天内给出审评意见（不包括计时停止时间）。为了准备这个意见，CHMP应：（1）确认提交的申请文件及细节是否符合Dir.2001/83/EC 第8(3)、10、10a、10b、11和附件Ⅰ的要求，并应检查是否满足授予上市许可的要求；（2）可能要求OMCL或成员国实验室对拟上市药品及其中间体或其他组成物料开展检验，以确定生产企业使用和文件中描述的控制方法是安全的；（3）要求MAH在特定时间内提供补充资料。Reg.（EC）NO. 726/2004第8条款规定，收到CHMP书面请求后，成员国应该证明药品生产企业或者第三方国家进口商能够生产出合格药品，和（或）根据Reg.（EC）NO. 726/2004第6条款实施必要的控制检验。必要时，CHMP要求成员国有资质的检查员，由CHMP报告起草人或专家陪同，对拟上市药品生产企业实施检查，必要时对原料药生产企业进行现场检查。

## 8 药品生产企业的 GMP 检查

Dir.2003/94/EC中规定了人用药GMP原则和指南，在EEA内强制遵守这些原则和准则，这些要求在Eudralex第4卷出版的GMP的第Ⅰ部分中给出，第Ⅱ部分提供了关于用作起始物料的原料药的GMP详细指南，第Ⅲ部分包括其他相关指导。Dir.2001/83/EC第42条款和第111条款规定，检查对象包括作为起始物料的原料药的生产企业及制剂的生产企业。检查组成员来自EEA内的

---

[1] EMA.Apply for manufacturer or wholesaler of medicines licences . [S/OL][2016-10 https://www.gov.uk/apply-for-manufacturer-or-wholesaler-of-medicines-licences].

主管机构或者检查服务监管当局（inspection services of the supervisory）。根据Reg.（EC）726/2004号第8条款规定，若（共同）报告起草人建议，检查组可包括科学专家和/或检查报告员。

## 8.1 制剂及原料药的批准前检查[1]

根据Reg.（EC）726/2004第8（3）条款规定，CHMP可对制剂或原料药生产企业的生产场地进行批准前GMP检查。生产企业在提交上市许可申请前的通知中应记载原料药和制剂拟定生产企业的名称或地址；在EEA内负责制剂批放行的名称或地址；若药品来自第三方国家，还应该包括过去2～3年来EEA主管机构或与EU GMP有MRA协议的主管机构对生产场地进行的GMP检查报告；最终生产和批放行的安排；描述所有不同的生产场地的作用，复杂操作建议使用流程图。

上市许可申请人应准备好工厂主文件以备检查时需要，工厂主文件应使用在GMP指南的第三部分中给出的格式，并与药物检验合作计划（PIC／S）建议的一致。需要时，申请人应将工厂主文件直接提供给检查组，而不需要提供给EMA。若CHMP请求进行检查，EMA将写信给申请人及（共同）报告起草人说明将要进行的检查，提供细节（拟定检查日期、检查组、检查范围、主管机构负责检查的联系人）；上市许可申请被受理后，在210天上市许可审批过程中（集中审批程序）不允许再增加生产场地或者生产工艺变更，只允许上市许可后通过变更程序增加其他的生产场地。

检查通常与"计时停止"并行，并在请求检查后约2个月内执行。如果生产场地位于EEA内，由场地所在成员国的主管机构实施该检查；位于EEA以外国家，则入口国的主管机构要负责该项检查。如果主管机构由于其他理由不能实施检查，则可以委派另一个EEA有资质的药监机构实施检查。如果生产场地所在国与EU GMP有MRA协议，则MRA伙伴国主管机构的检查结果通常

---

[1] EMA. European Medicines Agency pre-authorisation procedural advice for users of the centralised procedure[EB/OL]. 2016-08[2016-11]. http://www.ema.europa.eu/docs/en_GB/document_library/Regulatory_and_procedural_guideline/2009/10/WC500004069.pdf.

会被欧盟主管机构所认可[1]。

检查员的首要职责是根据共同体（community）条款保护公众健康，检查员的职能是确保生产企业遵守GMP原则和准则，包括许可条款（licensing provisions）、上市许可和生产许可；检查员的主要目标应该是确保质量保证体系中的各种要素有效，并符合GMP原则，其他目标是确保拟上市药品符合上市许可的要求。

## 8.2 常规GMP检查

常规GMP检查（a general GMP inspection）通常评估企业是否符合生产许可的条款和条件，检查以下内容：①制剂及原料药GMP的合规性；②上市许可的合规性；③质量管理；④人员；⑤厂房和设备；⑥文件；⑦生产；⑧质量控制；⑨生产合同和分析；⑩投诉和产品缺陷；⑪自检。

### 8.2.1 检查前准备

主管机构应该预先计划一系列的检查，应确定每个生产企业遵守的检查频率。药品生产企业必须提供足够的资源，以确保检查员能够以适当的方式实施检查计划。检查计划应该根据共同体程序（community procedure）"以风险为基础检查药品生产企业"实施检查计划。在检查员实施检查之前，检查员应该熟悉被检查药品的生产企业，包括：

①工厂主文件的评估；

②审评企业生产或进口的药品；

③审评之前检查的检查报告；

④审评之前检查后的跟踪措施；

⑤熟悉生产许可的相关方面，包括生产许可变更；

⑥审评所有的生产许可变更；

⑦审评之前检查后初始召回的产品；

---

[1] EMA. Questions and answers: Good manufacturing practice[EB/OL]. 2007-07[2016-11]. http://www.ema.europa.eu/ema/index.jsp?curl=pages/regulation/q_and_a/q_and_a_detail_000027.jsp&mid.

⑧审评上次检查后通知的相关产品缺陷；

⑨审评自上次检查后，OMCL对相关样品的分析；

⑩审评与被检查场地相关的所有特殊标准或准则；

⑪审评上市许可的变更，上市许可申请的批准和拒绝；

⑫审评监管数据库的可获得信息（EudraGMP，FDA警告信等）

⑬审评设备、过程和关键人员的重大变更；

⑭审查（或准备）备忘录以进行特定检查，以避免缺失GMP的重要方面。

建议检查员在检查之前拟定检查计划，包括如下事项：

①根据以前的检查，设定检查的目的和范围；

②识别直接负责生产和质量控制/质量保证的人员；

③若超过一名检查员，则识别检查组成员及其各自的角色；

④检查拟定日期；

⑤确认每一关键事项检查活动持续时间；

⑥取样；

⑦最终会议的时间表；

⑧传阅检查报告的时间表。

## 8.2.2 原料药生产企业的检查

Dir.2001/83/EC第46条款规定，生产许可持有人应当通过在生产企业的生产场地开展稽核，来验证原料药生产者是否遵守GMP。生产许可持有人应当自行验证这样的合规性（自检），或者根据Dir.2001/83/EC的规定，在不妨碍其责任的前提下，根据合同，让能够代表他的实体去代为进行检查。Dir.2001/83 / EC第111条款规定，当主管机构应当认为有理由怀疑原料药生产企业未遵守GMP原则和指南时，对原料药生产场地实施检查。EDQM为了验证起始物料为获得合格证书（conformity certificate）而提交的资料是否符合欧洲药典专论时，EDQM可以要求对起始物料生产企业实施检查。检查员的首要目标应该是确定质量保证体系内的各种要素是否有效、是否获得GMP原则合规性及是否满足药典的要求。

原料药生产企业应该包括：①用作起始物料的原料药的全部及部分生

产企业或进口商；②在其被组合到药品中之前的分装、包装或外观处理的各种操作，例如包括由起始物料的经销商所进行的再包装或重贴签。因此，检查员应该对原料药生产场地、进口、再包装和重标签进行检查。在进行检查之前，检查员应熟悉被检查组织。除了审评指定的一个或多个药品的主程序或CTD列出的项目之外，还要审查原料药DMF中的相关部分；对于有因检查，审查审评员或者GMP检查员提出的问题；工厂主文件或者其他相关文件。

## 8.3 GMP检查中检查员的作用

上市许可申请的上市前评估，在欧共体（European Community）授予上市许可的条款和条件的合规性评估，以及Reg.（EC）/726/2004第58条款的合规性评估时，均可能需要检查员的参与。

### 8.3.1 检查员在上市许可申请的上市前评估中的作用

（1）验证许可（verification of authorizations）

当负责评估上市许可申请的人员与检查组磋商时，应有一个系统的程序。磋商的深度应该取决于申请拟上市药品的属性，涉及的生产和操作条件。磋商内容包括以下：

①验证药品生产企业持有生产许可 [ Dir.2001/83/EC第40（1）条款 ]；

②验证第三国进口到成员国的行为已获得第（1）条所述的生产许可 [ Dir.2001/83/EC第40（3）条款 ]；

③验证质量控制实验室（quality control laboratory）已获检查并许可 [ Dir.2001/83/EC第20（b）条款 ]。

### 8.3.2 检查员在上市许可的合规性评估中的作用

检查员对生产企业进行检查，以评估生产企业是否遵守GMP原则和指南。GMP检查包括确保所有生产操作都与相关的上市许可一致（Dir.2003/94/EC第5款）。某些情况下，例如关于生物、生物技术和其他高科技药品的检查，检查员可能需要有相关审评员陪同。检查员可由主管机构关于特定类型药品的专家或由主管机构指定专家陪同。在检查过程中，上市许可申请所有相关部分文件可供检查员参考。

检查员应设法通过检查所有相关设施、设备和文件，以验证严格遵守了上市许可申请中提供的资料。这些检查可能包括：①药品的组成；②容器；③生产配方（manufacturing formula）；④过程中控制的生产工艺；⑤原料药的来源和属性；⑥其他成分；⑦包装材料；⑧中间体的控制检验；⑨成品的控制检验；⑩标签；⑪审评员要求的其他数据，包括正在进行中的稳定性研究数据。

授予上市许可后，MAH后续可能向主管机构申请批准对原始资料的变更或修订。当主管机构批准上述变更或修订后，检查员应该检查与上述变更或修订所有相关的主文件，这些主文件中应包括主管机构批准的上述变更或修订。

## 8.4 GMP检查不合规后的不符合报告

检查员将在检查后15天内将检查报告草案发送给制药企业，以便对重大错误、异议或补救措施提出意见。检查报告应该以检查过程中的纪要为基础，简要描述企业及其生产活动、自检和检查员的发现、观察和缺陷的描述；符合GMP检查报告的共同体格式。制药企业应在15天内做出回复并发表评论，必要时，制定行动计划及实施时间表。任何讨论、进一步行动和/或提供检查中产生的额外信息的时间将由检查员商定，并由检查员通知（共同）报告起草人和EMA。

检查员将拟定最终报告，并在第180天将报告发送至EMA，（共同）报告起草人将收到一份复印件。如果检查结果为否定的，发布GMP不符合报告，在相关问题解决之前无法做出肯定意见；若检查结果为肯定的，在90天内颁发GMP证书。

任何成员国的检查机构进行的GMP检查均代表整个欧盟，检查报告应该明确说明生产企业是否符合Dir. 93/2004/EC 和Dir.r91/412/EEC和Eudralex第4卷GMP的要求。发现严重GMP不合规不仅对执行检查的成员国，而且对其他成员国都有影响。主管机构应努力评估对公众健康产生的影响，并在发出

GMP不合规声明之前尽可能共同商定行动。因此，需要欧盟范围内采取一致协调的保护公众健康的机制，发现GMP不合规后采取的行动应与GMP不合规行为造成的风险程度相适应。

Dir.2001/83/EC第6条款规定，欧盟成员国应将他们颁发的有关GMP证书，录入到由EMA的一个欧盟数据库中（即EudraGMP数据库）。Dir.2001/83/EC第7条款规定，对制剂或原料药、辅料生产企业的检查结果，若发现不符合Dir. 93/2004/EC 、Dir.91/412/EEC以及Eudralex第4卷的GMP的原则和指南，相关信息也要录入EudraGMP数据库中。EudraGMP数据库里的不符合报告在某种程度上相当于欧洲版的FDA警告信。这些报告与警告信相似，不符合报告对于制药企业至关重要，例如吊销GMP证书或召回产品[1]。

（2）GMP不符合报告中重大缺陷的分类[2]

①关键缺陷：该缺陷能够产生或导致重大风险——药品对患者有害，或者可能导致在食品中残留。

②主要缺陷：某一药品不符合其上市许可，或者实际生产偏离了欧盟GMP；批放行时未实施满意的程序或者质量授权人（欧盟内）未履行其法定职责；其他多个缺陷的组合，其中某一缺陷并不是主要缺陷，但组合起来可能成了主要缺陷。

③其他缺陷：不能归类为关键缺陷或者主要缺陷，但是偏离了欧盟GMP的规定（可能是因为评估时该缺陷比较微小，或者没有充分资料能够定义为严重缺陷或者主要缺陷。）

## 8.5 公布GMP不符合报告后的影响及措施[3]

发现GMP不合规可能不仅对执行检查的成员国，而且对所有相关成员国

---

[1] ECA.Fraud and Major GMP Violations at API Manufacturers in India and China[EB/OL].(2016-03).[2016-09]. http://www.gmp-compliance.org/enews_05225_Fraud-and-Major-GMP-Violations-at-API-Manufacturers-in-India-and-China.html.

[2] GMP Inspection Report - Community Format.

[3] EMA. Compilation of Community Procedures on Inspections and Exchange of Information[EB/OL]. (2014-10).[2016-11]. http://www.ema.europa.eu/docs/en_GB/document_library/Regulatory_and_procedural_guideline/2009/10/WC500004706.pdf.

都产生影响。主管机构应竭力评估GMP检查不合规对公众的影响，并在发出不符合报告之前就采取的措施达成一致协议。任何针对检查不合规采取的措施应与其造成的风险程度相适应。严重的GMP不合规要求立即采取措施以保护公众健康。

若申请CEP证书时，EDQM对物质生产企业进行了现场检查，检查不合规后，检查员应将检查不合规通知到国家主管机构，并遵循EDQM建立的程序，决定该CEP申请的结果。或某物质获得CEP证书后，EDQM对该物质生产企业进行现场检查不合规后，应评估并决定是否搁置或撤销CEP证书。

报告检查情况的机构应将GMP不符合情况录入至根据Dir.2001/83／E第111（6）条款中规定的EudraGMP的数据库。若EDQM对CEP认证实施的现场检查不合规，则应确保EudraGMP的状态与EDQM对相关受影响CEP证书采取的措施相适应。表4-7为公布GMP不符合报告后采取的措施。

表4-7　公布GMP不符合报告后采取的措施

| 措施 | 责任主体 | 对象 | 处理方式 | |
|---|---|---|---|---|
| 保护公众健康的紧急措施 | 评估GMP不符合报告对药品质量和安全性的影响 | 首席检查机构 | 市场上销售的药品或者准备销售的药品 | 撤销商业销售批或者临床试验用批，和/或禁止进一步分销和/或进口相关批 |
| | 发布快速警报 | 首席检查机构 | 拟召回的药品或批 | 发布快速警报 |
| | 禁止供应 | 监管机构主管机构 | 市场上销售的药品或者准备销售的药品 | 禁止供应 |

续表

| 措施 | 责任主体 | 对象 | 处理方式 | |
|---|---|---|---|---|
| 保护公众健康的非紧急措施 | 评估GMP不符合报告对上市许可申请的影响 | EMA/CMSS | 上市许可/上市许可申请 | 决定搁置、取消或变更某上市许可，和/或决定拒绝某上市许可申请 |
| | 评估GMP不符合报告对CEP证书的影响 | EDQM | CEP证书 | 确保GMP不符合报告与CEP证书状态相适应 |
| | 评估GMP不符合报告对生产/进口的影响 | 监管机构 | 药品生产/进口许可 | 评估并决定是否应搁置（部分或全部）、变更或者取消某一生产/进口许可，是否拒绝或搁置某一生产/进口许可申请，决定录入EudraGMP数据库的条目 |
| | 搁置或撤销CEP证书后评估对上市许可/上市许可申请的影响 | CMSS/NCA/EMA | 上市许可/上市许可申请 | 应评估搁置或撤销CEP证书的原因，并决定是否搁置、取消或者变更上市许可，是否拒绝上市许可申请 |
| 非GMP原因搁置或撤销CEP证书 | 通知欧洲药品监管网络 | EDQM | 搁置或撤销的CEP证书 | 通知所有的主管机构，并说明撤销或者搁置CEP证书的原因 |
| | 评估对市场上批件的质量和安全性的影响 | RMS/NCA/EMA | 市场上批件 | 必要召回药品，根据情况启动快速警报 |
| 非GMP原因搁置或撤销CEP证书 | 评估对上市许可/上市许可申请的影响 | RMS/NCA/EMA | 上市许可/上市许可申请 | 决定是否撤销、暂停或变更上市许可，是否拒绝上市许可申请；通过变更增加一原料药生产企业，并删除GMP不符合的原料药生产企业 |

备注：CMSS: 相关成员国，RMS: 参照成员国，NCA: 国家主管机构

### 8.5.1 保护公众健康的紧急措施

接收到GMP不符合报告后，主管机构应该评估GMP不符合对公众健康的影响并采取下列必要措施。

（1）对于市场上销售的药品或者准备销售的药品，评估其质量和安全性的影响

责任主体：首席检查机构（lead inspectorate authority）

①必要时撤销商业销售的批或者临床试验用批，和/或禁止进一步分销和/或进口相关批；

②召回或者禁止供应的措施应该召开会议与相关当局讨论，尽可能使欧盟的行动计划和时间表相协调一致；

③由于药品的危险程度不同，不同的成员国对于相同案例（cases）可能采取不同措施，药品的危险程度可以根据已批的标准进行评估；

④GMP不符合报告采取的后续措施可能导致药品供应短缺，可以启动"欧盟人用药品突发事件调控网络"。

（2）发布快速警报

责任主体：首席检查机构

若首席检查机构认为有必要从市场上召回药品或相关批件，则由其负责发布快速警报。

（3）禁止供应

责任主体：监管机构/主管机构

必要时，应通过适当方式立即限制产品进口和供应。

### 8.5.2 保护公众健康的非紧急措施

（1）评估GMP不符合报告对上市许可（上市许可申请）的影响

责任主体：EMA/参照成员国

评估GMP不符合报告对上市许可（上市许可申请）的影响应该考虑授予上市许可的合理法律框架及对已提交到主管机构的数据产生的潜在影响。应该强烈支持任何搁置上市许可的决定，并应考虑到均衡性原则。

在公布GMP不符合报告后，主管机构应该决定搁置、取消（revoke）或者变更哪一个上市许可，和/或者决定拒绝哪一个上市许可申请。当没有可供

选择的生产企业时，因生产企业的GMP不合规而自动搁置一个上市许可未必是最合适途径，因为如果生产活动被暂停，公众健康将遭受威胁。如果只是部分暂停或者取消上市许可，那么并不是所有列在上市许可的生产企业都会受到影响，通过变更删除GMP不合规的生产企业可能起到保护公众/动物健康的作用。

（2）评估GMP不符合报告对CEP证书的影响

责任主体：EDQM

如果EDQM对原料药生产企业进行检查后发现GMP不符合情况，EDQM负责评估并且决定不符合报告对CEP证书的影响。首席检查员（the lead inspectorate）和EDQM应该确保GMP的最终不符合报告与CEP证书的有效性状态保持一致。

（3）评估GMP不符合报告对生产/进口的影响

责任主体：监管机构

公布GMP不符合报告之后，监管当局应该评估是否应该搁置（部分或全部）、变更或者取消某一生产或者进口许可，或者是否该拒绝或搁置某一生产或者进口许可申请。然后，监管当局应该决定是否应该搁置（部分或全部），变更或者取消某一生产或者进口许可，并决定EudraGMP数据库中所需的条目。

对某一原料药生产企业实施GMP检查若发现不符合，表明上市许可持有人未履行其法律义务而使用存在问题的原料药作为起始物料，因此上市许可持有人应该对生产或进口或负责联系的质量授权人采取相应措施。

（4）搁置或撤销CEP证书后评估和判定对上市许可（申请）的影响

责任主体：参照成员国/国家主管机构/EMA

如果在公布GMP不符合报告后撤销或者搁置了一个CEP证书，主管机构应该评估搁置或撤销CEP证书的原因，并决定是否搁置、取消或者变更上市许可，是否拒绝上市许可申请。当原料药生产企业GMP不符合时，应该通过变更删除这个生产企业。当不存在可选择的已许可的原料药生产企业时，主管机构应该考虑通过变更增加一种可选择的原料药生产企业。

### 8.5.3 非GMP原因搁置或撤销 CEP证书

可能不是因为检查原因CEP证书也会被搁置或者失效，比如，没有满足对关键事项的承诺。

（1）通知欧洲药品监管网络（European Medicines Regulatory Network）

责任主体：EDQM

当由于非GMP原因导致某一CEP证书失效，EDQM应该通知所有的主管机构，在这个通知中EDQM应该明确说明撤销或者搁置CEP证书的原因。

（2）评估撤销或搁置CEP证书后对于市场上批件的质量和安全性的影响

责任主体：参照成员国/国家主管机构/EMA

非GMP不符合原因而撤销或者搁置CEP证书的例子可能包括但不仅限于：依照当前的药典专论无法进行生产（比如已经引入了一个修订后的专论），当地监管当局对生产企业施加限制（比如环境）或者是基于商业原因CEP持有人要求下暂停生产。

非GMP不符合原因而撤销或者搁置CEP证书之后，必要时应召回药品，并有职责根据以下情况启动快速预警：

①对于成员国间的非集中审批程序或者互认可审批程序许可的药品；

②对于集中审批程序许可的药品，EMA会以同样的方式协调产品缺陷；

③对于成员国上市销售的药品，某一国家实施召回可能就足够了。

（3）评估撤销或搁置CEP证书后对上市许可（上市许可申请）的影响

责任主体：参照成员国/国家主管机构/EMA

在EDQM通知后，每一个主管机构或参照成员国应该确定他们是否依据某一有问题的CEP而授予了一个上市许可，EMA将会通过科学委员会评估对通过集中审批程序许可的药品产生的影响，并协调相关监管活动。

对于非集中审批程序或成员国审批程序授予的上市许可，参照成员国将会主动采取措施，并且与相关成员国协商做出统一决定。

相关的主管机构将会评估撤销或搁置CEP证书的原因，并且决定上市许可是否撤销、暂停或者变更上市许可，并且/或者是否拒绝一个上市许可申请。

当不存在已许可的原料药生产企业时，主管机构应该考虑要求通过变更增加一种可选择的原料药生产企业，并删除GMP不符合的原料药生产企业。

## 9 上市许可变更

欧盟委员会2013年8月颁发的《Reg.（EC）NO. 1234/2008中关于对人兽用药品上市后的变更检查，及根据这些程序进行变更所提交文件检查，第II、IIa、III和IV章中设定的操作程序、变更不同分类细节指南》（简称"《变更指南》"）中规定：一项上市许可由以下两条组成：

①主管机构签发的授予上市许可的决定；

②根据Dir.2001/83/EC第8（3）至第11条款及附件Ⅰ中、Reg.（EC）NO. 726/2004的第6（2）条款和31（2）条款，或者根据Reg.（EC）NO. 1394/2007中第7条款，申请人提交的技术文件。

根据Reg.（EU）NO. 712/2012第2条款规定，上市许可变更或变更是指对下列文件内容的修改[1]：

①Dir.2001/83/EC第8（3）至11条款及附件Ⅰ的修改，Reg.(EC) NO. 726/2004第6（2）和31（2）条款的变更；

②授予上市许可决定的条款变更，包括药品特征摘要及其他影响上市许可的条件、义务和限制条款的变更，或者标签或包装插页说明书与药品特征概要相关联的某方面的变更；

Reg.（EC）NO. 1234/2008制定了关于授予上市许可的决定以及技术文件的修订程序。当标签或包装插页说明书某一方面的变更与药品特征概要无关联性时，则不由Reg.（EC）NO. 1234/2008制定修订程序，Dir.2001/83/EC第61（3）条款规定，这类变更应当通知到上市许可的主管机构，如果主管机构在90天内不提出异议的话，那么申请人可以实施这类变更。

若已批准上市许可内容发生变更，欧盟依照以风险为基础的方法评估变更风险，并依据风险程度的不同，不同的变更类型采取事前审批、自行变更再审批或者告知三种形式的监管措施。该划分方式目的在于减轻上市许可持有人和主管机构的负担，促进主管机构集中资源重点监管高风险的变更类型。根据

---

[1] EMA. COMMISSION REGULATION (EU) No 712/2012 of 3 August 2012 amending Regulation (EC) No 1234/2008 concerning the examination of variations to the terms of marketing authorisations for medicinal products for human use and veterinary medicinal products[EB/OL].（2012-08）[2016-11]. http://ec.europa.eu/health/files/eudralex/vol-1/reg_2012_712/reg_2012_712_en.pdf.

Reg.（EC）NO. 1234/2008第2条款规定，变更可以分为以下5类：IA类变更；IB类变更；Ⅱ类变更；延伸申请；紧急安全限制。2016年7月，根据集中审批程序上市后给用户的建议[1]，变更还可分为行政变更；质量变更；（非）临床变更；编辑变更。

参照成员国、国家主管机构或EMA负责处理上市许可持有人在变更程序中遇到的问题，必要时，参照成员国、国家主管机构或EMA可能会举行一个提交前讨论会议，以便进行下一步的监管和提供程序上的建议。当小组提交含有不同种类的变更时，需根据"重要"原则提交和处理这个小组变更申请。例如，当某一小组变更同时包含IB和IA类变更，则这个小组变更会作为IB类变更处理。

在集中程序下，EMA将公布每种变更类型程序应该提交复印件的数量，持有人则根据EMA公布的数量提交变更通知和变更申请复印件，并支付在Reg.（EC）297/95中规定的变更费用；在互认可程序下，根据Dir.2001/83/EC第27条款规定，每种变更类型程序应该提交复印件的数量将由协调小组公布，参照成员国应收到分配日期清单（dispatch dates），在清单上指明了变更程序编号，申请人应支付主管机构要求的相关费用；在成员国审批程序下，每种变更类型程序应该提交复印件的数量将由国家主管机构公布，申请人应确认支付主管机构要求的相关费用。

上市许可变更申请表可以在网址：http://ec.europa.eu/health/documents/eudralex /vol-2/index_en. htm查询。主管机构要求的与变更有关的资料，上市许可持有人应该立即提供。

各类变更审评程序、时限及适用对象，详见表4-8。

---

[1]  EMA. European Medicines Agency post-authorisation procedural advice for users of the centralised procedure[EB/OL]. （2016-07）[2016-11]. http://www.ema.europa. eu/docs/en_GB/document_library/Regulatory_and_procedural_guideline/2009/10/WC500003981.pdf.

表4-8　各类变更审评程序、时限及适用对象

| 变更类型 | | 程序 | 审评时限 | 适用对象 |
|---|---|---|---|---|
| 微小变更 | ⅠA | ⅠA类立即提交通知"告知"和"实施" | 30天 | （1）行政信息变更：持有人变更；在生产过程中使用的起始物料、中间体、原料药的生产企业或者供应商变更；（2）删除生产场地，包括原料药、中间体或者制剂的生产场地，包装场地，生产企业负责批放行以及批控制发生场地；（3）已批准的物理-化学检验程序的微小变更；（4）欧洲药典专论或成员国国家药典收载的原料药或辅料变更；（5）非直接接触药品的包装材料变更，该变更不会影响药品的运输、使用、安全性或者稳定性；（6）与质量标准限度加严相关的变更 |
| | | 提交通知"告知"和"实施" | | |
| | ⅠB | 提交通知"告知"、"等待"、"实施" | 67天 | （1）ASMF保密部分的微小变更；（2）液体原料药（非无菌）内包装的变更；（3）添加或者替换某一原料药/辅料包装材料质量标准参数；（4）辅料某一检验程序的变更（包括替换或添加）；（5）使用具有相同功能特征和相似水平的辅料替换某单一辅料 |
| 重大变更 | Ⅱ | 提交申请 | 60/30 90天 | （1）添加或修改一个适应证；（2）药品信息特征摘要部分的重大变更；（3）除已许可的质量标准、限度或验收标准之外的变更；（4）原料药或药品的生产工艺、组成、质量标准或者杂质分布的变更，可能引起药品的质量可控性、安全性和有效性的显著变化；（5）生物原料药的生产工艺或者生产场地变更 |
| 延伸申请 | | 提交申请"等同于初次上市许可申请" | 210天 | 原料药的以下变更：<br>（1）由不同的盐/酯复合物/衍生物，具有相同的治疗性结构部分，其功效/安全性特征没有显著不同，代替化学原料药；（2）使用由混合物经分离后得到的不同异构体，其功效/安全性特征没有显著不同；（3）使用生物原料药，其中一个分子结构略有不同，其功效/安全性特征没有显著不同，（4）改变用于产生抗原或原材料的载体，包括不同来源的新的主细胞库，其功效/安全性特征没有显著不同；（5）放射性药品的一个新的配体或者偶合机制，其功效/安全性特征没有显著不同；（6）更改草药药品的萃取溶剂或者草药的比例，其功效/安全性特征没有显著不同 |

## 9.1 IA类变更

Reg.（EC）NO. 1234/2008中第2（2）条款中对IA类变更定义如下：IA类变更是指这类变更对药品的质量、安全性和有效性仅产生微小影响，甚至不产生影响。IA微小变更包括[1]：

（1）行政变更

①持有人变更；

②在生产过程中使用的起始物料、中间体、原料药的生产企业或者供应商变更，及制剂的生产企业或供应商变更。

（2）删除生产场地，包括原料药、中间体或者制剂的生产场地，包装场地，生产企业负责批放行以及批控制发生场地；

（3）已批准的物理-化学检验程序的微小变更，其更新程序证明是与先前等效的，并且验证研究结果表明，该更新的检验程序至少是与先前等效的；

（4）欧洲药典专论或者是成员国国家药典收载的原料药或者辅料变更；

（5）非直接接触药品的包装材料变更，该变更不会影响药品的运输、使用、安全性或者稳定性；

（6）与质量标准限度加严相关的变更，这个变更不是由以前的质量标准限度评估结果或在生产过程中出现未预料事件而导致的。

IA类变更在实施前并不需要事前批准（即"告知"和"实施"的程序），IA/IA$_{IN}$变更可分为两个亚类：需立即通知的IA$_{IN}$类变更和不需立即通知的IA类变更[2]：

①需立即通知的IA$_{IN}$类变更：在实施后必须立即通知（或提交）到参照成员国、国家主管机构或EMA，以便对该药品进行后续监管；

②不需要立即通知的IA类变更：MAH在实施变更后12个月内将变更通知

---

[1] EmA.European Medicines Agency post-authorisation procedural advice for users of the centralised procedure [EB/OL]. （2016-07）[2016-10]. http://www.ema.europa. eu/docs/en_GB/document_library/Regulatory_and_procedural_guideline/2009/10/ WC500003981.pdf.

[2] EmA.European Medicines Agency post-authorisation procedural advice for users of the centralised procedure [EB/OL]. （2016-07）[2016-10]. http://www.ema.europa. eu/docs/en_GB/document_library/Regulatory_and_procedural_guideline/2009/10/ WC500003981.pdf.

提交到参照成员国、国家主管机构或EMA，MAH可以在年度报告中提交在过去12个月内实施的IA类变更。

## 9.1.1 提交IA/IA$_{IN}$类变更通知应准备的资料

IA/IA$_{IN}$类变更通知应包括Reg.（EC）NO. 1234/2008附件IV的所有要素，并且有合适的标题和EU-CTD格式的编号。IA类变更旨在为微小变更提供一个简单、快速和高效的程序。根据变更指南规定，提交IA微小变更时应该包括以下内容：

①说明信；

②EU变更申请表（公布在NTA），包括上市许可有关的细节，并注明变更的执行日期。当两个变更有关联或具有因果关系时，应详细说明；

③变更指南附件的参考变更编码，及变更应满足的条件和文件要求；

④变更指南附件中规定应提交的文件；

⑤当变更影响到药品特征摘要、标签和包装插页说明书时，通过合适的方式呈现修订后的信息。当IA类变更影响了外包装和内包装的总设计和可读性或者影响了包装说明书，则应该提交模型和样本到参照成员国、国家主管机构或EMA。

Reg.（EC）NO. 1234/2008第7条规定，当同一MAH涉及多个上市许可变更（小组提交IA类微小变更）时，应提交通用说明信和申请表、每一个药品各自的支持文件以及修订后的药品资料，从而允许相关主管机构对小组中每一个上市许可文件进行更新。

## 9.1.2 IA类微小变更的3种审评（Review）程序

### （1）互认可审评程序下的IA类变更审评

参照成员国在收到IA类变更通知30天之内进行审评。

截止到第30天，参照成员国应将审评结果通知到MAH和相关成员国。当需要修订授予上市许可的决定时，如果修订上市许可所需的相关文件已经提交至相关成员国，则在收到参照成员国发出的审评结果后6个月之内，所有相关成员国都应该更新授予上市许可的决定。

当一个或者多个IA/ IA$_{IN}$变更作为一个变更通知提交时，在审评后参照成员国将会明确通知MAH关于哪一个（多个）变更被接受或者被拒绝，MAH不能实施被拒绝的变更。

对于IA类微小变更，如果MAH根据有关当局的要求提供了任何遗漏的文件（missing documentation），而在变更申请中没有提供所有必要文件不一定会导致变更申请被拒绝。MAH不能实施被拒绝的变更。

（2）成员国审评程序下的IA类变更审评

国家主管机构在收到IA类变更通知30天之内进行审评。

截止到第30天，国家主管机构将审评结果通知持有人。当要求对上市许可的决定修订后才能授予上市许可时，如果修订上市许可所需的相关文件已经提交至国家主管机构，则在通知MAH审评结果的6个月内，国家主管机构应更新授予上市许可的决定。

当一个或者多个IA/ IA$_{IN}$变更被作为一个变更通知提交，在审评后国家主管机构将会明确通知MAH关于哪一个（多个）变更被接受或者被拒绝。MAH不能实施被拒绝的变更。

对于IA类微小变更，如果MAH根据相关主管机构的要求已提供任何遗漏的文件，则在申请中没有提供所有必要文件（necessary documentation）不一定会导致变更申请被拒绝。

（3）集中审评程序的IA类变更审评

EMA在收到IA类变更通知30天之内进行审评。

CHMP任命的报告起草人不参加审评程序。然而，EMA将会把IA类变更通知的复印件提交至报告起草人。

截止到第30天，EMA将审评的结果通知到MAH。当评估结果是肯定的并且授予上市许可的委员会决定需要再次修订，EMA将会通知委员会并且传送修订后的文件。在这种情况下，委员会将在12个月内更新授予上市许可的决定。

当一个或者多个IA/ IA$_{IN}$变更被作为一个变更通知提交，在审评后EMA将会明确通知MAH关于哪一个（多个）变更被接受或者被拒绝。

对于IA类微小变更，如果MAH根据EMA的要求提供了任何遗漏的文件，则在申请中没有提供所有必要文件不一定会导致变更申请被拒绝。MAH不能实施被拒绝的变更。IA/IA$_{IN}$可能会因未达到IA/IA$_{IN}$变更的所有要求或资料不够充分而被拒绝，此时应立即停止实施这些变更。如果是因未达到IA/IA_{IN}变更的所有要求或资料不充分而被拒绝，则MAH有责任判断该变更是否会影响产品的质量、安全性或有效性。EMA、参照成员国或国家主管机构可能会要求MAH在给出拒绝信的7个工作日内填写完整的质量缺陷通知表格并提供风险评估报告。表（4-9）为IA/ IA_{IN}变更时间表：

表4-9 IA/IA_{IN}类变更通知审评时限

| 接收到IA/IAIN类变更通知 | 第0天 |
| --- | --- |
| 开始检查 | 第1天 |
| 告知审评结果 | 第30天 |

## 9.2 IB类变更

Reg.（EC）NO. 1234/2008对IB类微小变更的定义如下：一个变更既不属于IA类变更也不属于II类变更和延伸变更。该类微小变更必须通过MAH在实施之前通知到EMA、参照成员国或国家主管机构，但是不需要正式批准。收到告知函后，MAH必须等待30天从而保证变更通知在实施变更之前被参照成员国、国家主管机构或EMA视为可接受的（"告知"、"等待"、"实施"的程序）。

### 9.2.1 提交IB类变更应准备的材料

根据变更指南规定，提交IB变更时应该包括以下要素：

①说明信；

②EU变更申请表（公布在NtA），包括上市许可有关的细节，以及适当时，提交的所有变更的实施日期描述。当一个变更与另一个变更具有因果关系或者相互关联时，应详细描述两个变更之间关系。当无法界定变更分类时，应说明作为IB类变更通知提交的详细理由；

③变更指南附件中规定的变更参考编号，表示变更应满足的条件和文件要求；

④变更指南附件中规定应提交的文件；

⑤因提交了新数据后主管机构要求的变更，比如，依据许可后的条件或者药物警戒义务的框架，应该在说明信中包括请求的附件；

⑥当变更影响到药品特征摘要，标签和包装插页说明书：通过合适的方式呈现修订后的信息。当IB类变更影响了外包装和内包装的总设计和可读性或者影响了包装说明书，则应该提交模型和样本到参照成员国、国家主管机构或EMA。

### 9.2.2　IB类微小变更的3种审评程序

（1）互认可审评程序下的IB类变更审评

在审评程序开始之前7个工作日内，参照成员国变更通知是否能视为IB类变更及提交资料是否完整和正确。

当拟定的变更不是一个IB类微小变更或者根据Reg.（EC）NO. 1234/2008第5条款不能判定为IB类微小变更，并且参照成员国认为变更可能对药品的质量可控性、安全性和有效性产生显著影响时，参照成员国将会立即通知相关成员和MAH。

在接下来7个工作日内，如果相关成员国与参照成员国意见一致，MAH将会根据II类变更申请要求对变更申请进行修订并进行补充。接下来收到一个有效的修订后的变更申请时，将会启动一个II类变更审评程序。如果相关成员国与参照成员国意见不一致，则参照成员国必须考虑接收到的评论和意见，判断拟订的变更分类并做出最终决定。

当参照成员国认为拟订的变更可以认定为一个IB类微小变更，将会将验证结果及程序启动时间通知到MAH。

在发出有效通知接收告知函30天内，参照成员国将会把审评结果通知到MAH。如果在发出有效通知收到告知函后30天内，参照成员国没有给MAH寄送否定意见，则这个变更通知视为可接受。

收到一个否定意见后30天内，MAH应参考不接受理由修订变更通知。如果MAH未在30天之内修订变更通知，则应视为被所有相关主管机构拒绝。

在收到这个修订通知30天之内，参照成员国将把最终接受或者拒绝的结果通知到MAH及相关成员国。

当一组微小变更被作为一个变更通知提交，参照成员国将会通知MAH和相关成员国关于哪一个变更申请被拒绝或者接受。如果已提交修订上市许可所需的文件，相关主管机构将会在参照成员国关闭程序后的6个月内更新上市许可申请。接受的IB类微小变更，可能不需要等待上市许可更新就可直接实施。

（2）成员国审评程序下的IB类变更审评

在审评程序开始之前，国家主管机构负责变更通知是否能视为IB类变更及提交资料是否完整和正确。

当拟定的变更不是一个IB类微小变更或者根据Reg.（EC）NO.1234/2008第5条款不能判定为IB类微小变更，并且国家主管机构认为变更可能对药品的质量可控性、安全性和有效性产生显著影响时，国家主管机构要求MAH修订申请并且根据Ⅱ类重大变更要求补充信息。收到一个有效的修订后变更通知时，将会启动一个Ⅱ类变更程序。

当国家主管机构认为拟订的变更可以认定为一个IB类微小变更，将审评结果以及程序启动时间通知MAH。

在发出有效通知接收告知函30天内，国家主管机构将会把审评结果通知到MAH。如果在发出有效通知接收告知函30天内，国家主管机构没有给MAH寄送一份否定意见，则这个变更通知视为接受。

在收到否定意见后30天内，MAH应参考变更的不接受理由修订通知。如果持有人未在30天之内修订通知，这个变更通知应视为被所有相关当局拒绝。

在收到修订后通知的30天之内，国家主管机构将把最终接受或者拒绝的结果通知到MAH。

当一组微小变更被作为一个变更通知提交，国家主管机构将会通知MAH哪一个变更申请被拒绝或者接受。如果已提交修订上市许可所需的文件，有关当局将会在程序关闭后的6个月内更新上市许可申请。然而，接受的IB类微小变更可以不需要等待上市许可更新就可直接实施。

（3）集中审评程序下的IB类变更审评

在审评程序开始之前7个工作日内，EMA审查变更通知是否能视为IB类变更及提交资料是否完整和正确。

当拟定的变更不是一个IB类微小变更或者根据Reg.（EC）NO.1234/2008第5条款不能判定为IB类微小变更，并且EMA认为变更可能对药品的质量可控性、安全性和有效性产生显著影响时，EMA要求MAH修订申请并且根据Ⅱ类重大变更要求补充信息。接收到一个有效的修订后变更申请时，将会启动一个

II类变更程序。

当EMA认为拟订的变更可认定为一个IB类微小变更，将会将验证结果以及程序启动时间通知到MAH。

报告起草人将参与IB类变更通知审评程序。

在发出有效通知接收告知函30天内，EMA将会把结果通知到MAH。在发出有效通知收到告知函30天内，EMA没有给MAH寄送否定意见，则这个变更通知视为接受。

在收到到否定意见后30天内，MAH应参考变更的不接受理由然后修订通知。如果MAH未在30天之内修订通知，则通知视为被所有相关主管当局拒绝接收。

在收到这个修订后通知的30天之内，EMA将把审评的最终接受或者拒绝的结果通知MAH。

当一组微小变更被作为一个变更通知提交，EMA将会通知MAH哪一个变更申请被拒绝或者接受。

当EMA的结果是肯定的并且其变更影响授予上市许可的委员会决定时，EMA将会通知委员会并且传送相关文件。必要时，委员会将会在最迟12个月内更新上市许可。如果已提交修订上市许可所需的文件，然而，接受的IB类微小变更可能不需要经历等待授予上市许可的委员会决定更新即可直接实施，并且批准的变更将会纳入后续的监管程序中。IB类变更通知审评时间表总结如下。

表4-10　IB类变更通知审评程序时间表

| 阶段 | 时间 | 程序 |
| --- | --- | --- |
| 验证 | Day1 | 接收IB类变更申请 |
| | Day7 | EMA开始验证，资料缺陷时MAH在5个工作日内提交补充资料（仅限一次） |
| 审评 | Day1 | 开始审评 |
| | Day30 | 评估意见（接受或要求补充资料） |
| 计时停止 | | 30个工作日内MAH准备补充资料 |
| 审评补充资料 | Day60 | 收到一份修订后的通知 |
| | Day90 | 最终审评意见 |

## 9.3　Ⅱ类变更

Reg.（EC）NO. 1234/2008第2（3）条款对Ⅱ类微小变更的定义如下：Ⅱ类变更是指变更对药品的质量可控性、安全性和有效性可能具有显著影响。Ⅱ类变更包括：

①添加或修改一个适应证；

②药品信息特征摘要部分的重大修改，尤其是新质量、临床前、临床或者药物警戒的变更；

③除已许可的质量标准、限度或验收标准之外的变更；

④原料药或药品的生产工艺、组成、质量标准或者杂质分布的变更，可能会引起药品的质量可控性、安全性和有效性的显著变化；

⑤生物原料药的生产工艺或者生产场地变更。

### 9.3.1　提交Ⅱ类变更需准备的资料

根据变更指南规定，提交Ⅱ变更时应该准备以下内容：

①说明信；

②EU变更申请表（公布在NTA），包括上市许可的相关具体细节，当一个变更与另一个变更具有因果关系或者相关联时，则应详细说明这两个变更之间的关系；

③变更指南附件的变更参考编码，表明应满足的前提条件并提交要求的文件；

④与拟定变更相关的支持性数据；

⑤提交了新数据后主管机构要求的变更，比如遵守上市许可后的条件或者药物警戒的责任框架，要求的复印件应该附在说明信中；

⑥药品质量综述的更新或附录，非临床研究概述和临床研究概述。即使已提交非临床研究报告或者临床研究报告，模块2中也应该包括这些概述；

⑦当变更影响到药品特征摘要，标签和包装插页说明书时：通过合适的方式呈现修订后的信息。当Ⅱ类重大变更影响了外包装和内包装的总设计和可读性或者影响了包装说明书，则应该提交模型和样本到参照成员国、国家主管机构或EMA。

### 9.3.2 Ⅱ类变更的3种审评程序

（1）互认可审评程序下Ⅱ类变更审评

如果Ⅱ类变更申请已同时发送至所有相关成员国并且这个申请已经包括了上文描述的所有内容，参照成员国接收有效Ⅱ类重大变更申请后将发送接收告知函到MAH，并通知MAH和相关成员国审评程序开始的时间，此时审评程序启动。通常情况下，Ⅱ类变更审评程序期限60天。可能鉴于事情的紧要性，尤其是涉及安全性因素，参照成员国可缩短审评时限，也可根据Reg.（EC）NO. 1234/2008附件Ⅴ中第1部分或者根据Reg.（EC）NO. 1234/2008第7（2）（c）条款中规定的小组变更，这段变更时限会延长至90天。

参照成员国将会准备一份审评报告草案及对变更申请做出决定，将审评报告传阅至相关成员国并将资料传至MAH。在时间表的框架内，相关成员国会将他们的评论寄送至参照成员国。在评估阶段，参照成员国可能要求MAH提供补充资料，参照成员国将补充资料的要求、起始时间表寄送至MAH。在收到补充资料之前，审评程序暂停。MAH提交补充资料的回复将会根据数据的数量和复杂性耗时30~60天。

在收到MAH回复之后，参照成员国将会做出最终评估，并且将评估结果传阅至相关成员国及MAH。

（2）成员国审评程序下Ⅱ类变更审评

如果Ⅱ类变更申请已经包括了上文所述的所有要素并提交至国家主管机构，国家主管机构确认接收有效的Ⅱ类重大变更申请后，将发送接收告知函到MAH，通知MAH程序开始的时间，此时程序启动。通常情况下，Ⅱ类变更审评程序期限60天。可能鉴于事情的紧要性，尤其是涉及安全性因素，国家主管机构可能会缩短审评时限，也可能会根据Reg.（EC）NO. 1234/2008附件Ⅴ中第1部分或者根据Reg.（EC）NO. 1234/2008第13d（2）（c）条款中规定的小组变更情形把变更审评时限延长至90天。

国家主管机构可能要求MAH提供补充资料，补充资料的要求、起始时间表寄送至MAH，时间表上说明MAH应该何时提交要求的数据以及必要时审评期限的延长。

在收到补充资料之前，程序暂停。通常情况下，暂停约1个月。如果要求暂停更长时间，MAH应该寄送一份延长补充资料时间的理由至国家主管机构以征得同意。

　　MAH提交补充资料的回复将会根据数据的数量和复杂性耗时30～60天。

　　（3）集中审评程序下评估Ⅱ类变更

　　如果变更申请已经包括了上文所述的所有内容并提交至EMA后，EMA确认接收有效的Ⅱ类重大变更申请后，将发出接收告知函到MAH。在发出接收告知函时，通知MAH程序开始的时间，此时程序启动。通常情况下，Ⅱ类变更审评程序期限60天。可能考虑到事情的紧要性，尤其是考虑到安全性因素，EMA可能会缩短审评时限。也可能会根据Reg.（EC）NO. 1234/2008附件Ⅴ中第1部分或者根据Reg.（EC）NO. 1234/2008第7（2）（c）条款中规定的小组变更情形把这段变更审评时限延长至90天。

　　在评估期间，CHMP成员可要求持有人提供补充资料。补充资料的要求和后续要求以及时间表将会一起寄送给MAH，时间表上说明了持有人何时应该提交要求的数据以及适当时评估期限的延伸。

　　在收到补充资料之前，程序暂停。

　　通常情况下，程序暂停约1个月。如果要求暂停更久，持有人应该寄送一份请求的理由至EMA以获得CHMP成员的同意。

　　若后续再要求补充资料，通常情况下程序最多暂停1个月，在合理请求之后最多暂停两个月。

　　MAH提交补充资料的回复将会根据数据的数量和复杂性耗时30～60天。在持有人的请求下，CHMP或CVMP可能会开展口头说明会议。Ⅱ类变更时间表总结如下：

表4-11　Ⅱ类变更申请审评时间表

| 60天：标准的Ⅱ类变更申请 | | 30天：紧急情况（与安全性有关）时审评时间缩短 | | 90天：变更或增加适应证的变更申请 | |
|---|---|---|---|---|---|
| 第1天 | 开始审评 | 第1天 | 开始审评 | 第1天 | 开始审评 |
| 第30天 | 收到审评报告 | 第20天 | 收到审评报告 | 第60天 | 收到审评报告 |
| 第50天 | CHMP成员评论 | 第25天 | CHMP成员评论 | 第80天 | CHMP成员评论 |
| 第60天 | 采用CHMP意见（或要求补充资料） | 第30天 | 采用CHMP意见（或要求补充资料） | 第90天 | 采用CHMP意见（或要求补充资料） |

### 9.3.3 Ⅱ类变更的3种审评程序评估结果

（1）互认可审评程序下Ⅱ类变更评估结果

审评结束后，参照成员国将做出最终审评报告，并将审评报告和变更申请的决定提交至相关成员国。

在收到审评报告和决定之后，相关成员国将认可这个决定并通知参照成员国，除非这个变更存在对公众健康、人或动物健康，或者环境有潜在的严重风险。相关成员国识别到这个潜在的严重风险后，在收到审评报告和参照成员国的决定后30天之内通知到参照成员国，并应就其所持立场的原因，对参照成员国给予详细说明。

Dir.2001/83/EC第29（3）、29（4）和第29（5）条规定，如果意见发生分歧，参照成员国将会将申请转交至协调小组，并且通知相关成员国和MAH。MAH没有权利触发转介程序。

Dir.2001/83/EC法规第32至34条规定，当涉及包含多个Ⅱ类变更的小组变更被转介到协调小组时，变更申请的决定不受转交影响，并且在转交程序终止之前将搁置变更申请的决定。然而，当变更涉及可能对公众健康带来潜在的严重风险，协调小组将会展开讨论。

参照成员国将会把批准或拒绝的变更通知到相关成员国和持有人。当一些Ⅱ类变更或者包括Ⅱ类变更和其他微小变更的组合变更已经作为一个申请提交，参照成员国将会通知持有人和相关成员国哪一个变更被接受或者拒绝。在审评程序中，持有人可能会从组合变更申请中撤回某一单个变更申请（在参照成员国做出最终意见之前）。

当变更涉及药品特征概要、标签和包装插页说明书时，沟通之后参照成员国做出支持性决定，MAH应该在7个工作日之内提交产品信息的翻译文本至所有相关成员国。变更批准之后，如果上市许可修订所必要的文件已经提交至相关成员国，则相关成员国的主管机构将会在2个月之内根据变更内容修订上市许可。

参照成员国把接受的变更通知到上市持有人之后，如果上市许可修订的必要文件已经提交至相关成员国，则许可的Ⅱ类重大变更将会在30天之内实施。

当变更申请转交之后，在转交程序结束时及做出接受变更决定之前不能实施变更。然而如果由参照成员国转交，则小组变更不受转交影响可能会实施。

与安全性因素有关的变更须在参照成员国与MAH达成一致的时间框架内执行。

（2）成员国审评程序下Ⅱ类变更审评结果

在审评阶段结束之后，国家主管机构将会拟定最终审评报告，并且将审评报告和对申请的决定通知持有人，告知持有人变更被批准或拒绝（包括否定结果的原因）。

一些Ⅱ类变更或者包括Ⅱ类变更和其他微小变更的小组变更已经作为一个申请提交，国家主管机构将会通知持有人哪一个变更被接受或者拒绝。在审评程序中，持有人可能会从组合变更申请中撤回某一单个变更申请（在国家主管机构做出最终意见之前）。

变更批准之后，如果上市许可修订所必要的文件已经提交至国家主管机构，相关成员国的主管机构将会在2个月之内根据变更内容修订上市许可。国家主管机构把批准的变更通知到持有人之后，如果上市许可修订的必要文件已经提交至国家主管机构，则Ⅱ类重大变更可被实施。

与安全性因素有关的变更须在国家主管机构与MAH达成一致的时间框架内执行

（3）集中审评程序下Ⅱ类变更评估结果

在采纳CHMP的意见之后，EMA将会在15天之内通知MAH，告知持有人意见是否允许变更（包括否定结果的原因）。

当一些Ⅱ类变更或者一组Ⅱ类变更和其他微小变更已经作为一个申请提交，EMA将会发布一个意见以表明审评程序的结果，意见中也会列出不被批准的变更申请。在审评程序期间，持有人可能会从小组变更申请中撤回某一单个变更申请（在EMA做出意见最终之前）。

Reg.（EC）NO. 726/2004中第9（2）和34（2）条款中规定的再检查程序同样适用于Ⅱ类重大变更申请。

当EMA的最终意见是批准变更的，并且变更影响授予上市许可的委员会决定，EMA将意见和理由以及必要文件传送至欧盟委员会，以便其修订上市许可。

接收到最终意见和相关文件资料后，欧盟委员会将会根据下列情况在2月内修订上市许可：

①添加新的适应证或者更改现有适应证；

②添加一个新的禁忌证；

③改变剂量；

④对兽用药品添加一个非食用目标物种或者更改现有物种；

⑤对于兽用药品，替换或添加血清型菌株或抗原；

⑥大流行前疫苗或者流感疫苗的原料药发生季节性变化；

⑦兽用药品停药期的变更；

⑧由于兽用药品某一个关键的问题，涉及公共安全健康、动物安全健康或者环境，改变授予上市许可的决定。

在其他变更的情况下，必要时，委员会将会在12个月之内修订授予上市许可的决定。

批准的Ⅱ类重大变更，要求在2个月之内修订授予上市许可的委员会决定，可能仅在MAH已经通知到委员会的情况下才能被实施。

不要求在2个月之内修订授予上市许可的决定，或者批准的变更不影响授予上市许可的委员会决定时，EMA已经告知持有人其肯定意见后，这个变更便可实施。与安全性因素有关的变更须在委员会与MAH达成一致的时间框架内执行。

## 9.4 延伸申请

根据Reg.（EC）NO. 1234/2008中附件Ⅰ规定，原料药的以下变更被视为延伸申请：

（1）由不同的盐/酯复合物/衍生物，具有相同的治疗性结构部分，其功效/安全性特征没有显著不同，代替化学原料药；

（2）使用不同的异构体，混合物通过分离得到不同异构体的混合物（例如，通过单一对映体的外消旋物），其功效/安全性特征没有显著不同；

（3）使用生物原料药，其中一个分子结构略有不同，其功效/安全性特征没有显著不同，以下例外：

①大流行前疫苗或者流感疫苗的原料药的季节性变化；

②替换或添加血清型菌株，抗原或血清型、株或兽禽流感疫苗，口蹄疫、蓝舌病的抗原；

③使用一个马流感疫苗株。

（4）改变用于产生抗原或原材料的载体（vector），包括不同来源的新的主细胞库，其功效/安全性特征没有显著不同；

（5）放射性药品的一个新的配体或者偶合机制，其功效/安全性特征没有显著不同；

（6）更改草药药品的萃取溶剂或者草药的比例，其功效/安全性特征没有显著不同。

### 9.4.1 提交延伸申请时需准备的资料

Reg.（EC）NO. 1234/2008第19条款规定，延伸申请的审评程序与初次上市许可审批程序相同；延伸申请可以作为一个新的上市许可或者是初次上市许可申请提交。延伸申请必须提交至相关成员国、国家主管机构或EMA。MAH可以提交一个小组延伸申请，或者与其他类型的变更一起提交。延伸申请应该包括以下要素：

（1）说明信；

（2）EU变更申请表（公布在NTA）；

（3）变更指南附件中的变更参考编码；

（4）与拟定的延伸申请相关的支持性数据；

（5）完整的模块1，在模块1中缺少的数据或文件应提供声明；

（6）质量总结的更新或附录，相关的非临床概述或者临床概述。如果提交了非临床研究或者临床研究，即使只有一个，在模块2中也应包括相应的总结。

（7）当延伸影响到药品特征摘要、标签和包装插页说明书时，应通过合适的方式和相关的翻译呈现修订后的信息。当Ⅱ类变更影响了外包装和内包装的总设计和可读性或者影响了包装说明书，则应该提交模型和样本到参照成员国、国家主管机构或EMA。

### 9.4.2 延伸申请的3种审评程序

（1）Dir.2001/83/EC规定，对于成员国审评程序和互认可审评程序下的延伸申请，在收到延伸申请后将作为一个初次上市许可申请处理。

（2）Reg.（EC）NO. 726/2004规定，对于集中审批程序下的延伸申请，在收到延伸申请后将作为一个初次上市许可申请处理。

综上所述，不论通过何种审评程序，延伸申请均可作为一个初次上市许可处理，延伸申请审评程序与药品上市许可审批程序时类似。EMA官网上公布了延伸申请详细的时间表和提交期限，时间表中注明了申请提交时间、开始时间和程序完成时间以及程序中其他重要时间。CHMP应在210个工作日内给出审评意见，如果MAH请求并且获得了CHMP一致同意，紧急情况下可以缩短这个时限[1]。

## 9.5 紧急安全限制

Reg.（EC）NO. 1234/2008第22条款规定，如果发生了公共安全风险的事件，MAH需要采取紧急安全限制措施，MAH必须立即通知所有相关成员国、国家主管机构或EMA。如果相关成员国、国家主管机构或EMA在收到通知后24小时内没有提出任何异议，紧急安全限制被认为可以接受。

MAH应在启动紧急安全措施后的15天内提交紧急安全限制的申请，并由国家主管机构/委员会实施紧急安全限制（对于集中审批程序下许可的药品由委员会实施，对于非集中审批程序下许可的药品由国家主管机构实施），MAH有义务执行紧急安全限制措施。

## 10 案例分析 ||||||||||||||||||||||||||||||||||||||||||||||||||||||||||||||||||||||||||||||||||||||

国内某制药企业曾因数据完整性/可靠性、微生物控制以及在检查期间不积极配合提供证据等问题收到FDA的警告信；之后FDA因药品短缺豁免了警告信。接下来以EUGMP不符合报告为例展开讨论：

---

[1]  EmA.European Medicines Agency post-authorisation procedural advice for users of the centralised procedure [EB/OL].[2016-08-04]. http://www.ema.europa.eu/docs/en_GB/document_library/Regulatory_and_procedural_guideline/2009/10/WC500003981.pdf.

（1）检查日期

2016年6月4日。

（2）检查对象

药品监管机构对某企业的3个生产场地生产的所有原料药、中间体和制剂。

在检查期间共发现57个缺陷，包括3个关键缺陷，17个主要缺陷。

关键缺陷包括：未完全识别并降低交叉污染风险；3个原料药中间体并不在该公司厂内生产。在工厂主文件和其他文件中，制药企业谎称这3个中间体是在公司的工厂里生产的；不良文件规范和有缺陷的物料管理。具体有：在仓库里发现不受控的文件，而仓库并非用于存贮文件。

主要缺陷：共发现17个主要缺陷，覆盖药品质量体系、高层管理职责、清洁验证、药品识别、过滤器使用和维护、稳定性试验偏差和复检、文件控制、原料药分装、物料灭菌、中间体保存时间以及工厂主文件里提供的不准确信息等。

（3）国家主管机构采取的措施

①要求上市许可变更：在所有新的/正在进行的上市许可或变更申请中，均不应再批准此生产企业；建议提交变更申请，引入原料药、中间体和制剂的替代（可选择的）生产企业。

②召回已放行批次：未建议对此生产场地所生产的原料药、中间体和制剂实行召回。是否需要召回，由国家主管机构和上市许可人根据风险评估对检验结果进行评估之后，由国家主管机构做出决定。评估时应考虑是否有替代供应商，以及潜在的短缺风险。

③禁止供应。

④其他：由于检查过程中发现了大量的缺陷，建议采取以下附加措施：

a. 吊销现行的GMP证书；

b. 强制欧盟境内外药品生产企业对公司所生产的每批原料药均进行全方面检测，包括杂质、残留溶剂和微生物负载。此措施不适用于目前已在销售的批次；

c. 强制欧洲生产企业和（或）进口商对来自企业的所有批次中间体和制剂，以及含有来源的中间体和原料药的药品进行全面检测，包括杂质、残留溶剂和微生物负载。此措施不适用于目前已在销售批次。

⑤备注：鉴于缺陷的性质，所发现的缺陷被认为适用于公司3个生产场地生产的所有原料药、中间体和制剂。检查发现的缺陷对在生产企业生产的所有原料药、中间体和制剂均有潜在影响。要求MAH联系相关国家主管部门确认其产品是否是关键产品，是否有替代供应商，是否在其国内有短缺风险，从而确定是否在不符合声明范围以内。

# 第五部分
# 国内外药用原辅料包材管理制度比较

DMF制度是美日欧等国家和地区管理原料药、药用辅料和药包材的通行做法，我国在借鉴该制度的基础上决定对药用辅料包材实施与药品的关联审评制度。虽然与原单独审评制度相比已有显著进步，但是与DMF制度相比仍有明显差别，主要体现在原辅料包材备案的前置性，以及制剂申请提交、审评、变更、检查及违规责任关联性方面。本研究分别从前置备案或认证程序，以及与制剂申请审评关联两个层面进行比较。各国原辅料包材管理制度审评对比表见表5-1。

表5-1　各国原辅料包材管理制度

| 国家 | 原料药 | 药用辅料 | 药包材 |
|------|--------|----------|--------|
| 中国 | 关联审评，批准文号 | 关联审评 | 关联审评 |
| 美国 | DMF，MFs | DMF | DMF |
| 日本 | MF | MF | MF |
| 欧盟 | ASMF，PMF，VAMF，CEP认证 | CEP认证 | |

注：MFs：生物制品主文件；PMF：血浆主文件；VAMF：疫苗抗原主文件

# 1 关联审评与前置性备案制度的本质区别

原辅料包材从其本质上看，属于药品制剂的组成部分。除药用外，还可能有其他多种其他用途，如在食品、兽药、化工领域的用途等等。对原辅料包材的审批更多的关注点在于其是否能够作为制剂组成部分、能否药用、生产质量体系是否符合质量要求。

（1）独立产品许可与供应商管理的区别

在关联审评制度下，原料药依然核发药品批准文号，是独立产品许可。原辅料和包材与制剂关联审评时，须待关联的药品上市申请获得批准之后，审评部门才给予辅料包材核准编号，提交申请材料的主体只能是原辅料包材的生产企业。从本质上讲，关联审评仍然把原辅料包材作为单独的产品进行管理，而前置性备案制度相当于是对潜在供应商的产品信息进行备案，建立药品制剂和供应商质量追溯体系。

在前置性备案或认证制度下，药品制剂的责任主体是上市许可申请人（或持有人），原辅料和包材都是制剂产品的组成部分，DMF持有人或CEP持有人均是供应商，申请人或持有人对选择哪家原辅料包材供应商的产品负责，也对整个供应链完整性负责。

（2）是否实行持有人制度的区别

我国目前对药品制剂实行上市许可持有人制度，对原辅料包材尚未实行持有人制度。持有人制度允许DMF持有人与生产企业相分离。在美国，DMF持有人可以为个人、合伙企业、公司和协会，该范围同美国药品上市许可申请人/持有人的范围相同。我国关联审评、日本MF、欧盟CEP认证的申请主体均为原辅料包材生产企业，而欧盟ASMF则由使用原料药的药品上市许可申请人申请，实际上欧美对原辅料包材也是实行持有人制度。

对原辅料和包材实行DMF持有人制度，有利于供应商自身资源的优化配置，建立质量体系，监管机构对DMF持有人的管理主要在申报技术资料审评和实际生产场地检查和违规处罚方面。

（3）变更灵活性的区别

药品制剂或原辅料包材，特别是新药、新原料药、辅料的关键技术应处于持续改进、不断完善之中。关联审评制度下，有关资料补充和变更的要求不够清晰，原辅料包材与制剂的适应性调整路径不顺畅。

前置性DMF备案或认证独立于制剂申请，其备案技术资料可以及时进行更新和完善。DMF备案时，原辅料包材生产企业可随时向药监部门备案其产品CMC信息，但备案时并不进行实质性审评，仅在有制剂申报时进行关联审评，这样便于原辅料包材根据制剂的需求进行调整。

而关联审评制度下，通过审评的辅料包材是依附于某种特定制剂的，在后续其他制剂申请使用该辅料包材时，不易根据其需求进行适应性调整。

关联审评制度下，有时还涉及原辅料包材技术资料所有权的问题，如果原辅料包材属于研发单位所有，而其不具备生产条件的情况下，原辅料包材技术相当于同时归制剂持有人，研发单位无法获得持续回报。原辅料和包材的研发动力不足，我国的原辅料和包材创新动力不足与原有制度有一定的关联。

（4）责任追溯体系的区别

前置性DMF或认证制度有利于原辅料包材生产企业（或持有人）和药品上市许可持有人各自承担相应责任，建立双重责任追溯体系。

DMF制度下，DMF持有者属于独立个体，MAH有替代选择余地，一个供应商DMF出现问题，不合适制剂或生产场地因违规被监管机构处以禁令时，MAH可选择其他供应商或更换生产场地。这样，DMF持有人为了使自己的产品能够被更多的制剂所使用，必须主动提高其产品的质量；同时，因为原辅料包材可影响制剂的质量，因此MAH作为责任主体，在选择供应商时，一定会严格进行供应商审计，以筛选优质的原辅料包材供应商。因此，DMF制度有利于DMF持有人保证和持续改进其产品质量，也有利于强化MAH的主体责任。

因原辅料原因导致制剂被认定为假药或劣药时，一方面原辅料DMF持有者要受到处罚，另一方面，药品上市许可持有人也要受到处罚，承担相应的行政、刑事和民事法律责任。

## 2 原辅料包材定义的比较

中药材和化学原料药不应按药品管理，应与辅料和包材实行相同的管理制度。我国与国外相比，在原料药的定义上存在较大差异。在美欧等国家，原料药均指药品的活性成分；而在我国，中药材和化学原料药均属于药品范畴。

原料药施行注册审批制有诸多弊端，其中之一就是造成原料药的垄断，从而价格上涨。注册审批制下，一个原料药往往需要花费较长的周期，较多的资源才能取得批准文号，因此，只有少数企业有能力和资源获得原料药批准文号。在这种原料药批文少，而制剂批文多的局面下，一些不良商家利用掌握的批准文号资源或者一些经销商通过独家代理，肆意提高原料药价格。相关媒体曾先后报道过潍坊隆舜和医药有限公司垄断盐酸异丙嗪原料药的销售，武汉新兴精英医药垄断水杨酸甲酯原料药的销售 。而且国家局2016年发布的新版《药品注册管理办法》（征求意见稿）中明确规定原料药须与药物制剂关联申报。在这种情形下，原料药企业更容易利用自己被众多制剂企业依赖的境况形成垄断。对此，多位业内人士呼吁放开原料药的批文，原料药不纳入药品管理，施行备案制即可。表5-2为各国原辅料包材定义。

表5-2 各国原辅料包材定义

|  | 原料药 | 药用辅料 | 药包材 |
|---|---|---|---|
| 中国 | 中药材和化学原料药属于药品范畴 | 生产药品和调配处方时所用的赋形剂和附加剂 | 直接接触药品的包装材料和容器 |
| 美国 | 原料药（活性物质）是指药品的成分中，在疾病的预防、诊断、缓解、治疗方面，或为了影响人或动物机体的结构和功能，而提供药理活性或者其他直接影响的部分 | 药品中活性成分之外的其他成分 | 无明确定义 |
| 欧盟 | 一切用于药品生产的物质或混合物，当其用于生产药品时，成为药品的活性成分，通过发挥药理、免疫或新陈代谢作用，或做出医疗诊断的方式，以恢复、矫正或缓解生理机能 | 药品中除原料药和包装材料以外的其他组分 |  |

# 3 DMF 制度比较

## 3.1 DMF适用范围

DMF制度的适用范围取决于监管机构对药品组成成分（含活性和非活性成分）纳入监管范围的风险判断。不同国家DMF制度名称略有不同，适用范围相似，美国DMF制度和日本MF制度均适用于原料药、药用辅料、药包材；欧盟ASMF适用于生物原料药之外的原料药，而血液制品、疫苗抗原等则有PMF、VAMF等途径；欧盟CEP认证则主要适用于欧洲药典收载的原料药和辅料。此外国外DMF和CEP认证还适用于有TSE传播风险的产品，各国DMF适用范围见表5-3。

表5-3 各国DMF适用范围

| 制度名称 | 类型（适用范围） |
|---|---|
| 中国关联审评 | 药用辅料、药包材 |
| 美国DMF | Ⅱ型：原料药、原料药中间体、原料药及其中间体制备中所用的材料（如新型色谱介质、无菌处理用过滤器）或药品；<br>Ⅲ型：包装材料；<br>Ⅳ型：赋形剂、着色剂、矫味剂、香精或制备它们所用的材料； |

| 制度名称 | 类型（适用范围） |
|---|---|
| 美国DMF | Ⅴ型：FDA可接受的参考信息，其包含Ⅱ到Ⅳ型 DMF中未涵盖的信息和支持数据，如生产场地、操作程序、人员等 |
| 日本MF | （1）以下用于生产制剂和医疗器械的原材料（raw material）：<br>　　a. 原料药、中间体和医药产品的材料（包括特殊剂型药品的材料等，不包括动物制品）；<br>　　b. 新辅料及改变现有辅料组成比例的预混辅料；<br>　　c. 医疗器械的原材料；<br>　　d. 容器、包装材料<br>（2）药物、中间体和医药产品材料（包括特殊剂型的物料等）。OTC（不包括有新活性成分的OTC药物）原料药、中间体和物料不需要进行MF登记；<br>（3）"TSE（可传播性海绵状脑病）数据编号"中新的TSE数据；<br>（4）在审评过程中建议进行MF登记的项目 |
| 欧盟ASMF | 以下原料药：<br>（1）新原料药；<br>（2）已经存在但尚未被欧洲药典或欧盟成员国药典收录；<br>（3）已被欧洲药典或欧盟成员国药典收录的原料药；<br>（4）不适用于生物原料药：<br>血液制品（PMF）；<br>疫苗抗原（VAMF） |
| 欧盟CEP | 适用于欧洲药典（总论或专论）收载的以下物质：<br>（1）生产或萃取的有机物或无机物（原料药或辅料）；<br>（2）发酵的微生物代谢产生的间接基因产物，无论该微生物菌种是否已被传统方法还是γ_DNA技术进行修饰；<br>（3）有TSE（可传播性海绵状脑病）传播风险的产品 |

## 3.2 适用情形

　　国外DMF制度为企业自愿行为，原辅料包材生产企业既可以通过备案DMF让制剂企业参考，也可以将其原辅料包材资料直接包含在IND或NDA申请中。总体来看，新活性成分、新辅料及改变现有辅料组成比例的预混辅料、新包材适于实行自愿前置性备案或关联提交，而已有国家标准的原料药和辅料则应实行以标准为准的认证管理。

　　在美国，对于新分子实体，不管其活性成分为制剂企业自己生产还是由其他生产厂家供应，FDA建议其活性成分资料均在NDA中直接提交。而对于已批准药品改剂型的新药申请，以及仿制药申请，若活性成分由制剂企业自己生产，则活性成分资料直接在NDA或ANDA申请中提交，若由其他生产厂家供应，则通过引用DMF的方式；在美国，对于辅料只要求新辅料进行DMF备案，而已被《美国药典/国家处方集》收载的辅料则不需备案，也不需关联审评。美国新活性成分申报路径见图5-1。

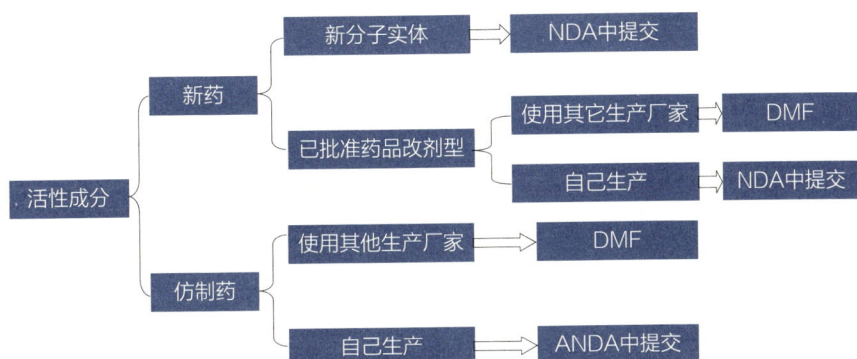

图 5-1　美国活性成分申报路径

在欧盟，ASMF制度仅适用于生物原料药以外的所有原料药。欧盟CEP认证则涵盖《欧洲药典》收载的原料药、药用辅料，属于标准管理范畴，相当于前置性审批，确认原料药和药用辅料符合标准和质量管理要求。而对于新辅料，则只能在药品上市申请时一并提交其材料。欧盟活性成分申报路径见图5-2。欧盟药用辅料申报路径见图5-3。

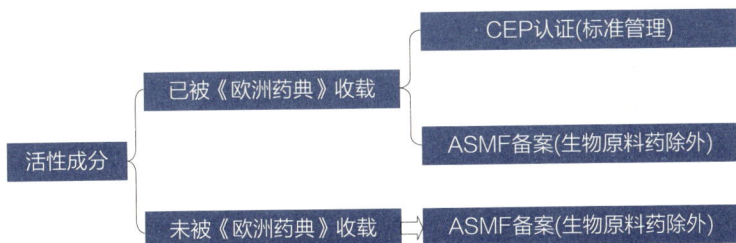

图 5-2　欧盟活性成分申报路径

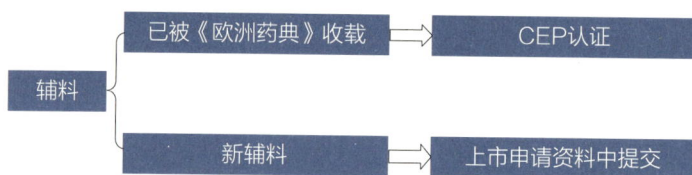

图 5-3 欧盟药用辅料申报路径

在日本，若原辅料包材生产企业需要保护其产品的知识产权时，可向PMDA进行MF登记；不需要保护其产品的知识产权时，可直接向制剂申请人提供其原辅料包材全部资料，制剂申请人在上市申请中提交。日本辅料MF登记限于新辅料及改变现有辅料组成比例的预混辅料；此外在日本，用于OTC的原料药、中间体和物料不需MF登记，因为在已有质量标准和检测方法下，其质量和安全性确定。日本药用原辅料包材申报路径见图5-4。

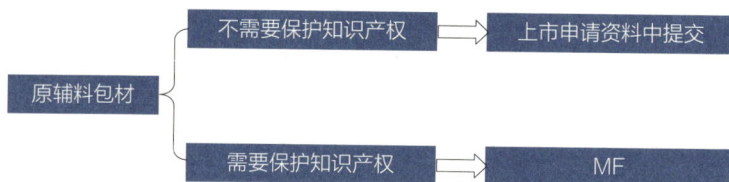

图 5-4 日本药用原辅料包材申报路径

表5-4 各国不同原辅料包材适用程序

| | 中国 | 美国 | | 日本 | 欧盟 | |
|---|---|---|---|---|---|---|
| 原料药 | 关联审评，批准文号 | 新药 | 新分子实体：NDA中提交 | 不需要知识产权保护：上市申请资料提交；需要知识产权保护：MF | 已被《欧洲药典》收载 | CEP认证 |
| | | | | | | ASMF备案 |
| | | | 已批准药品改剂型：DMF或NDA中提交 | | 未被《欧洲药典》收载 | ASMF备案 |
| | | 仿制药 | DMF或NDA中提交 | | 血液制品 | PMF |
| | | | | | 疫苗抗原 | VAMF |

续表

| | 中国 | 美国 | 日本 | 欧盟 | |
|---|---|---|---|---|---|
| 药用辅料 | 关联审评或上市申请资料中提交 | DMF或上市申请资料中提交 | 不需要知识产权保护：上市申请资料提交；需要知识产权保护：MF | 已被《欧洲药典》收载 | CEP认证 |
| | | | | 新辅料 | 上市申请资料中提交 |
| 药包材 | 关联审评或上市申请资料中提交 | DMF或上市申请资料中提交 | | | |

美、日、欧的DMF制度适用范围还包括原料药中间体、具有TSE传播风险的物质等。

在我国，原料药属于药品的范畴，需与药物制剂上市申请或者补充申请关联申报、关联审评审批，通过审批之后向原料药核发批准证明文件。药用辅料包材实行与制剂的关联申报、关联审评制度，制剂生产申请获批后，给予关联的辅料包材核准编号。

在我国，药用辅料关联审评范围包括：境内外上市制剂中未使用过的药用辅料；境外上市制剂中已使用而在境内上市制剂中未使用过的药用辅料；境内上市制剂中已使用，未获得批准证明文件或核准编号的药用辅料；已获得批准证明文件或核准编号的药用辅料改变给药途径或提高使用限量；国家食品药品监督管理总局规定的其他药用辅料。

在我国，已获得批准证明文件或核准编号的药用辅料用于其他制剂时若不改变给药途径且不提高使用限量，则无须关联审评；已在批准上市的药品中长期使用，且用于局部经皮或口服途径风险较低的辅料，也无须进行关联审评。

## 3.3 DMF申请提交

在向监管机构提交DMF时，涉及的要素主要有申请主体、接收机构、资料要求、资料的保密性以及是否与制剂申请捆绑。

DMF的提交人是谁可以判断是否实施持有人制度。我国关联审评、日本

MF、欧盟CEP认证的申请主体均为原辅料包材生产企业，没有实行持有人制度，而欧盟ASMF则由使用原料药的药品上市许可申请人申请。在美国，DMF持有人可以为个人、合伙企业、公司和协会，该范围同美国药品上市许可申请人/持有人的范围相同。

接收机构均为各国的药品监管机构；在资料要求方面，各国DMF及欧盟CEP认证均按照ICH M4Q：CTD-Quality中3.2.S部分的要求提交。2016年11月28日，CFDA发布了《药包材申报资料要求（试行）》和《药用辅料申报资料要求（试行）》，其要求与ICH基本一致。

原辅料包材技术资料向药品上市许可申请人保密是国外DMF的核心理念，日本MF和欧盟ASMF均将备案资料分为公开部分和保密部分（见表5-6），其中保密部分主要集中在3.2.S.2 生产信息部分（包括生产工艺和过程控制、物料控制、关键步骤和中间体的控制、工艺验证和/或评价、生产工艺的开发），引用MF或ASMF的MAH只能接触到其公开部分。美国DMF和欧盟CEP则不区分保密与公开部分，整套资料均不向引用它的MAH公开。欧盟ASMF虽然由药品上市许可申请人申请，但是其资料中保密部分由原料药生产企业提交。可见国外DMF均起到保密技术资料的作用；我国关联审评虽然未明确资料的保密性，但是通过辅料包材生产企业自己提交资料可起到保密作用。

在是否与制剂申请捆绑方面，美国DMF、日本MF和欧盟CEP认证都独立于制剂申请，可随时提交。在这种关联审评之前的前置备案方式下，原辅料包材生产企业可随时向药监部门备案其产品CMC信息，但备案时并不对其是否适合用于药品生产做出审评结论，这样便于在关联审评时根据制剂的需求对其原辅料包材做出适应性调整。我国的关联审评和欧盟的ASMF则均规定原辅料备案须与关联的制剂申请同时提出，表5-5为各国DMF提交阶段要素比较。日本和欧盟ASMF内容公开与保密比较见表5-6。

表5-5    各国DMF提交阶段要素

| 国家 | 制度名称 | 申请主体 | 接收机构 | 资料要求 | 资料保密性 | 是否与制剂申请捆绑 |
|------|----------|----------|----------|----------|------------|-------------------|
| 中国 | 关联审评 | 辅料包材生产企业 | 省级药监局或CFDA | 与ICH要求基本一致 | 保密 | 捆绑提交 |

续表

| 国家 | 制度名称 | 申请主体 | 接收机构 | 资料要求 | 资料保密性 | 是否与制剂申请捆绑 |
|---|---|---|---|---|---|---|
| 美国 | DMF | 个人、合伙企业、公司和协会 | CDER | 按照 ICH M4Q：CTD-Quality 中3.2.S部分要求提交 | 保密 | 单独备案 |
| 日本 | MF | 原辅料包材生产企业 | PMDA | | 分为保密和公开部分 | 单独备案 |
| 欧盟 | ASMF | 药品上市许可申请人 | EMA或成员国监管机构 | | 分为保密和公开部分 | 捆绑提交 |
| | CEP | 原辅料包材生产企业 | EDQM | | 保密 | 不捆绑，单独认证 |

表5-6　日本MF和欧盟ASMF内容公开与保密比较

| | | 公开/保密（日本MF） | 公开/保密（欧盟ASMF） |
|---|---|---|---|
| 3.2.S.1 基本信息 | 3.2.S.1.1 药品名称 | 公开 | 公开 |
| | 3.2.S.1.2 结构 | 公开 | 公开 |
| | 3.2.S.1.3 理化性质 | 公开 | 公开 |
| 3.2.S.2 生产信息 | 3.2.S.2.1 生产商 | 公开 | 公开 |
| | 3.2.S.2.2 生产工艺和过程控制 | 公开或保密 | 公开或保密 |
| | 3.2.S.2.3 物料控制 | 保密 | 保密 |
| | 3.2.S.2.4 关键步骤和中间体的控制 | 保密 | 公开或保密 |
| | 3.2.S.2.5 工艺验证和/或评价 | 保密 | 保密 |
| | 3.2.S.2.6 生产工艺的开发 | 保密 | 保密 |
| 3.2.S.3 特性鉴定 | 3.2.S.3.1 结构和理化性质 | 公开 | 公开 |
| | 3.2.S.3.2 杂质 | 公开 | 公开或保密 |
| 3.2.S.4 原料药的质量控制 | 3.2.S.4.1 质量标准 | 公开 | 公开 |
| | 3.2.S.4.2 分析方法 | 公开 | 公开 |
| | 3.2.S.4.3 分析方法的验证 | 公开 | 公开 |
| | 3.2.S.4.4 批检验报告 | 公开或保密 | 公开 |
| | 3.2.S.4.5 质量标准制定依据 | 公开或保密 | 公开或保密 |

续表

| | | 公开/保密<br>（日本MF） | 公开/保密<br>（欧盟ASMF） |
|---|---|---|---|
| 3.2.S.5 对照品 | | 公开 | 公开 |
| 3.2.S.6 包装材料和容器 | | 公开 | 公开 |
| 3.2.S.7 稳定性 | 3.2.S.7.1 稳定性总结 | 公开 | 公开 |
| | 3.2.S.7.2 上市后稳定性承诺和稳定性方案 | 公开 | 公开 |
| | 3.2.S.7.3 稳定性数据汇总 | 公开 | 公开 |
| 3.2.P.4 辅料的控制 | 3.2.P.4.1 质量标准 | 公开 | |
| | 3.2.P.4.2 分析方法 | 公开 | |
| | 3.2.P.4.3 分析方法的验证 | 公开 | |
| | 3.2.P.4.4 质量标准制定依据 | 公开或保密 | |
| | 3.2.P.4.5 源于动物或人体的辅料 | 公开或保密 | |
| | 3.2.P.4.6 新辅料 | 保密 | |
| | 辅料属性 | 保密 | |
| | 生产方法和工艺控制 | 公开或保密 | |

## 3.4 DMF的形式审查与公开

美日欧的DMF制度下，提交DMF后，并不立刻审评其资料，而只是进行形式审查，以确保资料的完整性。形式审查合格后即通过数据库公布该DMF的序号及持有人等信息，表示该DMF已备案成功，可被制剂申请所引用。而我国的关联审评也对辅料包材进行形式审查，但形式审查合格后只是给予受理并核发《受理通知书》，此时尚不纳入数据库，而是关联的药品生产申请获得批准之后，才给予辅料包材核准编号并公开必要信息。

欧盟CEP认证独立于制剂申请，须经审评、检查、检验（必要时）合格后，才授予申请人CEP证书，并通过认证数据库公开相关信息。表5-7为各国DMF（CEP）的形式审查与公开。

表5-7　各国DMF的形式审查与公开

| 国家 | 制度名称 | 审查机构 | 审查内容 | 审查时限 | 缺陷沟通方式 | DMF的公开 | | | |
| --- | --- | --- | --- | --- | --- | --- | --- | --- | --- |
| | | | | | | 审查结论 | 告知持有人 | 公布内容 | 公布形式 |
| 中国 | 关联审评 | 省级药监部门或总局受理中心 | 形式审查 | | | 符合要求 | 予以受理并核发《受理通知书》 | 尚未公布 | |
| 美国 | DMF | CDER下属药品质量办公室（OPQ） | 行政审查，审查格式和内容是否符合最基本要求 | 通常须2周 | 行政归档缺陷信（Administrative Filing Issues Letter） | 合格，变为活跃状态 | 通知信告知DMF持有人DMF序号、类型和主题 | DMF序号、类型、状态、持有人姓名、主题 | FDA官网中的DMF列表（DMF LIST） |
| 日本 | MF | PMDA | 形式审查 | | 未按要求登记相关资料或不符合厚生劳动省令规定的其他情形时，可退回申请，并说明理由 | 合格 | 向持有人发放MF证书 | MF登记号、登记日期、项目变更日期、持有人姓名和地址 | PMDA官网 |
| 欧盟 | ASMF | EMA或成员国药品监管机构 | | | | | 告知MAA参考号，ASMF持有人可向MAH或EMA询问该参考号 | | EU/ASMF编号系统 |

续表

| 国家 | 制度名称 | 审查机构 | 审查内容 | 审查时限 | 缺陷沟通方式 | DMF的公开 | | | |
|---|---|---|---|---|---|---|---|---|---|
| | | | | | | 审查结论 | 告知持有人 | 公布内容 | 公布形式 |
| 欧盟 | CEP | EDQM | 审评、检查、检验（必要时） | 5个月 | 补充资料信函 | 合格 | 将审评结论告知有关各方，核发CEP证书 | 物质名称、物质编号、证书持有人、证书编号、签发日期、到期日、状态、类型 | 认证数据库 |

注：MAA：药品上市许可申请人

## 3.5 DMF变更

　　当DMF持有人对其DMF内容有变更时，均须变更其DMF备案，同时告知药监部门及受影响的临床试验发起人或上市许可申请人/持有人，发起人或上市许可持有人在评估DMF变更对其制剂影响的基础上，须向药监部门提交相应的补充申请；若DMF变更时，临床试验或上市许可未获批准，则发起人或上市许可申请人提交修订（amendment）。表5-8为各国DMF变更比较。

表5-8　各国DMF变更比较

| 国家 | 制度名称 | 变更类型 | DMF持有人应对方法 | 对MAH的影响 |
|---|---|---|---|---|
| 中国 | 关联审评 | 包材辅料发生改变处方、工艺、质量标准等影响产品质量的变更 | （1）主动开展评估<br>（2）及时通知药品生产企业<br>（3）按要求向药监部门报送资料 | 及时掌握包材辅料变更情况，评估和研究变更带来的影响，并提交相应的补充申请 |

续表

| 国家 | 制度名称 | 变更类型 | DMF持有人应对方法 | 对MAH的影响 |
|------|----------|----------|-------------------|-------------|
| 美国 | DMF | DMF内容增加、改变或删减 | （1）向其DMF提交修订，标明受影响的信息 | 临床试验发起人或上市许可申请人/持有人应按需求补充或修订其申请 |
| | | | （2）提前告知受影响的临床试验发起人或上市许可申请人 | |
| | | | （3）年度报告中也应包含 | |
| 日本 | MF | 部分变更 | 提交变更申请 | MAH应提交部分变更申请 |
| | | 轻微变更 | 提交轻微变更通知 | |
| 欧盟 | ASMF | RP或/和AP变更 | （1）ASMF持有人告知MAH拟进行的变更 | MAH向监管机构提交变更 |
| | | | （2）向监管机构提交ASMF的相应部分和支持性数据 | |
| | CEP | 通知类变更（AN） | CEP持有人向EDQM认证秘书处提交变更申请或通知 | |
| | | 立即通知类变更（IN） | | |
| | | 微小变更（MIN） | | |
| | | 重大变更（MAJ） | | |

在欧盟，当药品监管机构要求某个药品上市许可申请参考的ASMF进行修订时，通常该修订要求适用于已提交的所有参考该ASMF的制剂申请。ASMF持有人和所有受影响的MAH均可按上述相同程序进行变更。

DMF发生变更时，发起人或上市许可持有人对其制剂的变更参照本章第5节。

## 3.6 DMF所有权的转让

在美国，DMF持有人可转让其DMF所有权。转让时，应书面告知FDA和被授权人，并且该书面信息包括：受让方名称、地址、受让方责任人姓名、转让生效日期、转让方责任人的签名、转让方责任人的姓名和职位；新持有人应提交转让接受信和DMF中更新的信息，任何涉及所有权转让的信息变更（例如厂址和生产方法等）都应包含其中。

在日本，MF登记文件也可转让。原MF持有人需要向PMDA提交MF登记申请表、MF变更申请、MF轻微变更通知书；新持有人应按规定向PMDA提交通知；此外，在转让过程中，需要递交转让者与受让者合同的复印件，在其中详细列明登记项目的试验数据和所有登记相关文件，同时要求声明生产场地和生产技术等没有发生改变。

欧盟CEP证书也可转让，该转让属于CEP变更与更新管理程序的一种。新持有人重新提交CEP申请。而原持有人则须提交转让申请，EDQM在收到完整的持有人转让申请后，会在30天内进行有效性评估，评估合格后签发修订后的CEP证书。若转让申请文件不完整，则不会要求补充资料，仅向持有人发送一封拒收信函，此时需要重新提交申请资料，支付相应费用。

DMF所有权转让时，若涉及生产场地变更，则发起人或上市许可持有人须参照本章第5节对其制剂变更。

我国的关联审评规定中并未明确所有权转让的相关程序。

各国DMF转让程序见表5-9。

表5-9　各国DMF转让程序

| 制度名称 | 程序类型 | 原持有人 | 新持有人 |
|---|---|---|---|
| 美国DMF | 通知程序 | 书面通知FDA和被授权人 | 提交转让接受信和DMF中更新的信息 |
| 日本MF | 通知程序 | 向PMDA提交MF登记申请、MF变更申请、MF轻微变更通知书 | 按规定向PMDA递交通知 |
| 欧盟CEP | 审评程序 | 转让申请 | 重新提交CEP申请 |

## 3.7　DMF的收费

各国DMF在备案时均不收费，欧盟CEP认证涉及审评、检查、检验等完整的认证流程，因此收费。

在美国，Ⅱ型原料药DMF第一次授权ANDA（包括ANDA、ANDA修正、PAS和PAS修正）参考时，DMF持有人须缴纳DMF费（2016财年为42 170美元），并且须进行初始完整性评价（initial completeness assessment），缴纳时间通常须在提交ANDA申请之前，最晚须在提交ANDA20日内，FDA建议至少提前ANDA 3个月缴纳DMF费，以便FDA有充足的时间进行初始完整性评价。

# 4 关联审评过程中的关联点

关联审评过程中的关联点包括引用DMF方式、缺陷沟通方式、检查、检验、审评结论等内容。

## 4.1 引用DMF方式

在DMF制度下，药品提交上市许可时，申请人不再需要提交整套原辅料包材的CMC信息，而是通过授权信、DMF登记号等方式将之与已备案的DMF相关联。

## 4.2 豁免审评的情形

在美日，DMF制度下若药品所关联的辅料已有国家药典标准，则该辅料不须提交DMF；若已审评过的DMF用于相同剂型、相同用途的其他药品上市许可申请时，只需对该DMF进行简略的审评；美国还建立了非活性成分数据库（IID），该数据库包含FDA已批准药品中使用的辅料，包含其名称、给药途径、CAS号、唯一成分识别号（UNII）、最大用量等信息。若某种辅料已被该数据库收载，当其用于相似的产品时，只需较少的审评。以上措施可大力节约DMF持有人、药品上市申请人、监管机构的资源和精力；在我国，已获得批准证明文件或核准编号的药用辅料不改变给药途径且不提高使用限量时，不再对其进行关联审评；此外，还规定已在批准上市的药品中长期使用，且用于局部经皮或口服途径风险较低的辅料，如矫味剂、甜味剂、香精、色素等执行相应行业标准，不须进行关联审评。

## 4.3 缺陷沟通方式

若关联审评过程中发现药品关联的DMF存在缺陷，均须告知DMF持有人并令其修订DMF，同时还须告知受影响的发起人或药品上市许可申请人。

## 4.4 检查与检验

在药品批准前，各国药品监管机构会对药品上市申请中列明的场地进行现场检查。美日欧监管机构均将原料药纳入现场检查范围，且以共同制定的ICHQ7A《原料药现行良好质量生产管理规范》作为检查规范。在美国，药品上市前FDA通常不对辅料进行现场检查，除非该辅料是新辅料和/或辅料生产过程是整个药品生产过程的关键步骤。在欧盟，当主管当局有理由怀疑GMP不合规时，也可对辅料生产场地进行检查。对于药包材，美国FDA通常不检查其生产场地，除非有特定原因，因为审核供应商是制剂企业的职责；在美国，若批准前检查中发现违规，则可对企业产品进行抽验，若批准前检查中未发现违规，通常不需要抽验。在日本，厚生劳动省可对其怀疑的产品进行抽样检验。

在我国，对于国产高风险包材辅料，省局受理申请后30日内对其完成现场核查并抽样送检；对于进口高风险包材辅料，总局受理中心受理后，通知中检院对样品进行注册检验，在技术审评期间可基于风险评估开展现场核查。

## 4.5 审评结论

在国外，关联审评时对原辅料包材审评结果不是批准或不批准其DMF，而是该DMF适合（ADEQUATE）或不适合（INADEQUATE）支持某个特定的制剂申请，结合现场检查结果，最终只对制剂申请做出批准或不予批准决定；在我国，原料药与药物制剂上市申请或者补充申请关联审评，通过审批之后向原料药和制剂核发批准证明文件。药用辅料包材实行与制剂的关联审评，制剂生产申请获批后，给予制剂批准证明文件，给予关联的辅料包材核准编号，若制剂生产申请不予批准，则向关联的辅料包材生产企业出具《审批意见通知件》，并说明理由。因此制剂生产申请能否获批决定辅料包材能否备案。各国DMF关联审评过程比较见表5-10。

表5-10　各国DMF关联审评过程比较

| 国家 | 制度名称 | MAH参考DMF的方式 | 豁免审评的情形 | 缺陷沟通方式 | MAH/DMF持有人的回应 | 生产场地检查 | 检验 | 关联审评结果 |
|---|---|---|---|---|---|---|---|---|
| 中国 | 关联审评 | 以下三者之一：有效的注册证、核准编号、包材或辅料《受理通知书》 | (1) 已获得批准证明文件或核准编号变更给药用辅料不改变给药途径且不提高使用限量时 (2) 已在批准上市的药品中长期使用，且用于局部经皮或口服途径风险较低的辅料，如矫味剂、甜味剂、香精、色素等 | 必要时可要求药品注册辅料人和辅料包材生产企业按要求补充资料 | 药品注册申请人和辅料包材生产企业按要求补充资料 | 原料药、国产高风险辅料包材，进口高风险辅料包材（受理后进行） | 原料药、国产高风险辅料包材、进口高风险辅料包材（现场检查时抽样送检） | (1) 药品生产获得批准、关联申报的包材辅料信息纳入数据库，给予核准编号 (2) 药品生产不予批准，则向关联的辅料包材生产企业出具《审批意见通知件》，并说明理由 |
| 美国 | DMF | 授权信 | (1) 曾被审评目接受，并无新信息 (2) 已被《美国药典/国家处方集》收载的辅料 (3) 通过OTC专论途径上市的产品参考的原料药 (4) 已被非活性成分数据库（IID）收载的辅料用于类似产品（较少的审评） | (1) 将缺陷详细内容告知DMF持有人 (2) 信息请求告知MAH存在缺陷，但不告知其缺陷的细节，审评时钟不停止 | DMF持有人被告知缺陷后，应向其DMF提交修订，并告知申请人该DMF已修订。MAH应对其申请提交修订，并报告FDA该DMF已修订 | 原料药、新辅料和（或）辅料的生产过程是整个药品生产过程的关键步骤、有特定原因时检查包材场地 | 若批准前检查中发现违规，则可进行抽检 | (1) DMF适合（ADEQUATE）或不适合（INADEQUATE）支持特定的制剂申请 (2) 批准或不予批准制剂申请 |

续表

| 国家 | 制度名称 | MAH参考DMF的方式 | 豁免审评的情形 | 缺陷沟通方式 | MAH/DMF持有人的回应 | 生产场地检查 | 检验 | 关联审评结果 |
|---|---|---|---|---|---|---|---|---|
| 美国 | DMF | 授权信 | | (3)"完整回复函"告知MAH存在缺陷，但不告知其缺陷的细节，审评时钟停止 | 申请人须对完整函中所列的全部缺陷做出完整的回复 | | | |
| 日本 | MF | MF登记号、公开部分 | 当同一MF用于相同剂型、相同用途的其他药品上市许可申请（简略审评） | 如有必要，PMDA可就MF中的登记事项直接询问MF登记者 | | 原料药以及中间体 | 厚生劳动省可对其怀疑的产品进行抽样检验 | 批准或不予批准药品上市许可申请 |
| 欧盟 | ASMF | 授权信、公开部分 | | (1)公开部分中的问题将送达MAH和ASMF持有人 (2)保密部分的问题仅送达ASMF持有人 | (1)ASMF持有人向监管机构回应公开部分和保密部分的问题 (2)同时将其对公开部分的回应送达MAH (3)MAH把对公开部分的回应作为其上市许可申请或者变更的一部分提交 | 原料药、辅料生产场地（有理由怀疑时） | | 批准或不予批准药品上市许可申请 |
| | CEP | CEP证书复印件 | | 发送问题清单至药品上市许可申请人 | MAH提交回复并提供补充资料 | | | |

## 5　上市后检查比较

药品上市后，药品监管机构也会对药品上市申请中包含的场地进行现场检查。美日欧监管机构均将原料药纳入现场检查范围，且以共同制定的ICHQ7A《原料药现行良好质量生产管理规范》作为检查规范；在国外，对于药用辅料的生产和供应通常不在药品监管机构的监管范围，也未制定官方辅料GMP标准，而是通过MAH和第三方的力量保证药用辅料在生产和流通中的质量安全。监管机构认为有必要时才对辅料生产进行现场检查。在我国，药用原辅料包材均在监管机构的检查范围内，而且官方专门制定了《药用辅料生产质量管理规范》；而上市后检查中发现问题将依据严重程度采取不同的处理措施；欧美还建立了专门的数据库公布检查结果，我国尚缺乏该类数据库（表5-11）。

表5-11　各国药品上市后对原辅料包材的检查

| 国家 | 检查场地范围 | 检查依据 | 检查结果及违规惩处 | 检查结果公布途径 |
| --- | --- | --- | --- | --- |
| 中国 | 原料药 辅料 药包材 | 药品监管部门应按照规定，依据GMP对经其认证合格的药品生产企业进行认证后的跟踪检查（《药品管理法》第六十七条） | 药品的生产企业未按照规定实施GMP的，给予警告，责令限期改正；逾期不改正的，责令停产、停业整顿，并处五千元以上二万元以下的罚款；情节严重的，吊销《药品生产许可证》（《药品管理法》第七十八条） | |
| 美国 | 原料药 | FD&CA704(a)，501(a)(2)(B) | 若违反FD&CA 501(a)(2)(B)规定，该场地处于失控状态（out of control），FDA可依据问题的严重性采取适当的建议性措施（advisory action）（包括警告信和无标题信）、行政处罚（administrative action）、司法行为（judicial action） | 检查数据库（Inspections Database） |
| 日本 | 原料药（OTC原料药除外） | | 暂停销售，废弃、召回，命令整改，撤销生产销售许可 | |

| 国家 | 检查场地范围 | 检查依据 | 检查结果及违规惩处 | 检查结果公布途径 |
|---|---|---|---|---|
| 欧盟 | 原料药、辅料（有理由怀疑时） | 2001/83/EC 第111条 | 若GMP不合规，颁发GMP不符合报告并收入EudraGMP数据库<br>紧急措施：评估对药品质量可控性和安全性的影响；发布警告；禁止供应<br>非紧急措施：（1）搁置、撤销或者变更上市许可，拒绝上市许可申请；（2）搁置或撤销CEP证书；（3）搁置、撤销或者变更生产或进口许可，拒绝或搁置生产或上市许可申请；（4）撤销搁置CEP证书时，可能搁置或变更上市许可，拒绝上市许可申请 | EudraGMP 数据库 |

# 6 药品生产变更比较

若已批上市申请内容发生变更，美欧均依据以风险为基础的方法评估变更风险，并依据风险程度的不同，采取前置审批、后置审批或者告知三种形式的监管措施。MAH应主动验证变更的影响并将验证结果包含在变更申请中。日本也将药品上市后进行的生产变更分为部分变更和微小变更，其中部分变更须得到MHLW部长的批准；微小变更只需在实施前30日内告知MHLW。以风险为基础的变更能够使药监部门全面及时地掌握产品的情况，同时减轻MAH和监管机构的负担，促进监管机构集中资源重点监管高风险的变更类型。表5-12为各国药品生产变更分类。

药品生产变更可能涉及药品组分、生产场地、生产工艺、质量标准、容器密封系统、标签等内容中的一项或多项。

生产场地变更是药品上市后变更的常见变更类型，在美日欧，原料药生产场地变更通常也依据风险程度高低分为不同的变更类型（表5-13）。

在美国，包装组件或包装材料的生产场地变更若不涉及其他变更［如尺寸（dimensions）、组成、标准、加工助剂］，则通常不须报告。若涉及其他变更，则报告类型须依据其他变更类型提交；变更辅料生产场地通常也不须报告。

在我国，改变国产药品制剂的原料药产地，须向省药监部门备案；改变进口药品制剂所用原料药的产地，须向CFDA备案。而场地风险程度与该场地在国内或国外并无关系，因此我国药品上市后变更并没有引入风险分级的理念。

表5-12 各国药品上市后变更分类

| 国家 | 变更类型 | 分类依据 | 提交类型 | 审批情况 |
|---|---|---|---|---|
| 美国 | 重大变更 | 对特性、规格、质量、纯度以及效力等与药品安全性和有效性相关的参数有重大潜在不利影响 | 事先需审批的补充申请（PAS） | 须经FDA批准方可销售变更后生产的药品 |
| | 中等变更 | 对特性、规格、质量、纯度以及效力等与药品安全性和有效性相关的参数有中等程度潜在不利影响 | 30天后生效的补充申请(CBE 30) | 无须FDA批准，提交申请30天后即可销售 |
| | | | 立即生效的补充申请（CBE） | 无须FDA批准，提交申请后可立即销售 |
| | 微小变更 | 对特性、规格、质量、纯度以及效力等与药品安全性和有效性相关的参数有极小潜在不利影响 | 年度报告（AR） | 无须提交申请即可销售，只需在年度报告中说明 |
| 日本 | 部分变更 | | 变更申请 | 须MHLW部长批准方可实施 |
| | 轻微变更 | | 轻微变更通知 | 实施前30日内告知MHLW |
| 欧盟 | II类重大变更 | 对药品的质量可控性、安全性和有效性可能具有显著影响 | 提交II类申请 | 须批准后实施变更 |
| | IB类微小变更 | II类重大变更和IA类微小变更之外的变更 | 提交IB类通知（notifications） | 告知RMS/NCA/EMA，等待30天后实施 |
| | IA类微小变更 | 对药品的质量可控性、安全性和有效性产生微小影响或不产生影响 | 提交IA类通知 | 不须事先批准，实施后的12个月内告知RMS/NCA/EMA |
| | IAIN类微小变更 | | | 实施后立即告知RMS/NCA/EMA |

注：RMS：参照成员国；NCA：国家主管机构；EMA：欧洲药监局。

表5-13　各国原料药生产场地变更比较

| 国家 | | 情形 | 提交报告类型 |
|---|---|---|---|
| 美国 | cGMP合规性 | 转移到cGMP检查不合格的场地 | PAS |
| | | 若转移到FDA从未检查过的生产场地或中止生产2年以上的场地 | PAS |
| | 同一生产场地 | 无菌原料药a.转移到翻新或新建的设施或区域内b.转移到现有的不生产类似原料药（包括容器类型和尺寸的不同）的设施或区域内 | PAS |
| | | 无菌原料药转移到同一生产场地中的设施或区域内（上述情况除外） | CBE-30 |
| | | 其他情况 | 不须报告 |
| 美国 | 不同生产场地 | 无菌原料药a.转移到翻新或新建的场地b.转移到现有的不生产类似原料药（包括容器类型和尺寸的不同）的场地 | PAS |
| | | 无菌原料药转移到现有的生产类似药品（包括容器类型和尺寸）的生产场地 | CBE-30 |
| | 涉及其他变更 | 申请人无法通过查阅相关信息（如DMF）恰当描述原料药不同来源间的差异或评估该多项关联变更 | PAS |
| | | 申请人可以通过查阅相关信息描述原料药不同来源间的差异或评估该多项关联变更 | 评估后须提交单个变更中报告最为严格的类型，提交时附带一份声明，声明该变更不涉及须提交PAS的变更 |
| | 其他 | 一般情况下 | CBE-30 |
| 日本 | | 通常 | 部分变更 |
| | | OTC原料药生产场地 | 轻微变更 |
| 欧盟 | | 原料药生产企业或供应商变更 | IA类微小变更 |
| | | 删除原料药生产场地 | IA类微小变更 |
| | | 属于集团内部的原料药生产场地变更 | IA类微小变更 |
| | | 生物原料药生产场地变更 | II类重大变更 |
| 中国 | | 改变国产药品制剂的原料药产地 | 向省药监部门备案 |
| | | 改变进口药品制剂所用原料药的产地 | 向CFDA备案 |

　　涉及原辅料包材的变更除生产场地外，还涉及药品成分和组分的变更、生产工艺的变更、药品标准及容器密封系统等的变更等。国外法规指南中也对

之进行了详细规定和举例。表5-14～5-16分别列举了美国、欧盟、日本关于原辅料包材的其他生产变更。

表5-14　涉及原辅料包材的其他生产变更

| 变更内容 | 提交变更类型 | 适用情况举例 |
|---|---|---|
| 药品成分和组分 | PAS | 对已批准申请中组分或组成（包括辅料）的定量或定性变更 |
| | AR | 减少或删减仅影响制剂颜色的成分 |
| 生产工艺 | PAS | 可能影响药品无菌保证的变更，例如在适当情况下无菌原料药和无菌包装组件的工艺变更 |
| | | 基础生产工艺或技术的变更，包括原料药的合成路线变更 |
| | | 在原料药生产中最终中间体加工步骤之后进行的工艺变更 |
| | | 可能会影响原料药的杂质分布和/或物理、化学或生物特性的合成或生产变更 |
| | | 为不符合已批准标准的原料药和制剂批建立一种新的再处理程序 |
| | CBE-30 | 原料药工艺和/或工艺参数的变更（其他特别规定情形除外） |
| | | 对于终端灭菌或无菌处理的原料药和药品，对其玻璃容器系统的干热除热源程序的变更 |
| | | 无菌处理的过滤参数的改变（包括流速、压力、时间或流量，非过滤材料或孔隙大小分级） |
| | | 过滤程序的改变，例如从单一改为双重灭菌过滤器或重复过滤 |
| | | 更换过程或终端灭菌中使用的合格的灭菌室，导致已验证的操作参数（时间、温度。F0和其他）变化 |
| | CBE | 方法或控制的改变，更加保证了药品或原材料的均一性、含量、质量、纯度、效果等 |
| | AR | 对于溶液剂型药品，在单元操作中改变原料加入顺序 |
| 药品标准 | PAS | 除其他程度变更以外，放宽验收标准、删除部分标准 |
| | | 增加新的或替代原程序的分析程序 |
| | | 改变原定分析程序，不能更加严格地保证药品的均一性、含量、质量、纯度或效果 |
| | | 放宽原材料的病毒或外来溶剂的检测 |
| | CBE-30 | 除重大变更之外的对上市许可中已确定的所有分析程序的变更 |
| | | 除重大变更之外，放宽验收标准，或删除用于原料药生产、最终中间体之前的半成品、最终中间体之前的起始物料、原料药中间体（最终中间体除外）的检测 |

| 变更内容 | 提交<br>变更类型 | 适用情况举例 |
|---|---|---|
| 药品标准 | CBE-30 | 除重大变更之外，改变原材料的检测程序 |
| | | 放宽过程内的与生产环境、原材料和组分的微生物监测有关的验收标准 |
| | | 为了符合FDA法规，而放宽某种验收标准或者删减某种检验 |
| | CBE | 增加标准，更能保证原料药或药品的均一性、含量、质量、纯度或效果 |
| | | 用于检测成分、包装组件、最终中间体、最终中间体之后的半成品、最终中间体之后的起始物料的分析程序的变更，该变更保证与上市许可中的均一性、含量、质量、纯度或效果相同或增加 |
| | AR | 为了符合FDA法规，除上述变更之外的标准变更 |
| | | 对于原料药和药品，增加或修改分析程序，更能保证原料药或药品的均一性、含量、质量、纯度或效果 |
| | | 更加严格的验收标准 |
| | | 改变用于检测原材料的分析程序，与原程序达到相同效果或更能保证原料药或药品的均一性、含量、质量、纯度或效果 |
| 容器<br>密封系统 | PAS | 对于液体（例如溶液，悬浮液，酊剂）和半固体（例如霜剂，软膏）剂型，当初级包装组件的聚合物材料（例如塑料，橡胶）从未用于CDER批准的相同剂型和相同给药途径的药品中 |
| | | 对于在渗透或半透性容器封闭系统中的液体（例如溶液、悬浮液、酊剂）和半固体（例如霜剂、软膏）剂型，变更包装组件上使用的油墨和/或黏合剂，变更后的油墨和/或黏合剂未曾在CDER批准的相同剂型和药途径并且使用相同类型的渗透或半渗透包装组件的药品中使用 |
| | | 变更初级包装组件，该初级包装组件控制递送至患者的剂量（例如，定量吸入器的阀门或制动器） |
| | | 对于无菌药品，任何可能影响药品无菌保证的变更，如：从玻璃安瓿更换为具有弹性闭合的玻璃小瓶；从一个容器系统变更为柔性容器系统（袋）的改变；从一个容器系统更换为预充式注射器剂型；从单个单位剂量容器变更为多剂量容器系统；对容器封闭系统（如弹性闭合件或注射器筒）添加或删除硅胶处理；用于无菌药品容器的尺寸和/或形状的变更 |
| | | 删除旨在为药品提供额外保护的二次包装组件（例如，用于防止光照的纸箱，限制水分或气体传播的外包装）或增加可能影响药品杂质分布的二次包装组件，或改变其组分 |
| | | 如果变更后的新的容器封闭系统无法提供与已批准的容器封闭系统相同或更好的保护性能 |

续表

| 变更内容 | 提交变更类型 | 适用情况举例 |
|---|---|---|
| 容器密封系统 | CBE-30 | 除本指南另有规定外，不影响药品质量的容器密封系统的变更 |
| | | 用于无菌原料药的容器变更其尺寸或形状 |
| | | 在单位使用容器（unit-of-use container）中的非无菌药品的单位数量（例如，片、胶囊）或标记量（例如，克、毫升）的变化 |
| | CBE | 除了固体剂型外，非无菌药品容器的尺寸和/或形状的变更，并非从一个容器封闭系统改变到另一个 |
| | | 多单元容器中非无菌药品标记量（例如克、毫升）的变更，固体剂型除外 |
| | | 干燥剂的添加或删除 |
| | AR | 非无菌制剂容器封闭系统的变更，并且显示变更后的系统等效于已批准申请中的实验报告或官方法规中规定的系统 |
| | | 变更非无菌固体制剂容器的尺寸和形状 |
| | | 在多单元的容器中的非无菌固体剂型变更其单位数量（如片、胶囊）或标示量（例如克） |
| | | 固体口服制剂的容器封闭系统的以下变化，只要新包装提供相同或更好的保护性能，并且新的初级包装组件材料已被用于和接触CDER已批准的固体口服制剂 |
| | | 非无菌液体制剂变更其容器封闭系统，只要新包装提供相同或更好的保护性能，并且新的初级包装组件材料已被用于和接触CDER已批准的相同给药途径的液体制剂 |
| | | 非无菌固体制剂单位剂量包装（例如罩板包装）的变更，只要新包装提供相同或更好的保护性能，并且新的初级包装组件材料已被用于和接触CDER已批准的相同类型药品（例如固体口服剂型、直肠栓剂） |
| | | 非无菌半固体制剂变更其容器密封系统，只要新包装提供相同或更好的保护性能，并且新的初级包装组件材料已被用于和接触CDER已批准的半固体制剂 |

表5-15　欧盟原辅料包材其他变更类型的适用情况举例

| 变更类型 | 适用情况举例 |
|---|---|
| II型变更 | 增加或修改适应证 |
| | 药品信息特征摘要部分的重大修改，尤其是质量、临床前、临床摘要或者药物警戒的变更 |
| | 除已许可的质量标准、限度或验收标准之外的变更 |

续表

| 变更类型 | 适用情况举例 | |
|---|---|---|
| II型变更 | 可能引起药品的质量可控性、安全性和有效性发生显著变化的原料药或药品的生产工艺、组成、质量标准或者杂质分布概况的变更 | |
| | 生物原料药的生产工艺或者生产场地变更 | |
| | 原料药或制剂的生产工艺的显著变更，可能对制剂的质量、安全性和有效性产生重大影响 | |
| | 制剂生产工艺（包括中间体）的变更 | 该制剂为生物/免疫药物制剂，需对变更进行相似性评估 |
| | | 引入或增加原料药使用余量 |
| | | 引入一个非标终端灭菌方法 |
| | 辅料质量标准参数和/或限度的变更 | 批准的质量标准限度范围之外的变更 |
| | | 删除一个质量标准参数，该质量标准参数可能对制剂的整体质量产生重大影响 |
| | 辅料检验程序实质性的变更或替换生物/免疫/免疫化学检验方法或使用生物试剂的方法 | |
| | 某一非药典收载的辅料其质量标准参数变更或者辅料理化性质的变更，这些变更显著影响制剂的质量 | |
| | 一种或多种辅料（除调味剂和着色剂）的定性或者定量变更，可能会对药品的质量、安全性和有效性产生显著影响 | |
| | 涉及生物/免疫学的辅料（除调味剂和着色剂）变更 | |
| | 生物等效性研究支持的辅料（除调味剂和着色剂）变更 | |
| | 无菌制剂和生物/免疫制剂内包装定性和定量组成的变更 | |
| | 无菌制剂和生物/免疫制剂容器类型变更或添加一个新的容器 | |
| | 定量吸入器隔离装置的供应商变更 | |
| | 非CEP中原料药生产工艺所用起始物料、试剂、中间体生产企业变更，或原料药生产企业变更（包括相关质量控制检验场地） | 引入一个ASMF支持的原料药生产企业 |
| | | 拟定生产企业使用显著不同的合成路线或生产条件，可能会对原料药的质量特性有重大改变的情况，例如杂质谱数量和/或定性，或理化特性对生物利用度有影响 |
| | | 与生物制剂生产中所用的生物原料药或起始物料/试剂/中间体相关的变更 |
| | | 引入新的无ASMF支持的原料药生产企业，需要对申报文件中原料药部分进行重大变更 |

续表

| 变更类型 | 适用情况举例 |
|---|---|
| IB型变更（默认变更） | ASMF保密部分的微小变更 |
| | 液体原料药（非无菌）内包装变更 |
| | 替换或添加辅料的某一检验程序 |
| | 鉴于安全性和质量因素，添加或者替换一个原料药内包装材料质量标准参数 |
| | 使用具有相同功能特征和相似水平的辅料（除调味剂和着色剂）替换某单一辅料 |
| | 鉴于安全性和质量因素，通过相应的检验方法添加或者替换一个辅料质量标准参数 |
| | 半固体和非无菌液体制剂内包装定性和定量组成的变更 |
| | 固体、半固体和无菌液体制剂改变容器类型或者添加一个新的容器 |
| IA型变更 | 不涉及批放行的制剂生产企业或进口商名称和地址的变更 |
| | 删除批放行的生产场地、批控制场地的变更 |
| | 删除起始物料、试剂或辅料供应商的变更 |
| | 删除原料药、中间体或者制剂生产场地或删除包装场地的变更 |
| | 属于集团内部的原料药生产场地变更 |
| | 原料药初始批量增加十倍的变更 |
| | 原料药初始批量缩减十倍的变更 |
| | 缩窄在线控制线的原料药生产工艺变更 |
| | 添加一个在线测试方法和控制线的原料药生产工艺变更 |
| | 涉及批放行的制剂生产企业或进口商名称和地址的变更 |
| | 制剂生产工艺（包括中间体）的微小变更 |
| | 删除一个内包装，该删除不会导致强度或者制剂形式的完全变更 |
| | 删除一个不重要的控制方法的原料药生产工艺变更 |
| | 与制剂有关的原料药标准参数或限度缩窄的变更 |
| | 原料药内包装材料的质量标准限度缩窄的变更 |
| | 删除原料药内包装材料不重要的标准参数 |
| | 根据原料药检验方法增加一个新的原料药内包装材料质量标准参数 |
| | 任何新型辅料包括使用源自人体或动物的物料的变更，这些新型辅料要求TSE或病毒安全性研究评估 |
| | 固体制剂内包装定性和定量组成的变更 |
| | 不接触制剂的（内）包装材料任何部分的变更[例如翻转盖的颜色，安瓿上的色码环，针护罩的变化（使用不同的塑料）]，该变更不影响产品信息 |

续表

| 变更类型 | 适用情况举例 | |
|---|---|---|
| IA型变更 | 某一非药典收载的辅料或者新型辅料合成或回收的微小变更 | |
| | 已获批准的生产企业的更新CEP证书 | |
| | 删除、添加或替换一个包装组件或设备的供应商 | |
| | 改变之前为非药典物质的质量标准使其符合欧洲药典或者成员国药典（包括原料药、辅料及原料药起始物料） | |
| | 变更以符合欧洲药典相关专论或者成员国药典要求 | |
| | 原料药生产工艺的微小变更 | |
| | 原料药生产场地GMP合规性审计日期变更 | |
| | 原料药内包装定性或定量组成变更 | |
| | 增加或减少制剂中调味剂和着色剂成分 | |
| | 药品中辅料定量组成的微小变更 | |
| | 涉及生物/免疫学的辅料变更 | |
| | 辅料的检验程序变更 | 某一批准检验程序的微小变更 |
| | | 如果可选择的检验程序已获许可，则删掉这一检验程序 |
| | 名称或地址的变更 | 生产企业（必要时包括控制检验地点） |
| | | ASMF持有人 |
| | | 新型辅料的生产企业 |
| | | 当CEP不是批准文件一部分时，原料药、起始物料、原料药生产过程中使用的试剂或者中间体 |
| | 辅料质量标准参数和/或限度的变更 | 质量标准限度缩窄 |
| | | 添加一个新的质量标准参数 |
| | | 删除一个非重要的质量标准参数 |
| | 原料药内包装材料的检验程序变更 | 已批准检验程序的微小变更 |
| | | 检验程序的其他变更（包括添加或替换） |
| | | 如果可选择的检验程序以获许可，删除一个检验程序 |
| IA<sub>IN</sub>型变更 | 与制剂有关的原料药标准参数或限度缩窄的变更 | |
| | 批准的物理-化学测试程序的微小变更，其更新程序证明是与前者等效的，且验证研究结果表明，该更新的测试程序至少是与前者等效的 | |
| | 符合欧洲药典专论或者是成员国的国家药典的特定的原料药或者是一种辅料变更 | |

| 变更类型 | 适用情况举例 | |
|---|---|---|
| IA<sub>IN</sub>型变更 | 不直接接触产品的包装材料的变更，其并不会影响药品的运输、使用、安全性或者稳定性 | |
| | 新的生产企业提交新CEP证书 | |
| | 已获批准的生产企业提交新CEP证书 | |
| | 原料药或者辅料名称的变更 | |
| | 涉及批放行的制剂生产企业或进口商名称和地址的变更 | |
| | 非CEP批准文件中原料药生产工艺所用起始物料/试剂/中间体变更或者原料药的生产企业变更 | |
| | 添加、删除或者替换制剂中调味剂和着色剂成分 | |
| | 使用另一生产场地替代部分或全部制剂生产场地，或增加一个生产场地 | 外包装场地 |
| | | 内包装场地 |
| | 不接触制剂的（内）包装材料任何部分的变更 [例如翻转盖的颜色，安瓿上的色码环，针护罩的变化（使用不同的塑料）]，该变更影响了产品信息 | |

表5-16 日本原料药生产方法的变更

| 变更类型 | 情形 |
|---|---|
| 部分变更 | 原料药和中间体反应过程的变更 |
| | 对最终中间体出现之后操作过程变更 |
| | 关键操作过程变更；对关键中间体测试或释药试验的部分关键过程进行测试，与测试方法和验收标准相关的变更 |
| | 从起始原料、关键中间体和原料药的控制标准和控制方法之间需要特殊控制的事项的变更 |
| | 最终过程和关键过程参数，以及从确保过程控制的测试方法和接受标准（例如，与生产无菌药品有关标准）的变更 |
| | 需要特殊控制的场地的变更；当溶剂对药物影响较大时，在最终纯化过程中使用溶剂的控制标准变更 |
| | 添加和祛除与病原体，如细菌和病毒的灭活和祛除方法，以及灭活和祛除条件的变更；其他需要特别控制事项变更 |
| 轻微变更 | 经合理判断对产品质量没有影响的变更，例如与牛海绵状脑病（BSE）有关的原产国的变化、行政程序的变化以及减小规格/降低变更标准的接受程度，出现以上变更时提交轻微变更通知 |
| | 对于源自人和动物的原料药，如果为了应对新的风险（如传染因素或其他行政变更）而改变原产地等提交轻微变更通知 |

　　我国关于原辅料包材的变更规定较少，除了前述国产和进口制剂改变原料药产地外，还涉及以下变更（表5-17）。

表5-17　我国原辅料包材其他变更

| 成分 | 情形 | 实施条件 |
|---|---|---|
| 辅料 | 变更药品处方中已有药用要求的辅料 | 由省药监部门受理，提出审核意见，报送CFDA审批 |
| 药包材 | 国内生产的注射剂、眼用制剂、气雾剂、粉雾剂、喷雾剂变更直接接触药品的包装材料或者容器；使用新型直接接触药品的包装材料或者容器 | 省药监部门受理，提出审核意见，报送CFDA审批 |
|  | 进口药品变更直接接触药品的包装材料或者容器 | CFDA受理并审批 |
|  | 其他情况 | 备案 |

## 7　生产企业准入比较

　　各国在药品生产企业准入形式上有所不同（表5-18），中国、日本、欧盟采取许可证形式，美国采取场地登记制度。

表5-18　各国药品生产企业准入形式比较

| 国别 | 许可证 | 场地登记 |
|---|---|---|
| 中国 | 《药品生产许可证》 |  |
| 美国 |  | 生产者须向FDA登记其场地信息 |
| 日本 | 生产许可证、生产销售许可证、国外生产企业认定 |  |
| 欧盟 | 生产许可证 |  |

## 8　相关数据库比较

（1）生产场地登记数据库

　　在美国，药品（包括原料药）生产者须在开始经营后5日内及之后每年10月1日至12月31日期间向FDA登记其场地信息，同时提交其已上市药品清单，为此FDA专门建立了生产场地登记数据库。

登记者应在数据库中登记其姓名、场地经营地点、全部场地及它们的唯一场地识别码（unique facility identifier）、经营活动范围、联系人电子邮箱。国外场地除此之外还须登记：该场地在美国的代理商名称、进口该药品的进口商名称、所有进口或者提供进口该药品到美国的机构的名称。

药品生产者登记的场地信息和提交的药品清单可用于FDA进行上市后不良反应监测、现场检查、监测进口产品等监管活动。

（2）已备案DMF数据库

在国外，DMF提交备案并经形式审查合格后通常会在监管机构官网公布其相关信息。在美国，DMF行政审查合格后，FDA将在DMF网页中的DMF列表（DMF list）中公布DMF的序号、类型、状态、持有者名称、主题；在日本，MF登记后PMDA将在其官网公布MF登记号、登记日期、登记项目变更日期、登记者的名称和地址、登记证明；在欧盟，通过CEP认证的原辅料也将通过认证数据库（certification database）公布物质名称、物质编号、证书持有人、证书编号、签发日期、到期日、状态、类型。

我国关联审评制度下，须关联的药品生产申请获得批准之后，才给予辅料包材核准编号，并公开必要信息。但尚未明确公开内容，也未建立公开数据库（表5-19）。

表5-19 各国已备案DMF公布形式

| 国家 | 公布形式 | 内容 |
| --- | --- | --- |
| 中国关联审评 | 未明确 | 未明确 |
| 美国DMF | DMF网页中的DMF列表 | DMF的序号、类型、状态、持有者名称、主题 |
| 日本MF | PMDA官网 | MF登记号、登记日期、登记项目变更日期、登记者的名称和地址、登记证明 |
| 欧盟CEP认证 | 认证数据库 | 物质名称、物质编号、证书持有人、证书编号、签发日期、到期日、状态、类型 |

（3）已使用辅料数据库

美国FDA建立了非活性成分数据库（IID），该数据库包含FDA已批准药品中使用的辅料，包含其名称、给药途径、CAS号、唯一成分识别号

（UNII）、最大用量等信息。若某种辅料已被该数据库收载，当其用于相似的产品时，只需较少的审评。

我国也于2012年建立了常用药用辅料数据库，该数据库收载了299种常用辅料，包含辅料的中英文名称、唯一成分识别号（UNII）、给药途径、稳定性和贮藏条件、配伍禁忌、常用量及最大用量等信息。但此数据库一直未更新。

（4）场地合规检查数据库

在美国，FDA通过检查数据库（Inspections Database）公开企业的合规性状态，该数据库包含实施检查的地区办公室、公司名称、公司所在城市和州、国家/区域、邮政编码、检查结束日期、检查项目类型、合规性结论。合规性结论分为三类：官方行动指示（official action indicated，OAI）、自愿行动指示（voluntary action indicated，VAI）、无行动指示（no action indicated，NAI）。官方行动指示表示检查中发现企业存在重大不合规情况，必须采取监管行动以解决缺陷；自愿行动指示表示检查中发现的不合规情况尚未达到须采取监管行动的程度；无行动指示表示检查中未发现不合规情况或者发现的不合规情况不须采取进一步行动。

在欧盟，若监管机构在检查中发现企业存在不合规情况，则起草不合规报告（Non-Compliance Report），并将之录入EudraGMP数据库。

# 第六部分
# 我国药用原辅料包材管理制度完善建议

经对比研究国内外药用原辅料包材管理制度，对我国的原辅料包材管理提出以下总体构架（图6-1），主要包括DMF备案、DMF形式审查与公开、关联审评、上市后生产变更、上市后检查、场地登记等关键阶段。

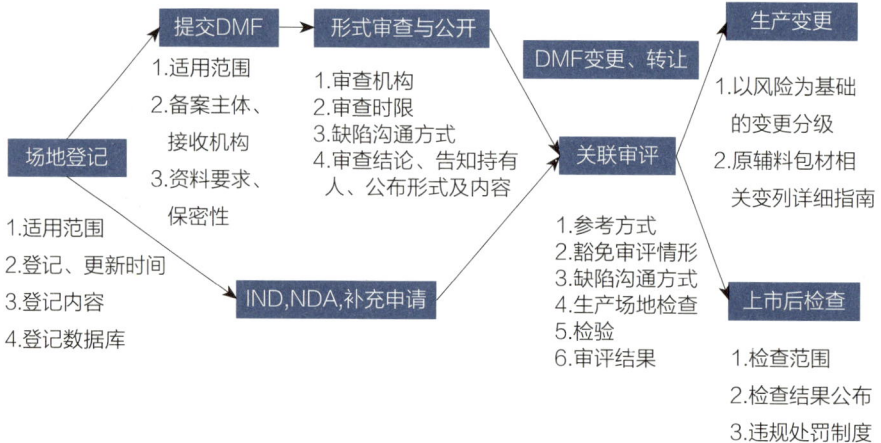

图6-1  完善我国原辅料包材管理制度总体构架

# 1  关联审评制度调整的几个关键调整点

我国应在当前关联审评制度的基础上建立适合中国国情的DMF制度，并对原辅料和包材实行DMF持有人制度，类似药品上市许可持有人制度，以下为制度调整关键点。

（1）适用范围

将我国境内研制、生产、进口和使用的原料药、药包材、药用辅料纳入DMF备案范围。进口药品中所用的原辅料包材按照《药品注册管理办法》的相关规定执行。对于辅料只要求新辅料进行DMF备案，已有《中国药典》标准的辅料不须DMF备案。同时明确DMF备案为企业自愿行为，制剂企业也可将原辅料包材资料在制剂申请中直接提交。

（2）DMF备案阶段

建议将原辅料包材与制剂申请关联申报改为原辅料包材申请人单独自愿备案，国产原辅料包材和进口原辅料包材均向CFDA药品审评中心备案，备案后只进行形式审查，审查其资料的完整性，合格即给予编号，纳入DMF数据库，并公开备案编号、类型（原料药、辅料或包材）、原辅料包材名称、生产企业名称、地址等基本信息。资料不完整时可要求生产企业补充资料。

在申报资料方面，建议分为保密部分和公开部分，保密部分主要包括生产信息（包括生产工艺和过程控制、物料控制、关键步骤和中间体的控制、工艺验证和/或评价、生产工艺的开发）。在备案时，原辅料包材生产企业应提交全部公开和保密部分，若有制剂申请参考其备案信息时，可将其中公开部分给予制剂申请人，让制剂申请人在制剂申请中提交。

（3）DMF变更程序

原辅料包材生产企业变更其产品时，应及时向药监部门提交其DMF变更信息，同时告知药监部门及受影响的临床试验发起人或上市许可申请人/持有人。发起人或上市许可持有人在评估DMF变更对其制剂影响的基础上，须向药监部门提交相应的补充申请或备案；若DMF变更时，临床试验或上市许可未获批准，则发起人或上市许可申请人也应向药监部门提交变更信息。

（4）DMF转让程序

已备案的原辅料包材DMF可以转让，转让方应书面通知药监部门和参考该DMF的制剂企业，该书面信息包括：受让方名称、地址、受让方责任人姓名、转让生效日期、转让方责任人的签名、转让方责任人的姓名和职位；受让方应提交转让接受信和对备案信息的变更情况，详细说明所有权转让带来的信息变更（例如厂址和生产方法等）。参考该DMF的制剂企业在收到书面通知后，应根据变更程序变更其制剂申请。

（5）关联审评阶段

建议原辅料包材生产企业通过向制剂申请人发送授权信的方式授权制剂申请人关联其备案的DMF，制剂申请人将授权信作为制剂申请资料的一部分提交，原辅料包材生产企业还应向CDE提交授权信，授权对其DMF进行关联审评。

同时，明确豁免审评的情形，曾被审评合格的DMF用于相同剂型、相同给药途径的药品时，可对其豁免审评。

（6）缺陷沟通方式

关联审评中若发现原辅料包材存在缺陷，将其缺陷细节告知辅料包材生产企业，同时告知制剂申请人存在缺陷，但不告知缺陷细节。缺陷严重时，可暂停审评时钟。原辅料包材生产者应对审评部门反馈的缺陷做出回复并更正，同时告知相关制剂申请人更正。为了上述沟通规范化，应建立标准的审评沟通函制度。

（7）检查与检验

在关联审评过程中，CDE可要求对关联的原料药、新辅料、高风险辅料包材生产企业进行现场检查。其他情况下，监管机构认为有必要时也可进行现场检查。现场检查由CFDA食品药品审核查验中心组织。现场检查时，检查人员应抽取连续生产的3批样品送检验机构检验。检验由中国食品药品检定研究院组织实施，可将检验任务向具有检验能力的省级检验机构分配；而已有标准辅料和低风险辅料包材则不须监管机构进行现场检查，主要通过第三方认证和制剂企业供应商审计确保生产过程的合规性，监管机构只对其进行有因检查。

（8）药品上市许可关联审评结论

若经关联审评，认为原辅料包材适用于关联的制剂申请，且批准前现场检查合规，则批准该制剂申请，若原辅料包材不适用于关联的制剂申请或现场检查不合规，则不予批准该制剂申请。

## 2 建立药品生产场地登记制度

建立药品生产场地登记制度，要求所有在我国销售其产品的国内外制剂、原料药、辅料生产企业在注册成立时登记其生产场地信息。国家食品药品监督管理总局应建立生产场地登记数据库，并制定生产场地唯一编号制定规则；药品生产企业应向数据库登记其企业名称、下属所有生产场地的地址，生产范围、每个生产场地的联系人姓名和电话、每个生产场地已上市药品的清单，并每年更新其信息。

其中，数据库中的企业名称、生产场地地址、唯一编号和生产范围，及其上市产品基本信息都可以向公众公开。

生产场地登记制度有助于药监部门在审评中和上市后开展现场检查。在关联审评时，对原辅料包材生产场地的检查出现违规，将影响制剂上市许可，甚至影响所有在关联审评时使用该原辅料包材的企业。若受影响的制剂有多个原辅料包材备选供应商的情况下，MAH可通过补充申请的方式变更生产场地。

# 3　建立相关数据库

为配合关联审评制度的实施，我国应建立以下数据库：

（1）DMF数据库

为了及时公开已备案的原辅料包材信息，以便制剂企业可以从众多的原辅料包材生产企业中选择合适的供应商，我国应建立DMF数据库。将已备案的原辅料包材信息纳入该数据库，该数据库应包括备案编号、类型（原料药、辅料或包材）、原辅料包材名称、生产企业名称、地址等基本信息。

（2）场地登记数据库

建立我国药品生产场地登记数据库，要求所有在我国销售其产品的制剂和原料药生产企业登记其生产场地信息。制定生产场地唯一编号制定规则；药品生产企业应向数据库登记其企业名称、下属所有生产场地的地址，生产范围、每个生产场地的联系人姓名和电话、每个生产场地已上市药品的清单，并每年更新其信息。

其中，数据库中的企业名称、生产场地地址、唯一编号和生产范围，及其上市产品基本信息可以向公众公开。

（3）完善常用药用辅料数据库

我国已有的常用辅料数据库包含常用辅料的中英文名称、唯一成分识别号（UNII）、给药途径、稳定性和贮藏条件、配伍禁忌、常用量及最大用量等信息。但收载辅料数量较少，建议及时添加已批准制剂中使用的辅料。该辅料数据库有助于制剂企业在产品开发中对辅料的选择，同时审评部门对于进入数据库的辅料在不超出数据库中的给药途径和最大用量前提下可以豁免审评，这样可节约多方资源。

（4）场地合规检查数据库

检查数据库应包括企业名称、被检查场地地址及唯一编号、检查日期、结果、警告信及后续整改情况等，并向行业和公众公开。这样可让相关各方及时了解各个场地的合规性状态，便于做出正确选择，同时激励企业提升其合规性水平。

# 4 变更管理程序

我国应建立以风险为基础的上市后变更管理制度。将上市后变更分为重大变更、中等变更和微小变更。重大变更是指对药品安全性有效性有重大潜在不利影响的变更，制剂申请人应提交补充申请，获得药监部门批准后方可实施变更；中等变更是指对药品安全性有效性有中等程度潜在不利影响的变更，制剂申请人只需向药监部门备案即可；微小变更是指对药品安全性和有效性有极小潜在不利影响的变更，制剂申请人无须提前告知药监部门即可自行变更，只需在年度报告中提交变更信息。而对于某些对药品安全性和有效性没有潜在不利影响的变更，制剂申请人不须告知药监部门。MAH应主动验证变更的影响并将验证结果包含在补充申请、备案信息或年度报告中。表6-1为对我国药品上市后变更分类的建议。

表6-1 对我国药品上市后变更分类建议

| 变更类型 | 分类依据 | 提交类型 | 审批情况 |
| --- | --- | --- | --- |
| 重大变更 | 对药品安全性有效性有重大潜在不利影响的变更 | 补充申请 | 40日内完成技术审评，审评合格后批准该补充申请 |
| 中等变更 | 对药品安全性有效性有中等程度潜在不利影响的变更 | 备案 | 不须审评 |
| 微小变更 | 对药品安全性有效性有极小潜在不利影响的变更 | 年度报告 | 不须审评 |

原辅料包材生产企业变更其产品时，应及时向药监部门提交其变更信息，并告知相关制剂申请人，制剂申请人应在充分评估变更对药品安全性、有效性影响的基础上，按上述分类要求进行变更。

上市后变更包括生产场地、生产工艺、质量标准、容器密封系统等内容的变更。

制剂企业变更原料药生产场地时，须综合考虑场地GMP合规状态、所生产原料药的类型，以及是否涉及其他变更来确定变更风险程度。

若新生产场地GMP检查不合格，则属于重大变更。若变更到药监部门从未检查过的生产场地或中止生产2年以上的场地，也属于重大变更；另外，若变更到场地登记时，登记为同一编号下的生产场地，除特殊情况外均不须报告；生物原料药生产场地变更为重大变更，OTC原料药生产场地变更为中等变更，无菌原料药转移到翻新或新建的场地或转移到现有的不生产类似原料药（包括容器类型和尺寸的不同）的场地属于重大变更；原料药生产场地变更涉及其他类型变更时，若制剂企业无法通过查阅原料药CMC信息评估该变更对制剂的影响，则属重大变更；若制剂企业可以通过查阅原料药CMC信息评估该变更对制剂的影响，则根据具体评估结果确定变更类型。

除上述以外的普通情况下原料药生产场地变更属于中等变更，表6-2为对我国药品变更原辅料包材生产场地分类建议。

制剂企业变更辅料供应商，则不须报告药监部门；变更药包材时供应商时，若涉及尺寸、组成、规格、加工助剂等的变更，则须在评估变更对制剂影响的基础上确定变更类型；若不涉及这些变更，则不须报告。

表6-2　对我国药品变更原辅料包材生产场地分类建议

| 成分 | | 情形 | 变更类型 |
|---|---|---|---|
| 原料药 | GMP合规性 | 转移到GMP检查不合格的场地 | 重大变更 |
| | | 若转移到FDA从未检查过的生产场地或中止生产2年以上的场地 | 重大变更 |
| | 同一生产场地 | 无菌原料药a.转移到翻新或新建的设施或区域内b.转移到现有的不生产类似原料药（包括容器类型和尺寸的不同）的设施或区域内 | 重大变更 |
| | | 无菌原料药转移到同一生产场地中的设施或区域内（上述情况除外） | 中等变更 |
| | | 其他情况 | 微小变更 |
| | 不同生产场地 | 无菌原料药a.转移到翻新或新建的场地b.转移到现有的不生产类似原料药（包括容器类型和尺寸的不同）的场地 | 重大变更 |
| | | 无菌原料药转移到现有的生产类似药品（包括容器类型和尺寸）的生产场地 | 中等变更 |
| | | 生物原料药生产场地变更 | 重大变更 |
| | | OTC原料药生产场地 | 中等变更 |

续表

| 成分 | | 情形 | 变更类型 |
|------|------|------|----------|
| 原料药 | 涉及其他变更 | 制剂企业无法通过查阅原料药CMC信息评估该变更对制剂的影响 | 重大变更 |
| | | 制剂企业可以通过查阅原料药CMC信息评估该变更对制剂的影响 | 评估变更对制剂影响后确定变更类型 |
| | 其他 | 一般情况下 | 中等变更 |
| 药包材 | | 涉及尺寸、组成、规格、加工助剂等其他变更 | 评估变更对制剂影响后确定变更类型 |
| | | 不涉及其他变更 | 不须报告 |
| 辅料 | | | 不须报告 |

除原辅料包材生产场地变更外，我国关于原辅料包材的其他类型变更也缺乏相关规定，建议进行细化，以下变更细则（表6-3）可作为参考。

表6-3　涉及原辅料包材的其他生产变更

| 变更内容 | 变更类型 | 适用情况举例 |
|----------|----------|--------------|
| 药品成分和组分 | 重大变更 | 对已批准申请中组分或组成（包括辅料）的定量或定性变更 |
| | 微小变更 | 减少或删减仅影响制剂颜色的成分 |
| 生产工艺 | 重大变更 | 可能影响药品无菌保证的变更，例如在适当情况下无菌原料药和无菌包装组件的工艺变更 |
| | | 基础生产工艺或技术的变更，包括原料药的合成路线变更 |
| | | 在原料药生产中最终中间体加工步骤之后进行的工艺变更 |
| | | 可能会影响原料药的杂质分布和/或物理、化学或生物特性的合成或生产变更 |
| | | 为不符合已批准标准的原料药和制剂批建立一种新的再处理程序 |
| | 中等变更 | 原料药工艺和/或工艺参数的变更（其他特别规定情形除外） |
| | | 对于终端灭菌或无菌处理的原料药和药品，对其玻璃容器系统的干热除热源程序的变更 |
| | | 无菌处理的过滤参数的改变（包括流速、压力、时间或流量，非过滤材料或孔隙大小分级） |
| | | 过滤程序的改变，例如从单一改为双重灭菌过滤器或重复过滤 |
| | | 更换过程或终端灭菌中使用的合格的灭菌室，导致已验证的操作参数（时间，温度，F0和其他）变化 |

| 变更内容 | 变更类型 | 适用情况举例 |
|---|---|---|
| 生产工艺 | 中等变更 | 方法或控制的改变，更加保证了药品或原材料的均一性、含量、质量、纯度、效果等 |
| | 微小变更 | 对于溶液剂型药品，在单元操作中改变原料加入顺序 |
| 药品标准 | 重大变更 | 除其他程度变更以外，放宽验收标准、删除部分标准 |
| | | 增加新的或替代原程序的分析程序 |
| | | 改变原定分析程序，不能更加严格地保证药品的均一性、含量、质量、纯度或效果 |
| | | 放宽原材料的病毒或外来溶剂的检测 |
| | 中等变更 | 除重大变更之外的、对上市许可中已确定的所有分析程序的变更 |
| | | 除重大变更之外，放宽验收标准，或删除用于原料药生产、最终中间体之前的半成品、最终中间体之前的起始物料、原料药中间体（最终中间体除外）的检测 |
| | | 除重大变更之外，改变原材料的检测程序 |
| | | 放宽过程内的与生产环境、原材料和组分的微生物监测有关的验收标准 |
| | | 为了符合FDA法规，而放宽某种验收标准或者删减某种检验 |
| | | 增加标准，更能保证原料药或药品的均一性、含量、质量、纯度或效果 |
| | | 用于检测成分、包装组件、最终中间体、最终中间体之后的半成品、最终中间体之后的起始物料的分析程序的变更，该变更保证与上市许可中的均一性、含量、质量、纯度或效果相同或增加 |
| | 微小变更 | 为了符合FDA法规，除上述变更之外的标准变更 |
| | | 对于原料药和药品，增加或修改分析程序，更能保证原料药或药品的均一性、含量、质量、纯度或效果 |
| | | 更加严格的验收标准 |
| | | 改变用于检测原材料的分析程序，与原程序达到相同效果或更能保证原料药或药品的均一性、含量、质量、纯度或效果 |
| 容器密封系统 | 重大变更 | 对于液体（例如溶液，悬浮液，酊剂）和半固体（例如霜剂，软膏）剂型，当初级包装组件的聚合物材料（例如塑料，橡胶）从未用于CDER批准的相同剂型和相同给药途径的药品中 |
| | | 对于在渗透或半透性容器封闭系统中的液体（例如溶液，悬浮液，酊剂）和半固体（例如霜剂，软膏）剂型，变更包装组件上使用的油墨和/或黏合剂，变更后的油墨和/或黏合剂未曾在CDER批准的相同剂型和给药途径并且使用相同类型的渗透或半渗透包装组件的药品中使用 |

续表

| 变更内容 | 变更类型 | 适用情况举例 |
|---|---|---|
| 容器<br>密封系统 | 重大变更 | 变更初级包装组件，该初级包装组件控制递送至患者的剂量（例如，定量吸入器的阀门或制动器） |
| | | 对于无菌药品，任何可能影响药品无菌保证的变更，如：从玻璃安瓿更换为具有弹性闭合的玻璃小瓶；从一个容器系统变更为柔性容器系统（袋）的改变；从一个容器系统更换为预充式注射器剂型；从单个单位剂量容器变更为多剂量容器系统；对容器封闭系统（如弹性闭合件或注射器筒）添加或删除硅胶处理；用于无菌药品容器的尺寸和/或形状的变更 |
| | | 删除旨在为药品提供额外保护的二次包装组件（例如，用于防止光照的纸箱，限制水分或气体传播的外包装）或增加可能影响药品杂质分布的二次包装组件，或改变其组分 |
| | | 如果变更后的新的容器封闭系统无法提供与已批准的容器封闭系统相同或更好的保护性能 |
| | 中等变更 | 除本指南另有规定外，不影响药品质量的容器密封系统的变更 |
| | | 用于无菌原料药的容器变更其尺寸或形状 |
| | | 在单位使用容器（unit-of-use container）中的非无菌药品的单位数量（例如，片、胶囊）或标记量（例如，克、毫升）的变化 |
| | | 除了固体剂型外，非无菌药品容器的尺寸和/或形状的变更，并非从一个容器封闭系统改变到另一个 |
| | | 多单元容器中非无菌药品标记量（例如克、毫升）的变更，固体剂型除外 |
| | | 干燥剂的添加或删除 |
| | 微小变更 | 非无菌制剂容器封闭系统的变更，并且显示变更后的系统等效于已批准申请中的实验报告或官方法规中规定的系统 |
| | | 变更非无菌固体制剂容器的尺寸和形状 |
| | | 在多单元的容器中的非无菌固体剂型变更其单位数量（如片、胶囊）或标示量（例如克） |
| | | 固体口服制剂的容器封闭系统的以下变化，只要新包装提供相同或更好的保护性能，并且新的初级包装组件材料已被用于和接触CDER已批准的固体口服制剂 |
| | | 非无菌液体制剂变更其容器密封系统，只要新包装提供相同或更好的保护性能，并且新的初级包装组件材料已被用于和接触CDER已批准的相同给药途径的液体制剂 |

| 变更内容 | 变更类型 | 适用情况举例 |
|---|---|---|
| 容器密封系统 | 微小变更 | 非无菌固体制剂单位剂量包装（例如罩板包装）的变更，只要新包装提供相同或更好的保护性能，并且新的初级包装组件材料已被用于和接触CDER已批准的相同类型药品（例如固体口服剂型、直肠栓剂） |
| | | 非无菌半固体制剂变更其容器密封系统，只要新包装提供相同或更好的保护性能，并且新的初级包装组件材料已被用于和接触CDER已批准的半固体制剂 |

## 5 原有单独审批制与关联审评制度的衔接

已有药包材、药用辅料注册证的包材和辅料在有效期内继续有效。有效期届满后，可继续在原药品中使用，辅料包材生产企业可按《药包材申报资料要求（试行）》和《药用辅料申报资料要求（试行）》备案其产品信息，形式审查合格即可进入已备案辅料包材数据库，从而又可被制剂企业选用。

注册证在2017年12月31日（含当日）前到期的包材辅料，有效期延续至2017年12月31日。自2018年1月1日起，用于其他制剂的药物临床试验或生产申请时，应按本公告要求报送相关资料。

## 6 建立原辅料包材违法处罚制度

辅料包材与药品关联审评制度下，必须明确相关主体法律责任，建立MAH和原辅料包材生产企业的双重责任追溯制度。

在关联审评或者批准前检查中发现关联的原辅料包材存在缺陷，若该缺陷程度不严重，则应发出缺陷信告知辅料包材生产企业和制剂申请人，并责令限期整改；若存在重大缺陷，则应不予批准该药品申请，同时对该原辅料包材生产场地的产品禁止销售或发布进口禁令。

在上市后检查中若发现原辅料生产企业存在缺陷，若缺陷程度不严重，暂时不对公众健康构成威胁，则监管机构可通过警告信告知原辅料包材生产企业缺陷内容，并责令限时整改。若经警告仍未纠正缺陷或缺陷程度较严重时，可视具体情况对原辅料包材生产企业和MAH采取召回、没收、禁止销售、行政扣押、民事罚款或起诉等措施。对我国原辅料包材违法处罚制度的建议见表6-4。

表6-4　对我国原辅料包材违法处罚制度的建议

| 时间 | 严重程度 | 处罚措施 |
|---|---|---|
| 关联审评或批准前检查 | 不严重 | 通过缺陷信告知原辅料包材生产企业和制剂申请人，责令限期整改 |
| | 严重 | 不予批准该药品申请，对该原辅料包材生产场地的产品禁止销售或发布进口禁令 |
| 上市后检查 | 不严重 | 警告信告知原辅料包材生产企业缺陷内容，并责令限期整改 |
| | 经警告未纠正缺陷或缺陷较严重 | 对原辅料包材生产企业和MAH采取召回、没收、禁止销售、行政扣押、民事罚款或起诉等措施 |

# 附 件

附件 Ⅰ  美国DMF授权信范本

授权信范本[1]

日期：输入提交授权信的日期

DMF#: 输入DMF序号

持有人：输入持有人名称

主题（标题）：输入DMF网站公布的DMF主题（标题）http://www.fda.gov/Drugs/DevelopmentApprovalProcess/FormsSubmissionRequirements/DrugMasterFilesDMFs/default.htm

授权参考：输入授权参考项目的名称

亲爱的DMF工作人员：

持有人特此授权被授权方在其提交的申请中通过参考信息的方式包含DMF序号中的项目。我方也授权FDA在审评被授权人提交的申请时审评DMF序号中包含的前述信息。

适当时，明确被参考的具体信息或者说明为整个DMF。（注：不要包含卷号）

包含：

项目名称；

提交项目至FDA的日期；

页码和/或节号。

持有人声明DMF序号是最新版本且持有人将遵守该声明。持有人将通过DMF序号变更的方式告知FDA任何该DMF中信息的增加、改变、删除。持有人也将书面告知被授权方任何该DMF中信息的增加、改变、删除。

真诚地，

负责人的签名

输入

负责人姓名

[1]  FDA. Drug Master Files (DMFs) [EB/OL]. （2017-2-24）[2017-2-24]. https://www.fda.gov/drugs/developmentapprovalprocess/formssubmissionrequirements/drugmasterfilesdmfs/default.htm.

负责人的职位

负责人的公司

负责人电话号码

负责人传真号码

负责人的e-mail 地址

附件 Ⅱ　美国DMF申请委托书范本

委托书范本[1]

日期：输入提交委托书的日期

DMF#：输入DMF序号

持有人：输入持有人名称

主题（标题）:输入DMF网站公布的DMF主题（标题）http://www.fda.gov/Drugs/DevelopmentApprovalProcess/FormsSubmissionRequirements/DrugMasterFilesDMFs/default.htm

提交信息：一般信息/行政信息（administrative）/委托代理人

亲爱的DMF工作人员：

这份委托书旨在通知你方，我方已经委托下述公司作为我方在美国的 DMF 代理方：

公司名称：输入拟委托代理人公司名称

联系人名称: 输入委托方联系人姓名

职位：输入联系人职位

电话号码：输入联系人电话号码

地址：输入联系人邮寄地址

传真号码：输入联系人传真号码

电子邮箱：输入联系人的电子邮箱

输入代理方的具体职责

---

[1]　FDA. Drug Master Files (DMFs) [EB/OL]. （2017-2-24）[2017-2-24]. https://www.fda.gov/drugs/developmentapprovalprocess/formssubmissionrequirements/drugmasterfilesdmfs/default.htm.

请忽视之前的任何委托（如适用）

真诚地，

负责人的签名

输入

负责人姓名

负责人的职位

负责人的公司（如持有人）

负责人电话号码

负责人传真号码

负责人的e-mail 地址

## 附件Ⅲ  欧盟ASMF资料要求

| 表1 | CTD格式 | 公开部分 | 保密部分 |
|---|---|---|---|
| 3.2.S.1 | 基本信息 | | |
| 3.2.S.1.1 | 药品名称 | × | |
| 3.2.S.1.2 | 结构 | × | |
| 3.2.S.1.3 | 理化性质 | × | |
| 3.2.S.2 | 生产信息 | × | × |
| 3.2.S.2.1 | 生产商 | × | |
| 3.2.S.2.2 | 生产工艺和过程控制 | a） | b） |
| 3.2.S.2.3 | 物料控制 | | × |
| 3.2.S.2.4 | 关键步骤和中间体控制 | c） | d） |
| 3.2.S.2.5 | 工艺验证和/或评价 | | × |
| 3.2.S.2.6 | 生产工艺的开发 | | × |
| 3.2.S.3 | 特征鉴定 | × | |
| 3.2.S.3.1 | 结构和理化性质 | × | |
| 3.2.S.3.2 | 杂质 | × | e） |
| 3.2.S.4 | 原料药的质量控制 | × | |
| 3.2.S.4.1 | 质量标准 | × | |
| 3.2.S.4.2 | 分析方法 | × | |

| 表1 | CTD格式 | 公开部分 | 保密部分 |
|---|---|---|---|
| 3.2.S.4.3 | 分析方法的验证 | × | |
| 3.2.S.4.4 | 批检验报告 | × | |
| 3.2.S.4.5 | 质量标准制定依据 | × | f） |
| 3.2.S.5 | 对照品 | × | |
| 3.2.S.6 | 包装材料和容器 | × | |
| 3.2.S.7 | 稳定性 | × | |
| 3.2.S.7.1 | 稳定性总结 | × | |
| 3.2.S.7.2 | | | |
| 3.2.S.7.3 | 上市后稳定性承诺和稳定性方案 | × | |
| | 稳定性数据汇总 | × | |

## 附件Ⅳ　欧盟ASMF授权信

### 授权信（the Letter of Access）

EMA地址：

日期：

ASMF编号：

EU/ASMF/XXXXX 或者ASMF参考号

原料药的名称：

内部API标号：

ASMF持有人：（名字和地址）

现ASMF持有人授权EMA参考并审查以上涉及的ASMF文件以支持上市许可申请和上市许可变更：

产品的名称和上市许可号：

申请人名字或上市许可持有人名字：

上述ASMF持有人承诺确保批次的一致性并且及时通知EMA或主管当局有关ASMF的任何变化。

上述原料药主文件持有人特此告知，并接受欧洲经济区国家主管当局，

EMA包括所有CHMP和CVMP成员和他们的专家，以及欧洲理事会司物质的药品和医疗保健的质量可能在他们之间认证分享上述原料药主文件的评估报告。

ASMF持有人签名

（名字和作用）

（签名）

## 附件Ⅴ 欧盟ASMF提交信和行政部分详细内容

Form：ASMF持有人名字

ASMF 持有人地址

ASMF持有人所在地

邮编

To：提交主管当局的名称和地址

日期：

参考码：

主题：涉及ASMF文件的提交

For<原料药的名称>—（EU/ASMF/XXXXX）或者是<ASMF参考码>

亲爱的先生或女士：

ASMF的提交涉及以下产品：

| 药品 | <药品的名称> |
|---|---|
| 指定的程序码 | <程序参考码> |
| 上市许可申请或上市许可提交的时间 | <提交的时间> |

<上市许可联系人的签名>

<公司的名称、地址>

## 附件VI 欧盟CEP变更清单

### 1 行政类变更

本类变更适用于化学证/双证（化学证及TSE证）（Chemical and TSE）/草药和TSE证书

| 变更项目 | 类别 |
| --- | --- |
| CEP证书持有人名称和/或地址变更 | IN |
| 成品（final substance）生产场地或检测场地地址名称和/或地址变更 | IN |
| 用于成品生产的中间体生产企业的名称和/或地址变更 | IN |
| 删除中间体生产企业，或删除成品生产场所或质量控制检测（quality control testing site）场所 | IN |
| 成品生产所用的起始物料的生产企业名称和/或地址变更 | AN |
| 删除用于成品生产的起始物料的生产企业或质量控制（quality control site）场所 | AN |
| 对成品或用于生产的任何物料的产品代码、参考号号和/或商标名称（code product/reference number and/or in the brand name）进行变更 | AN |

### 2 质量类变更

本类型变更适用于化学证/双证和草药证书

#### （1）生产

| 变更项目 | 类别 |
| --- | --- |
| 变更用于成品生产的起始物料/中间体生产企业，或变更成品生产企业（包括相关质量控制检测场地） | |
| 变更起始物料的质量控制检测 | AN |
| 拟定的起始物料/中间体生产企业与已批准生产企业属同一集团（same group） | IN |
| 拟定的成品生产企业（生产场所/车间）是属于已批准生产企业同一集团 | IN |
| 变更中间体或成品的质量控制检测 | IN |
| 引入新的微粉生产场所 | IN |
| 拟定的起始物料生产企业与已批准生产企业不属同一集团 | MIN |
| 拟定的中间体生产企业与已批准生产企业不属同一集团 | MIN |
| 拟定的起始物料生产企业所生产的中间体用于生物制品生产 | MIN |
| 拟定的中间体生产企业所生产的中间体用于生物制品生产 | MIN |

续表

| 变更项目 | 类别 |
|---|---|
| 拟定的成品生产企业（生产场所/车间）（manufacturing site/workshop）不属于已批准生产企业同一集团 | MIN |
| 拟定的生产企业为生物产品 | MIN |
| 拟定的起始物料/中间体生产企业采用显著不同的合成路线或生产条件，可能会对成品的杂质谱形成质和/或量的变化（例如合成中引入了新试剂、溶剂、物料） | MAJ |
| 起始物料、中间体或成品生产工艺变更 | |
| 成品生产工艺轻微变更 | AN |
| 生物制品生产工艺轻微变更 | MIN |
| 起始物料、中间体或成品生产工艺显著变更、增加一个替代性生产工艺，可能会对成品杂质谱产生质的和/或量的影响（例如合成中引入新试剂、溶剂、物料） | MAJ |
| 成品灭菌步骤生产工艺变更，包括无菌产品批量变更 | MAJ |
| 成品或中间体批量变更 | |
| 批量增加至原批准批量的10倍 | AN |
| 批量降低至1/10 | AN |
| 批量增加超过原批准批量的10倍 | MIN |
| 微生物产品的批量变化 | MIN |
| 成品生产中的过程中检测（in-process tests）或其限度变更 | |
| 加严（tightening）过程中检测限度 | AN |
| 增加新的过程中检测和限度 | AN |
| 删除不重要的过程中检测 | AN |
| 放宽已批准的过程中检测限度，可能会对成品的整体质量造成显著影响 | MAJ |
| 删除已批准的中控检测限度，可能会对成品整体质量造成显著影响 | MAJ |

## （2）成品控制（control of the final substance）

| 变更项目 | 类别 |
|---|---|
| 成品/起始物料/中间体/用于成品生产工艺的试剂质量标准项目和/或限度变更 | |
| 起始物料/中间体/用于成品生产工艺的试剂质量标准加严 | AN |
| 起始物料/中间体/试剂质量标准项目增加 | AN |
| 删除成品/起始物料/中间体/试剂的不重要的质量标准项目，或删除起始物料/中间体/试剂检测方法 | AN |
| 放宽已批准的成品质量标准限度，以与欧洲药典各论/ICH/VICH指南一致 | MIN |

| 变更项目 | 类别 |
|---|---|
| 成品质量标准限度加严 | IN |
| 成品质量标准项目增加 | IN |
| 删除成品质量标准中对成品质量不会形成重大影响的项目 | MAJ |
| 放宽已批准的成品质量标准限度 | MAJ |
| 放宽已批准的起始物料/中间体质量标准限度，可能会对成品质量产生重大影响 | MAJ |
| 成品或用于成品生产工艺的起始物料/试剂/中间体检测方法变更 | |
| 对用于成品生产工艺的起始物料/中间体/试剂的检验方法微小变更 | AN |
| 对成品检验方法的微小变更 | IN |
| 检测方法变更（包括替换或增加生物物质/起始物料/中间体或对生物方法的变更） | MIN |

## （3）容器密封系统

| 变更项目 | 类别 |
|---|---|
| 成品的内包装变更 | |
| 1.成分（CEP中涉及复验期） | IN |
| 2.成分（CEP中未涉及复验期） | IN |
| 3.无菌物质（sterile substances）内包装的成分 | MAJ |
| 对成品内包装的质量标准项目和/或限度的变更 | AN |
| 成品外包装的成分/质量标准的变更 | |
| 成分 | IN |
| 质量标准 | AN |

## （4）稳定性

| 变更项目 | 类别 |
|---|---|
| 成品复验期或存贮条件变更 | |
| 删除或缩短已批准的复验期 | IN |
| 加严存贮条件 | IN |
| 变更已批准的稳定性试验方案 | IN |
| 增加成品的复验期和/或对成品存贮条件进行变更 | MIN |
| 延长成品复验期和/或放宽成品存贮条件 | MIN |

## 3 TSE类变更

本类变更适用于TSE和双证。

| 变更项目 | 类别 |
|---|---|
| 原料来源或来源国家变更（change in source country/ in source of material） | |
| 删除国家来源或删除成品制备过程中使用的某种组织 | IN |
| 变更/删除TSE风险原料来源国 | MAJ |
| 成品生产工艺变更 | |
| 生产工艺轻微变更（包括工艺参数）（process parameters） | AN |
| 可能会对TSE风险产生影响的生产工艺显著变更 | MAJ |
| 成品质量标准微小变更 | IN |

## 4 在一个CEP中引用另一个CEP

如果在欧洲药典中有一个物质的专论，而该物质被作为起始物料，则在化学CEP的申请中可以引用该物料的CEP。因此，这种情况下所讨论的起始物料一般也是一种原料药。如果没有CEP，则通常会被作为是合成中的一个中间体。起始物料的CEP颁发前，如果生产工艺和控制已经被审评，可以被接受（被新CEP引用）。只有当起始物料同时也是EP专论所包括的原料药时才可以在CEP申报中引用另一个CEP作为其起始物料。

| 变更项目 | 类别 |
|---|---|
| 在化学CEP申报中，成品生产工艺所用的起始物料的CEP申报 | |
| 修订已引用起始物料CEP，CEP中所提到的生产场所无变更 | AN |
| 新增起始物料CEP | IN |
| 修订已引用的起始物料CEP，CEP中所提到的生产场所发生变更 | IN |
| 有多个起始物料来源时删除已引用的起始物料CEP | IN |
| 新增起始物料CEP，起始物料的质量标准变更 | MIN |
| 修订已引用的起始物料CEP，CEP中起始物料质量标准发生变更 | MIN |
| 删除已引用起始物料CEP，用另一个没有CEP的来源替代 | MAJ |

## 附件Ⅶ 欧盟上市许可变更指南

## A. 行政变更

| A3. 原料药或者辅料名称的变更 | 条件 | 文件 | 程序 |
|---|---|---|---|
| | 1 | 1,2 | IA$_{IN}$ |

条件:

1. 原料药或者辅料必须保持相同

文件:

1. WHO接受的证明或者INN清单复印件,适用时,变更的证明必须与欧洲药典保证一致;
2. 修订后的药品信息

| A4. 名称或地址的变更:生产企业(必要时包括控制检验地点);或ASMF持有人;当CEP证书不是批准文件一部分时,原料药、起始物料、原料药生产过程中使用的试剂或者中间体(技术文件中指定的);或者新型辅料的生产企业(技术文件中指定的) | 条件 | 文件 | 程序 |
|---|---|---|---|
| | 1 | 1,2,3 | IA |

条件:

1. 生产场地及所有的生产操作必须保持相同

档案:

1. 来自一位官方人员的正式文件;
2. 申报文件相关部分的修订版(EU-CTD格式);
3. ASMF持有人名称变更时,更新"授权信"

| A5. 药品生产企业的名称或地址的变更(包括批放行和质量控制场地) | 条件 | 文件 | 程序 |
|---|---|---|---|
| (a)生产企业负责的活动包括批放行 | 1 | 1,2 | IA$_{IN}$ |
| (b)生产企业负责的活动不包括批放行 | 1 | 1,2 | IA |

条件:

1. 生产场地的名称和所有的生产操作必须保持不变

文件:

1. 生产许可修订后的复印件;或来自相关官方机构的正式文件(例如商会,或者来自监管当局),文件中应登记新名称和/或地址;
2. 申报文件相关部分的修订颁(EU-CTD格式),包括修订后的药品信息

| A7. 删除原料药、中间体或者制剂的生产场地,删除包装场地,删除负责批放行的生产场地、批控制场地,或者删除起始物料、试剂或辅料(当在文件中提到时)的供应商 | 条件 | 文件 | 程序 |
|---|---|---|---|
| | 1,2 | 1,2 | IA |

条件：
1. 至少应该保留一个地址/生产企业，保留的地址/生产企业之前已获授权许可，并且与被删除的地点/生产企业承担相同的功能
2. 不是因生产中的关键缺陷而导致的删除

文件：
1. 应该参照上市许可申请表格的2.5部分，在.变更申请表格清楚注明"现在"和"拟定"的生产企业
2. 文件相关部分的修订版（CTD格式），包括产品信息

| A8. 原料药生产场地GMP合规性审计日期变更 | 条件 | 文件 | 程序 |
|---|---|---|---|
|  |  |  | IA |

文件：
药品生产企业的书面证明，证明原料药生产遵守了GMP指南和原则

## B. 质量变更

### B.I 原料药

B.I.a）生产

| B.I.a.1 非CEP批准文件中原料药生产工艺所用起始物料、试剂、中间体生产企业变更，或原料药生产企业变更（包括相关质量控制检测场所） | 条件 | 文件 | 程序 |
|---|---|---|---|
| （a）原料药生产工艺所用起始物料/试剂/中间体变更或者原料药的生产企业变更 | 1, 2, 3 | 1, 2, 3, 4, 5, 6, 7 | IAIN |
| （b）引入一个ASMF支持的原料药生产企业 |  |  | II |
| （c）拟定生产企业使用显著不同的合成路线或生产条件，可能会对原料药的质量特性有重大改变的情况，例如杂质谱数量和/或定性，或理化特性对生物利用度有影响 |  |  | II |
| （d）与生物药品生产中所用的生物原料药或起始物料/试剂/中间体相关的变更 |  |  | II |
| （e）引入新的无ASMF支持的原料药生产企业，需要对申报文件有关原料药部分进行重大变更时 |  |  | II |

文件：
1. 起始物料和试剂的质量标准（包括过程控制，所有物质的分析方法）与已批准的一致；原料药的质量标准（包括过程控制，所有物料的分析方法），制备方法和合成路线与已批准的一致
2. 原料药不是生物/免疫物质或无菌物质
3. 如果生产过程中使用人体或动物来源的物料，生产企业不使用任何需评估病毒安全性的新供应商

文件：

1. 申报文件的相关部分的修订版（EU-CTD格式）

2. ASM持有人申明：原料药及其生产工艺中所用的起始物料/试剂/中间体的合成路线、质量控制程序和质量标准与已批准的一致

3. 可能是易受TSE风险影响的新组分，也可能是主管机构已经审评过TSE风险物料的特殊污染源的证明文件，并且显示符合现行《最小化通过药品传播动物海绵体脑病的风险指南》的范围。每一种新物料应该包括一系列信息：生产企业的名称，材料起源的物种和组织，起源动物的国家。对于集中审批程序，这些信息应该列入TSE表格A

4. 源于已批准的和拟定的生产企业/场地的原料药，其至少两批（最小试规模）的批次分析数据（以表格形式进行比较）

5. 应该参照上市许可申请表格的2.5部分，在变更申请表格清楚注明"现在"和"拟定"的生产企业

6. 对于原料药，当原料药作为起始物料时，申请中列举的每一个生产许可持有人的质量受权人（QP）的声明，及这些质量授权人负责批放行的声明

7. 原料药生产企业承诺将原料药的生产工艺、质量标准和检验程序的变更通知生产许可持有人

8. 显示拟定的生产场地适合许可的证明，例如：

（1）在EU/EEA之内的生产场地：现行生产许可的复印件，可引用EudraGMP数据库

（2）在EU/EEA之外或在EU GMP方面有MRA协议的国家：相关主管机构3年内颁发的GMP证书

（3）在EU/EEA之外或在EU GMP方面没有MRA协议的国家：引用EU/EEA任一成员国的EudraGMP数据库

| B.I.a.2 原料药生产工艺的变更 | 条件 | 文件 | 程序 |
|---|---|---|---|
| （a）原料药生产工艺的微小变更 | 1, 2, 3, 4, 5, 6, 7 | 1, 2, 3 | IA |
| （b）原料药生产工艺的显著变更，可能对药品的质量、安全性和有效性产生重大影响 | | | II |
| （c）ASMF保密部分的微小变更 | | 1, 2, 3, 4 | IB |

条件：

1. 杂质谱的定性和定量及理化特性方面没有发生显著变化

2. 合成路线保持相同

3. 原料药或中间体的质量标准没有发生变更

4. 在ASMF的公开部分详细说明了变更

5. 原料药不是生物/免疫物质

6. 变更不涉及到草药的地理来源、合成路线

7. 变更不涉及到ASMF的保密部分

续表

**文件：**

1. 申报文件的相关部分的修订版（EU-CTD格式）
2. 根据已批准的和拟定的生产过程生产的原料药，其至少两批（最小试规模）的批次分析数据（以表格形式进行比较）
3. 原料药质量标准的复印件
4. ASMF持有人声明：杂质谱的定性和定量及理化特性方面未发生显著变更，原料药的合成路线和质量标准与已批准的一致

B.I.c）容器密封系统

| B.I.c.1 原料药的内包装变更 | 条件 | 文件 | 程序 |
|---|---|---|---|
| （a）定性/定量组成 | 1, 2, 3 | 1, 2, 3, 4, 6 | IA |
| （b）液体原料药（非无菌） | | 1, 2, 3, 5, 6 | IB |

**条件：**

1. 在包装材料的相关性能方面，拟定的包装材料的生物等效性必须与已批准的材料相当
2. 在ICH/VICH条件下已经启动了稳定性研究，并且在至少两个实验性规模或者工业规模批次后评估稳定性参数，拥有至少三个月的稳定性数据供申请人使用，然而，如果这个拟定的包装材料比现存的包装材料更加耐用，则将不需要三个月的稳定性数据。如果在质量标准范围之外或者可能在质量标准范围之外，保证会结束这些研究并且尽快提供数据给主管机构
3. 无菌、液体和生物/免疫原料药除外

**文件：**

1. 申报文件相关部分的修订版（EU-CTD格式），包括修订后的产品信息
2. 新包装的恰当的数据（渗透性的数据比较，比如$O_2$,$CO_2$溶解度）
3. 在内容物和包装材料之间不出现交叉作用的证明
4. MAH或ASMF持有人声明将在ICH/VICH条件下启动稳定性研究
5. 在ICH/VICH条件下已经启动了稳定性研究，并且在至少两个实验性规模或者工业规模批次后评估稳定性参数，拥有至少三个月的稳定性数据供申请人使用。如果在质量标准范围之外或者可能在质量标准范围之外，保证会结束这些研究并且尽快提供数据给主管机构
6. 现行的和拟定的内装材料质量标准的比较表格

| B.I.c.2 原料药内包装材料的质量标准参数和/或限度的变更 | 条件 | 文件 | 程序 |
|---|---|---|---|
| （a）质量标准限度的加严 | 1, 2, 3, 4 | 1, 2 | IA |
| （b）根据相应的检测方法添加一个新的质量标准参数 | 1, 2, 5 | 1, 2, 3, 4, 6 | IA |
| （c）删除一个非关键质量标准参数 | 1, 2 | 1, 2, 5 | IA |
| （d）鉴于安全性和质量因素，添加或者替换一个质量标准参数 | | 1, 2, 3, 4, 6 | IB |

**条件:**
1. 不是由之前质量标准限度评估导致的变更（比如上市许可申请或II类变更程序期间发生的），除非这个变更之前已经被评估并认定为一项跟踪措施的一部分
2. 不是生产过程中出现未预料事件导致的变更
3. 任何变更都应该在现行的批准限度范围之内
4. 检验程序保持一致，或者仅发生微小变更
5. 任何新的检验方法都不会涉及到新的非标准技术或以新的方式使用标准技术

**文件:**
1. 申报文件相关部分的修订版（EU-CTD格式）
2. 现在和拟定的质量标准参数的比较表格
3. 新分析方法和检验方法的详细细节
4. 关于所有质量标准参数的批分析数据，批分析数据涉及到包装材料的两个生产批次
5. ASMF持有人或MAH的声明或风险评估：过程中参数是不显著的或者过程中参数是淘汰的
6. ASMF持有人或MAH对于新质量标准和限度的声明

| B.I.c.3 原料药内包装材料的检验程序变更 | 条件 | 文件 | 程序 |
|---|---|---|---|
| （a）已批准检验程序的微小变更 | 1, 2, 3 | 1, 2 | IA |
| （b）检验程序的其他变更（包括添加或替换） | 1, 3, 4 | 1, 2 | IA |
| （c）如果可选择的检验程序以获许可，删除一个检验程序 | 5 | 1 | IA |

**条件:**
1. 已经根据相关指南实施了适当的相关研究，并且研究结果表明这个更新了的检验程序至少与之前的检验程序是相当的
2. 分析方法应该保持相同
3. 任何新的检验方法都不会涉及到新的非标准技术或以新的方式使用标准技术
4. 不是生物或者免疫类的原料药/药品
5. 某一可选择质量标准参数的检验程序已获许可，并且这个程序不是通过IA或IAIN通知程序变更而增加的

**文件:**
1. 申报文件相关部分的修订版（EU-CTD格式）
2. 比较检验研究结果或者如果比较分析结果显示现行的检验和拟定的检验是相当的。当添加一个新的检验程序是，则不需要满足这一要求

### B.II 制剂

B.II.a）描述和组成

| B.II.a.3 制剂中组分（辅料）的变更 | 条件 | 文件 | 程序 |
|---|---|---|---|
| （a）调味剂和着色剂成分的变更 | | | |

续表

| | | | |
|---|---|---|---|
| 1. 添加、删除或者替换 | 1,2,3,4,5,6,7,9,11 | 1,2,5,5,6 | IAIN |
| 2. 增加或者减少 | 1,2,3,4,11 | 1,2,4 | IA |
| 3. 对于目标物种，口服兽用生物药品中的着色剂和调味剂影响药物的摄取吸收 | | | II |
| （b）其他辅料 | | | |
| 1. 药品中辅料定量组成的微小变更 | 1,2,4,8,9,10 | 1,2,7 | IA |
| 2. 一种或多种辅料的定性或者定量变更，可能会对药品的质量、安全性和有效性产生重大影响 | | | II |
| 3. 涉及生物/免疫学的变更 | | | II |
| 4. 任何新型辅料包括使用源自人体或动物的物料的变更，这些新型辅料要求TSE或病毒安全性研究评估 | | | II |
| 5. 生物等效性研究支持的变更 | | | II |
| 6. 使用具有相同功能特征和相似水平的辅料替换某单一辅料 | | 1,3,4,5,6,7,8,9 | IB |

条件：

1. 药物剂型的功能特征没有变更，例如：崩解时限和溶出曲线
2. 任何关于构成的微小调整，通过辅料维持制剂总重量，这种辅料在制剂的构成中发挥重要的作用
3. 制剂的质量标准仅在外观/气味/口味方面更新，以及相关时，删除某一鉴别试验
4. 在ICH/VICH条件下已经启动了稳定性研究，并且在至少两个实验性规模或者工业规模批次后评估稳定性参数，拥有至少三个月的稳定性数据供申请人使用，而且稳定性状况类似于当前的注册情况。如果在质量标准范围之外或者可能在质量标准范围之外，确保会结束这些研究并且尽快提供数据给主管机构。另外，必要的话，执行光稳定性检测试验
5. 任何新拟定组分必须符合相关指令（例如：Dir.94/36/EC和Dir.88/388/EEC）
6. 任何不包括使用源自人体或动物的物料的新组分，评估这个新组分要求TSE或病毒安全性研究
7. 在适用时，变更不影响强度之间的差异，并且对于用于儿科配方上味道可接受性不产生负面影响
8. 在最少两个中试规模批次确定新产品的溶出曲线并与旧产品比较足以相当，对于草药制剂，可能无法进行溶解实验，新产品的崩解时间足以相当的
9. 不是因稳定性试验和/或潜在安全性因素而导致的变更，比如剂量之间的差异
10. 涉及的药品不是生物学/免疫学药品
11. 对于兽用药品，并更不会影响目标物种口服药物后的吸收

文件：

1. 申报文件中相关部分的修订版（EU-CTD格式），包括任何着色剂的鉴别试验，必要时，包括修订的药品信息

2. 声明在ICH/VICH条件下启动稳定性试验，相关时，在实施时提供最低安全稳定数据供申请人使用，并且现有数据不存在问题。如果数据在质量标准范围之外或者可能在质量标准范围之外，保证会结束这些研究并且尽快提供数据给主管机构

3. 在ICH/VICH条件下启动稳定性试验的结果，相关时，至少耗时3个月，在至少两个实验性规模或者工业规模批次后得出的稳定性参数，并且会结束保证这些研究，批准的贮藏期结束时，如果在质量标准范围之外或者可能在质量标准范围之外这些数据会尽快提交到主管机构

4. 新制剂的样品

5. 可能是易受TSE风险影响的新组分，也可能是主管机构已经审评过TSE风险物料的特殊污染源的证明文件，并且显示符合现行《最小化通过制剂传播动物海绵体脑病的风险指南》的范围。每一种新物料应该包括一系列信息：生产上的名称，材料起源的物种和组织，起源动物的国家

对于集中审批程序，这些信息应该列入TSE表格A

6. 新型辅料可能不影响制剂的质量标准检测方法的证明数据

7. 辅料等的变更/选择的理由，必须有适当的研究给予支持

8. 对于固体剂型，比较至少两个批次的新旧制剂组分的溶出曲线数据。对于草药制剂，可能无法比较崩解参数

9. 根据《生物利用度和生物等效性研究指导说明》不提交一个新的生物等效性研究的理由

## B.II.b）生产

| B.II.b.1使用另一生产场地替代部分或全部制剂生产场地，或增加一个生产场地 | 条件 | 文件 | 程序 |
|---|---|---|---|
| （a）外包装场地 | 1, 2 | 1,3, 6 | IA$_{IN}$ |
| （b）内包装场地 | 1, 2, 3, 4, 5 | 1, 2, 3, 4, 6, 7 | IA$_{IN}$ |
| （c）除以下操作外其他操作：批放行、批检验、外包装、生物制品/免疫制品，或由复杂生产工艺生产的制剂 | | | II |

条件：

1. EU/EEA的成员国或者与EU GMP与MRA协议的国家在过去3年内执行了令人满意的检查

2. 生产场地已获许可

3. 涉及的制剂不是无菌制剂

4. 相关时，例如悬浮液和乳液，可以获得验证方案，或者根据至少三个生产规模批次已成功地对新场地的进行验证

5. 涉及的制剂不是生物制品或免疫制品

文件：

1. 显示拟定的生产场地适合许可的证明，例如：

　　（1）在EU/EEA之内的生产地点：现行生产许可的复印件，可引用EudraGMP数据库

（2）在EU/EEA之外或在EU GMP方面有MRA协议的国家：相关主管机构3年内颁发的GMP证书

（3）在EU/EEA之外或在EU GMP方面没有MRA协议的国家：引用EU/EEA任一成员国的EudraGMP数据库

2. 必要时，应说明在验证研究中使用的批编号，批大小和批（≥3）生产日期，并提交验证数据或验证方案

3. 应该参照上市许可申请表格的2.5部分，在.变更申请表格清楚注明"现在"和"拟定"的制剂生产企业

4. 批准的释放或贮藏期末质量标准的复印件

5. 一个生产批和两个中试规模批（或两个生产批次）的批分析数据和来自之前一个场地的最后三批的比较数据；应根据要求提供之后的两个生产批的批分析数据，若不符合质量标准，应报告到主管机构

6. 申报文件中相关部分的修订版

7. 如果生产场地和内包装场地不一样，需验证运输和存储的条件

| B.II.b.3 制剂生产工艺变更，包括用于制剂生产的中间体 | 条件 | 文件 | 程序 |
|---|---|---|---|
| （a）生产工艺的微小变更 | 1, 2, 3, 4, 5, 6, 7 | 1, 2, 3, 4, 5, 6, 7, 8 | IA |
| （b）制剂生产工艺的显著变更，可能对制剂的质量、安全性和有效性产生重大影响 | | | II |
| （c）制剂是生物/免疫药物制剂，需要对变更进行相似性评估 | | | II |
| （d）引入或增加原料药使用余量 | | | II |
| （e）引入一个非标终端灭菌方法 | | | II |

条件：

1. 杂质谱的定性和定量或者理化特性没发生变更

2. 涉及速释固体口服剂型/口服溶液，并且所涉及的制剂不是生物/免疫学制剂或草药；或者变更涉及先前评估的被认为对制剂的质量没有影响的过程参数

3. 每一步生产步骤原理保持一致

4. 现行注册过程必须由相关过程中控制所控制，并且这些过程中控制不需要变更（扩大或删除限度）

5. 制剂或中间体的质量标准不发生变更

6. 新工艺必须生产出在质量，安全性和有效性方面相一致的制剂

7. 根据相关指南下已经启动了相关研究，并且在至少一个实验性规模或者工业规模批次后评估稳定性参数，拥有至少三个月的稳定性数据供申请人使用。如果在质量标准范围之外或者可能在质量标准范围之外，保证会结束这些研究并且尽快提供数据给主管机构

文件：

1. 申报文件相关部分的修订版（EU-CTD格式）
2. 对于原料药以非溶解形式存在的半固体和液体制剂：对变更进行适当验证，包括颗粒的显微成像以检查形态的可见变化；通过恰当方法比较尺寸分布数据
3. 对于固体剂型：一个代表性生产批次的溶出曲线数据和来自之前过程的最后三个批次的比较数据；应根据要求提供接下来两个完整生产批次的数据，如果不符合规定则应报告。对于草药产品，可比较崩解数据
4. 根据相关等效性指南不提交新的等效性研究的理由
5. 对于被视为对制剂质量没有影响的过程参数的变更，在已批准的风险评估的背景下声明达到的效果
6. 批准发行的和有效期末质量标准的复印件
7. 批分析数据
8. 声明在ICH/VICH条件下已经启动了相关研究，并且在至少一个实验性规模或者工业规模批次后评估稳定性参数，拥有至少三个月的稳定性数据供申请人使用，并且稳定性概况与现行注册的概况相似。如果在质量标准范围之外或者可能在质量标准范围之外，保证会结束这些研究并且尽快提供数据给主管机构

B.II.c）辅料控制

| B.II.c.1 辅料质量标准参数和/或限度的变更 | 条件 | 文件 | 程序 |
| --- | --- | --- | --- |
| （a）质量标准限度加严 | 1, 2, 3, 4 | 1, 2 | IA |
| （b）添加一个新的质量标准参数 | 1, 2, 5, 6, 7 | 1, 2, 3, 4, 6, 8 | IA |
| （c）删除一个非重要的质量标准参数（比如一个淘汰的参数） | 1, 2, 8 | 1, 2, 7 | IA |
| （d）批准的质量标准限度范围之外的变更 | | | II |
| （e）删除一个质量标准参数，这个质量标准参数可能对制剂的整体质量产生重大影响 | | 1, 2, 3, 4, 5, 6, 8 | II |
| （f）根据安全性和质量因素，通过相应的检验添加或者替换一个质量标准参数 | | 1, 2, 3, 4, 5, 6, 8 | IB |

条件：

1. 不是由之前质量标准限度评估导致的变更（比如：上市许可申请或II类变更程序期间发生的）
2. 不是生产过程中出现未预料事件导致的变更
3. 任何变更都应该在现行的批准限度范围之内
4. 检验验证程序保持相同，或者仅发生微小变更
5. 任何新的检验方法都不会涉及新的非标准技术或以新的方式使用标准技术
6. 检验方法不是生物/免疫学/免疫化学方法，或使用生物试剂的方法；（不包括标准药典微生物学方法）
7. 变更不涉及遗传毒性杂质
8. 质量标准参数不涉及一个关键参数的控制，例如：

续表

杂质（除非是在辅料的生产中绝对不会使用的特定溶剂）

任何关键物理特性（粒径，堆积，堆积密度等）

身份测试（identity test）（除非已经存在一个合适的选择控制）

微生物控制（除非不需要用于特定剂型）

文件：

1. 申报文件相关部分的修订版（EU-CTD格式）
2. 现行和拟定的质量标准参数的比较表格
3. 新分析方法和验证方法的详细细节
4. 关于所有质量标准参数的批分析数据，批分析数据涉及到辅料的两个生产批次（生物辅料使用3个生产批次）
5. 现行和拟定的制剂，所用辅料不少于一个试点批次的溶出曲线数据进行比较。对于草药产品，可比较崩解数据
6. 根据相关生物等效性指南不提交新的生物等效性研究的理由
7. 证明某个质量标准参数非重要或者是淘汰的风险评估或理由
8. 声明一个新的质量标准参数和限度

| B.II.c.2 辅料的检验程序变更 | 条件 | 文件 | 程序 |
|---|---|---|---|
| （a）某一批准检验程序的微小变更 | 1, 2, 3, 4 | 1, 2 | IA |
| （b）如果可选择的检测程序已获许可，则删掉这一检验程序 | 5 | 1 | IA |
| （c）实质性的变更或替换生物/免疫/免疫化学检验方法或使用生物试剂的方法 | | | II |
| （d）某一检验程序的其他变更（包括替换或添加） | | 1, 2 | IB |

条件：

1. 已经根据相关指南执行了适当的验证研究，并且验证结果表明这个已更新的程序是能够与之前的检验程序相当的
2. 总杂质限度没有发生变更，并且没有检测到新的杂质
3. 分析方法应该保持相同
4. 检验方法不是生物/免疫学/免疫化学方法或使用生物试剂（不包括标准药典微生物学方法）
5. 某一可选择质量标准参数的检验程序已获许可，并且这个程序不是通过IA或IAIN通知程序变更而增加的

文件：

1. 申报文件相关部分的修订版（EU-CTD格式），包括分析方法的描述，验证数据的总结，杂质规范的修订版
2. 对比验证结果或合理的比较分析结果显示，现行的检验和拟定的检验是等效的

| B.II.c.4 某一非药典收载的辅料或者新型辅料合成或回收（recovery）的变更 | 条件 | 文件 | 程序 |
|---|---|---|---|
| （a）某一非药典收载的辅料或者新型辅料合成或回收的微小变更 | 1, 2 | 1, 2, 3, 4 | IA |

| | | | |
|---|---|---|---|
| （b）质量标准参数改变或者辅料理化性质的变更，这些变更会影响到制剂的质量 | | | II |
| （c）辅料是一种生物/免疫物质 | | | II |

条件：
1. 合成路线和质量标准参数是一致的，并且杂质谱的定性和定量以及理化特性未发生变更
2. 不包括佐剂（adjuvants）

条件：
1. 申报文件相关部分的修订版（EU-CTD格式）
2. 根据旧的和新的方法生产的辅料，其至少两批（最小试规模）的批次分析数据（以表格形式进行比较）
3. 适当时，对于至少两个批次的制剂，比较其溶出曲线数据（最小试规模）。对于草药产品，可比较崩解数据
4. 批准的辅料新质量标准的复印件

B.II.e）容器密封系统

| B.II.e.1 制剂内包装变更 | 条件 | 文件 | 程序 |
|---|---|---|---|
| （a）定性和定量组成 | | | |
| 1. 固体制剂形式 | 1, 2, 3 | 1, 2, 3, 4, 6 | IA |
| 2. 半固体和非无菌液体制剂形式 | | 1, 2, 3, 5, 6 | IB |
| 3. 无菌制剂和生物/免疫制剂 | | | II |
| 4. 变更涉及较少的保护性包装，其与存储条件的相关变化和/或保质期的减少有关 | | | II |
| （b）改变容器类型或者添加一个新的容器 | | | |
| 1. 固体、半固体和无菌液体制剂形式 | | 1, 2, 3, 5, 6, 7 | IB |
| 2. 无菌医疗产品和生物/免疫医疗产品 | | | II |
| 3. 删除一个内包装，该内包装的删除不会导致强度或者制剂形式的完全变更 | 4 | 1, 8 | IA |

条件：
1. 变更仅涉及相同包装或容器类型（例如：硬质泡沫塑料变为硬质泡沫塑料）
2. 在相关性能方面，拟定的包装材料必须与已批准的包装材料相当
3. 在ICH/VICH条件下已经启动了相关的稳定性研究，并且在至少两个实验性规模或者工业规模批次后评估稳定性参数，拥有至少三个月的稳定性数据供申请人使用，然而如果拟定的包装比现有的包装更加耐用，则不需要三个月的稳定性数据。如果在质量标准范围之外或者可能在质量标准范围之外，确保会结束这些研究并且尽快提供数据给主管机构
4. 保证制剂外观足够能指示剂量并且治疗持续时间与制剂特征概要中保持一致

续表

**文件：**

1. 申报文件相关部分的修订版（EU-CTD格式）
2. 新包装的恰当的数据（渗透性的数据比较，比如$O_2$,$CO_2$溶解度）
3. 在内容物和包装材料之间不出现交叉作用的证据
4. 声明将在ICH/VICH条件下启动稳定性研究，并且申请人在实施过程中保证有满意的安全型数据可以使用，并且这些可用数据未显示任何问题。如果超出质量标准范围之外或者可能超出质量标准范围，保证会结束这些研究并且尽快提供数据给主管机构
5. 在ICH/VICH条件下已经启动了稳定性研究并获得结果，并且在至少两个实验性规模或者工业规模批次后评估稳定性参数，拥有至少三个月的稳定性数据供申请人使用。如果超出质量标准范围或者可能超出质量标准范围，保证会结束这些研究并且尽快提供数据给主管机构
6. 现行的和拟定的内装质量标准的比较表格
7. 新的容器/密封系统的样品
8. 声明包装尺寸、给药方案和治疗持续时间与制剂特征概要一致，并且足够能指示剂量

| B.II.e.6 不接触制剂的（内）包装材料任何部分的变更[例如翻转盖的颜色，安瓿上的色码环，针护罩的变化（使用不同的塑料）] | 条件 | 文件 | 程序 |
|---|---|---|---|
| （a）变更影响了药品信息 | 1 | 1 | IA$_{IN}$ |
| （b）变更没有影响药品信息 | 1 | 1 | IA |

**条件：**

1. 这个包装材料部分的变更，并不会影响到制剂的运输、使用、安全性和稳定性

**文件：**

1. 申报文件相关部分的修订，（EU-CTD格式），包括修订后的产品信息

| B.II.e.7 包装组件或设备的供应商变更 | 条件 | 文件 | 程序 |
|---|---|---|---|
| （a）删除一个供应商 | 1 | 1 | IA |
| （b）替换或增加一个供应商 | 1, 2 3, 4 | 1, 2, 3 | IA |
| （c）定量吸入器隔离装置的供应商变更 | | | II |

**条件：**

1. 未删除包装组件或设备
2. 包装组件/设备的定性和定量组成保持相同，质量标准保持相同
3. 质量标准和质量控制至少相当
4. 灭菌方法和条件保持相同

**文件：**

1. 申报文件相关部分的变更（EU-CTD格式）
2. 人用药的设备要有CE的标识
3. 现行的和拟定的质量标准比较表格

## B.III CEP/TSE/专论

| B.III.1 提交一个新的或者更新一个CEP或者删除一个CEP | 条件 | 文件 | 程序 |
|---|---|---|---|
| 原料药；原料药生产过程中使用的起始物料/试剂/中间体；辅料 | | | |
| （a）欧洲药典适应性证书 | | | |
| 1. 已获批准的生产企业的新CEP证书 | 1, 2, 3, 4 5, 8, 11 | 1, 2, 3, 4, 5 | IA$_{IN}$ |
| 2. 已获批准的生产企业的CEP更新 | 1, 2, 3, 4, 8 | 1, 2, 3, 4, 5 | IA |
| 3. 新的生产企业的新CEP证书 | 1, 2, 3, 4 5, 8, 11 | 1, 2, 3, 4, 5 | IA$_{IN}$ |
| 4. 证书的删除（每种物料存在多个CEP证书的情况下） | 10 | 3 | IA |
| （b）原料药/起始物料/中间体/试剂/辅料的欧洲药典TSE证书 | | | |
| 1. 已获批准或新的生产企业，其原料药的新CEP证书 | 3, 5, 6, 11 | 1, 2, 3, 4, 5 | IA$_{IN}$ |
| 2. 已获批准或新的生产企业，其起始物料/试剂/中间体或辅料的新CEP证书 | 3, 6, 9 | 1, 2, 3, 4, 5 | IA |
| 3. 已获批准的生产企业的CEP证书更新 | 7, 9 | 1, 2, 3, 4, 5 | IA |
| 4. 删除CEP证书（每种物料存在多个CEP证书的情况下） | 10 | 3 | IA |
| 5. 已获批准的/新的生产企业使用人体或者动物来源的物料，对于潜在外来污染的风险评估时，需要对其CEP证书进行更新 | | | II |

**条件：**
1. 制剂的发行或者贮藏期末时其质量标准保持相同
2. 不改变（不包括加严）附加（到欧洲药典）的杂质质量标准和制剂的特殊要求（如粒径，晶型）
3. 在原料药及起始物料/试剂/中间体的生产过程中，不包括使用人体或动物来源的物料，需要进行病毒安全数据评估
4. 仅对于原料药，如果在CEP认证中没有包括复验期或者CEP申报文件中没有提供支持复验期的数据，将会在使用之前立即进行检测
5. 原料药/起始物料/试剂/中间体/辅料均不是无菌的
6. 这个物质不包括在易受TSE影响的动物物种使用的兽用制剂中
7. 对于兽用制剂：物料来源不存在任何变更
8. 对于草药产品：生产路线，物理形态，萃取溶剂和药提取物比率应保持相同
9. 如果骨头生产明胶曾用于肠胃外给药，它的生产应该只符合相关国家的要求
10. 在CEP文件中同一种原料药至少存在一个生产企业

11. 如果一个原料药并不是无菌物质但是用于无菌制剂，则根据其CEP证书。在合成最后一个步骤中不能使用水或者该原料药也必须声明是无细菌内毒素的

文件：

1. 现行（更新）的CEP证书复印件

2. 当增加一个新的生产地址时，应该参照上市许可申请表格的2.5部分，在变更申请表格中清楚注明"现在"和"拟定"的生产企业

3. 上市许可申报文件相关部分的修订版（EU-CTD格式）

4. 符合现行《最小化通过制剂传播动物海绵体脑病的风险指南》范围的任何物料，其文件中应提供关于物料的信息。其中每一种物料应该包括一系列信息：生产上的名称，材料起源的物种和组织等；对于集中审批程序，这些信息应该列入TSE表格A

5. 对于原料药，当原料药作为起始物料时，申请中列举的每一个生产许可持有人的质量受权人（QP）的声明，及这些质量授权人负责批放行的声明

6. 证实在原料药合成最后一个步骤时使用水符合相应的药典中使用水质量的合理证据

| B.III.2 符合欧洲药典或者成员国药典的变更 | 条件 | 文件 | 程序 |
|---|---|---|---|
| （a）改变之前一个非药典物质的质量标准使符合欧洲药典或者成员国药典 | | | |
| 1. 原料药 | 1, 2, 3, 4 | 1, 2, 3, 4 | IA |
| 2. 辅料/原料药起始物料 | 1, 2, 4 | 1, 2, 3, 4 | IA |
| （b）变更以符合相关欧洲药典或者成员国药典要求 | 1, 2, 4 | 1, 2, 3, 4 | IA |

条件：

1. 这个变更只是为了与欧洲药典相符合。除了附加的质量标准检验外，所有的质量标准检验在变更后需要与药典标准相适应

2. 药典的制剂特殊性能附加质量标准不变（例如：颗粒大小、晶型、生物测定、聚合）

3. 在杂质分布的定量和定性方面没有发生重大变更，除非质量标准加严

4. 添加一个新的验证或者是变更一个未要求的药典方法

文件：

1. 申报文件相关部分的修订版（EU-CTD格式）

2. 现行和拟定质量标准参数的比较表格

3. 使用新质量标准和附加质量标准进行检验的相关物质，其中至少两批（最小试规模）的批次分析数据（以表格形式进行比较）。适当时，对于至少两个批次的制剂，比较其溶出曲线数据（最小试规模）。对于草药产品，可比较崩解数据

4. 证明CEP证书能够控制物质质量的数据

备注：当一个已获许可的制剂文件参考的是"现行版本"时，欧洲药典专论的更新或成员国药典的更新不需要通知到主管机构

## 附件Ⅷ 咨询专家名单

| 姓名 | 单位 | 职务 |
| --- | --- | --- |
| 闫慧 | RDPAC | 高级总监 |
| 付洁鹰 | RDPAC | |
| 貊润翌 | RDPAC | 经理 |
| 董江萍 | 国家食品药品监督管理总局食品药品审核查验中心 | 副主任 |
| 武志昂 | 沈阳药科大学 | 教授 |
| 蒋燕萍 | 诺和诺德中国制药有限公司 | 高级总监 |
| 杨凯亮 | 阿斯利康 | 高级总监 |
| 秦进郁 | 拜耳医药保健有限公司 | 副总监 |
| 吴正宇 | 礼来苏州制药有限公司 | 副总监 |
| 杨敏 | 西安杨森制药有限公司 | 高级注册经理 |
| 于文力 | 默沙东 | |
| 陈燕云 | 诺华 | |